Eso no estaba en mi libro
de historia de los cónclaves

MATEO GONZÁLEZ ALONSO

Eso no estaba en mi libro de historia de los cónclaves

ALMUZARA

Primera edición: mayo de 2025

Editorial Almuzara • Colección historia
Edición de Ángeles López
Corrección y Maquetación de Helena Montané

www.editorialalmuzara.com
pedidos@almuzaralibros.com - info@almuzaralibros.com

Imprime: Liberdúplex
ISBN: 978-84-10528-56-7
Depósito Legal: CO-950-2025

Hecho e impreso en España - *Made and printed in Spain*

A Francisco, por todo.

A todos los compañeros de Vida Nueva
y otros medios que me han dado
la oportunidad de contar
la vitalidad esperanzada de la Iglesia.

Índice

Introducción

Tú eres Pedro, y sobre esta piedra edificaré mi Iglesia,
y el poder del infierno no la derrotará.
(Mt 16,18)

Cuando murió Isabel II de Inglaterra en 2022, muchos de los que siguieron todo el ceremonial posterior no eran británicos que despedían a su jefa de Estado; tampoco estaban solo los curiosos espectadores que seguían los fastos fúnebres, muchos ni si quiera se habrían planteado ser monárquicos o nada por el estilo. Algo hay en estos grandes rituales, en la tradición, en los uniformes, en la puesta en escena… que fascina a propios y extraños. Algo así, podemos decir, sucede cada vez que hay un cónclave en el Vaticano. A los funerales del papa —siempre que este haya muerto, porque con la renuncia de Benedicto XVI se desvinculó el enterramiento del pontífice de la elección del sucesor, algo que no pasaba desde 598 años antes—, sigue la reunión secreta en uno de los espacios más admirados del mundo, la Capilla Sixtina, frente a un imponente fresco del *Juicio Final* y bajo escenas como la del dedo de Dios en la *Creación de Adán*.

Una tarea como es la elección del nuevo papa se reviste de un ritual, muy esencial en el fondo, que se transforma en algo tan visual que, aunque haya perdido muchas adherencias coloridas del pasado, capta hipnóticamente el interés incluso de a quien no le afecta para nada en su vida diaria quién será el futuro papa, lo que este haga o decida. Y es que sí, el cónclave es tradición, son costumbres transmitidas de generación en generación, son cardenales reunidos de todo el mundo en un aislamiento impensable en pleno siglo XXI, son días de silencio y misterio que marcan el futuro inmediato de millones de creyentes... pero, sobre todo, aunque a veces no parezca desvelarse entre el boato y la anécdota, es un acto de fe. Claro que en el cónclave —lo muestra la historia— hay resistencias, luchas de egos o maquinaciones que hasta podrían calificarse de mafiosas. Pero en esta reunión hay un protagonista invisible que es más que un recurso justificativo para que los cardenales puedan esconder sus escrúpulos: el Espíritu Santo. Desde el juramento de los participantes en las votaciones a los tiempos de oración y discernimiento, todo está enfocado para recordar a cada uno de los cardenales que la elección del sucesor de Pedro —aquel pescador de Galilea al que en el siglo I Jesús dijo: «Tú eres Pedro, y sobre esta piedra edificaré mi Iglesia, y el poder del infierno no la derrotará»— es un acto que solo puede hacer ante Dios y su propia conciencia.

En este libro se repasará la mecánica actual de un cónclave, la puesta a punto de los días previos, el rol de las distintas personas implicadas en esta maquinaria, los recursos de los electores para llegar a acuerdos y consensos... pero todo ello necesita un previo necesario. ¿Para qué sirve un papa? ¿Realmente es una figura tan poderosa o atrayente para que merezca toda la atención de los medios y sus espectadores en los días que dura este encierro del que apenas trasciende información? El sucesor de aquel apóstol Pedro que murió crucificado con la cabeza hacia abajo cerca del circo de Nerón y que fue enterrado en una necrópolis en la zona en la que se juntaban los *vates* —adivinos y profetas de los que surgió el nombre de Vaticano— es, ante todo, una figura de unidad para los creyentes de Oriente y Occidente, una referencia moral para el mundo, una autoridad que para los cristianos viene de lo alto y que para otros surge del testimonio ejemplar del propio pontífice... o vete a saber por qué otro motivo merece atención o, al menos, respeto...

Es curioso que, como afirmó Juan Pablo II, «aun consciente de la valoración de teólogos y canonistas de todos los tiempos, los cuales de forma concorde consideran esta institución [del cónclave] como no necesaria por su naturaleza para la elección válida del Romano Pontífice» se ha convertido en «un acto tan vital para la Iglesia entera». En efecto, la fórmula podría ser otra, se podría cambiar hoy mismo si el papa quisiera... Sin embargo, a pesar de ser solo un procedimiento, se ha configurado con una metodología con la suficiente dosis de Misterio —así, con mayúsculas— como para trascender y situar a sus participantes en un horizonte más profundo que excede al acto formal. Por ello el cónclave es un verdadero tiempo de discernimiento en el espíritu y no una mera votación de fanáticos de tal o cual bando. En parte por eso, por eso, esta institución no solo ha sobrevivido a los vaivenes históricos, sino que se ha consolidado a pesar de sus evidentes defectos —empezando por el voto femenino, por citar solo lo más evidente—.

Es cierto que en los tiempos que corren la caricatura, también sobre los papas, es gratuita, y sus consecuencias, en parte afortunadamente, mínimas. No hay que buscar necesariamente en círculos anticlericales para encontrar críticas al papado por la riqueza del Vaticano, las aparentes incoherencias entre lo dicho y lo hecho, los escándalos morales o financieros, el dolor de las víctimas heridas por la Iglesia de múltiples maneras... Si a esto sumamos los escándalos del pasado o tantas acciones reprobables vistas con los ojos del presente, la lista de agravios contra la Iglesia o el papado se multiplica. Ahora bien, no es cuestión de que los árboles no nos dejen ver el bosque; sino de comprender lo que implica que, a pesar de la fragilidad humana, la Iglesia es una institución divina en la que la forma de actuar de Jesús es Palabra de Dios, un Dios que sigue comunicándose con el mundo a través de la historia y de las personas.

¿A qué viene esto en un libro sobre cónclaves? No intenta ser una introducción piadosa, sino que simplemente es el marco que permite entender lo inesperado. Este trasfondo es lo que hace que, a pesar de la ponzoña y la corrupción que ha existido en la historia de los cónclaves —con asesinatos, compra de voluntades y cosas peores incluidas—, la Iglesia se mantenga en pie y busque un nuevo pastor que la guíe porque quiere seguir haciendo la voluntad de Dios en medio del mundo, seguir predicando a los hombres y mujeres de hoy el mensaje de Jesús, quien «pasó por el mundo haciendo el bien» y eligió a un apóstol, a Pedro, para que siguiera confirmando en la fe al pueblo de Dios. Detrás de cada rito y tradición hay una misión que trasciende al propio cardenal elector e incluso al elegido para ocupar la silla de Pedro. Quizá por eso suscita en parte la atracción de lo que envuelve el misterio, de todo aquello que incluso permite sentir la eternidad…

Dicho esto, en las siguientes páginas encontrarás todo lo necesario para entender a fondo la mecánica de un cónclave del siglo XXI. A través de la normativa y de lo que ha sucedido en los últimos celebrados desde mediados del siglo pasado, podrás entrar con la imaginación a cuanto sucede en el Vaticano desde que el papa muere —o renuncia— en lo que se llama el periodo de «sede vacante». Un tiempo de provisionalidad en el gobierno de la Iglesia que termina en el mismo momento en que el nuevo papa acepta su elección. En el libro te acompañaremos hasta el primer saludo en el balcón y las primeras horas del nuevo pontífice. Un camino en el que hay desde reuniones previas, intrigas de pasillos, cardenales de todo el mundo que viajan a Roma, a trabajadores —¡y trabajadoras!— invisibles que hacen que toda la maquinaria funcione…

Pero esto no es todo. En el imaginario popular también hay determinadas visiones de los cónclaves que van más allá de lo ocurrido en las votaciones en la Capilla Sixtina. La fascinación por esta reunión a puerta cerrada ha llegado al arte, a la literatura o al cine con fuerza y más o menos acierto. También repasaremos algunos de esos cónclaves *fakes* y cómo reflejan —o se alejan— tremendamente de la realidad que viven los electores.

Ahora bien, es necesario una advertencia inicial. Y es que el cónclave es una reunión secreta. Solo el papa puede dispensar de esa reserva a la que se comprometen los cardenales participantes. Por lo tanto, siempre habrá cosas por contar en lo que se refiere a esta reunión de este club tan exclusivo que es el Colegio Cardenalicio. En sus plumas está, en parte, el futuro de la Iglesia. De ellos depende guiarse por el Espíritu Santo o por otros intereses. La fe y la esperanza cristiana hacen pensar que muchas veces ese «viento impetuoso» del Espíritu revolotea con fuerza entre las mesas dispuestas en la Capilla Sixtina.

1.
¿Qué se puede esperar del próximo cónclave?

¿PARA QUÉ SIRVE UN PAPA?

A lo largo de la historia, según la lista oficial, ha habido 264 papas. Ahora bien, pontificados —tiempo de reinado de un papa— ha habido 267, porque uno de ellos, Benedicto IX, fue elegido en tres ocasiones en el siglo XI, la primera de ellas con unos 11 años, como consecuencia de las presiones de su padre a los cardenales y a toda la Curia romana. Esencialmente el papa es el obispo de Roma, sucesor de San Pedro, primer líder de la comunidad cristiana y a quien Jesús dio una autoridad especial. Pero el de obispo de Roma no es el único título, ya que a lo largo de la historia se ha ido dotando al cargo de distintas denominaciones. Las que están en uso son las recogidas de forma oficial en el *Anuario Pontificio*, una guía con datos de toda la Iglesia que el Vaticano publica cada año. Y en esto ha habido novedades en los últimos tiempos, ya que el papa Francisco revertió la renuncia que hizo Benedicto XVI en 2006 —no confundir con la renuncia a ser papa de 2013— al título de «Patriarca de Occidente», una decisión que en su día fue vista como un gran gesto de sensibilidad ecuménica. En esta página se produjeron modificaciones cuando la Secretaría de Estado en el *Anuario Pontificio* de 2020 relegó a una nueva sección llamada «Títulos históricos» algunas denominaciones como la de «vicario de Jesucristo, sucesor del príncipe de los apóstoles, sumo pontífice de la Iglesia universal, primado de Italia, arzobispo y metropolitano de la provincia romana, soberano del Estado de la Ciudad del Vaticano y siervo de los siervos de Dios». Esta página se mantiene como complemento de la anterior, en la que simplemente se puede leer: «Francisco, obispo de Roma».

El apóstol Pedro, aquí en un icono del siglo VII que se conserva en el monasterio de Santa Catalina, en el monte Sinaí, fue el primero en estar al frente de la comunidad cristiana de Roma, entonces la capital del Imperio. En estos primeros compases de las Iglesias apostólicas fueron los propios líderes quienes se encargaron de designar un sucesor y, con el tiempo, sería el clero o la propia comunidad la que decidiría a quién nombrar obispo.

El papa Francisco recuperó el título de «Patriarca de Occidente», y es que algunas de las Iglesias orientales no entendieron en la misma clave ecuménica que Benedicto XVI la retirada del título e incluso protestaron por ello. Rescatando el título de Patriarca de Occidente, el papa se pone al mismo nivel que otros patriarcas de Iglesias orientales que no reconocen al papa como su cabeza. Y es que la evolución en la organización de la Iglesia ha sido diferente en Oriente y Occidente, aunque se comparta el mismo credo.

El título de «papa», que también emplea el patriarca de los cristianos coptos en Egipto, viene de la palabra griega *pápas*, que emplea ya Homero para referirse a un sacerdote y no solo como término cariñoso para el progenitor en el ámbito familiar. En Roma, en el siglo III, se aplicaba directamente al obispo de Roma, como atestigua una inscripción en la tumba de un diácono llamado Severo y enterrado en las catacumbas de San Calixto de Roma en la que se lee expresamente «por orden del papa Marcelino». Desde este siglo, los testimonios escritos se multiplican aludiendo a distintos obispos hasta que queda restringido para referirse al de Roma por orden de Gregorio XI en el siglo XI. En el siglo XII aparece ya, derivada de papa, la expresión «Santo Padre».

Como se decía antes, además, se conoce al sucesor de Pedro con el título piadoso de «vicario de Jesucristo», es decir, que el papa es como su número dos, el que hace las veces de Cristo en la tierra. El vínculo con Pedro lo refleja también la denominación de «sucesor del príncipe de los apóstoles».

Este papel de Pedro fue visto por los demás apóstoles como un *primum inter pares*, primero entre los iguales, del que derivará la expresión «primado de Pedro» para señalar esta vinculación de que uno de los doce, en ausencia de Jesús, preside la comunión de las Iglesias, las comunidades cristianas que se iban formado primero en el entorno del Mediterráneo, y luego más allá.

Distinto origen tiene lo de que el papa es el «sumo pontífice de la Iglesia universal». En la época del Imperio romano, el Colegio de los Pontífices —con el pontífice máximo a la cabeza— lo formaba el alto clero encargado de supervisar el culto y las ceremonias públicas. El término «pontífice» viene del latín *pons* (puente) y *facere* (hacer), por lo que literalmente significa «constructor de puentes», y ser pontonero era un oficio valorado, porque su labor, metafóricamente, era hacer de «puente» entre lo divino y lo humano. El fin del paganismo trasladó al cristianismo oficial también este título de la misma manera que los eclesiásticos conservarán hasta hoy en día en sus vestimentas elementos romanos como la túnica y las togas. Otro título civil puede ser el de «soberano del Estado de la Ciudad del Vaticano» ya que, desde la creación como Estado independiente en 1929, el país puede ser considerado una teocracia que se organiza como monarquía electiva en la que el papa es su jefe de Estado. Lo que el Vaticano es hoy en día no tiene nada que ver, en lo territorial y lo político, con lo que fueron los Estados Pontificios desde el año 756 a la toma de Roma en 1870. Ahora bien, el papa concentra los poderes legislativos, ejecutivo y judicial de un Estado que tiene su propia matrícula y sus pasaportes.

Aunque el papa esté en este país independiente, sin embargo, como obispo de Roma, su diócesis está en el territorio italiano. Si bien hay un vicario que hace en el día a día las funciones que el resto de obispos por el mundo hacen en su diócesis, hay cargos honoríficos u organizativos que se vinculan al papa por ser el obispo de Roma. Así es el «primado de Italia», que es un título más bien honorífico —en el pasado llevaba determinados privilegios canónicos— que la tradición ha reservado a alguna diócesis que en sus respectivos países tienen cierta tradición histórica. Por ejemplo, en el caso de España, el primado es el de Toledo —aunque es una denominación que reivindica el arzobispo portugués de Braga—. Esto también puede variar, así, en Argentina, el papa Francisco pasó la primacía de la archidiócesis de Buenos Aires a la histórica sede de Santiago del Estero —algo que ya había sido en el pasado—. También es el «arzobispo y metropolitano de la provincia romana», es decir, la cabeza de los obispos de las diócesis que se agrupan en la provincia eclesiástica de Roma —que en términos canónicos es lo que se llama diócesis metropolitana o archidiócesis—. En concreto, forman esta provincia las llamadas siete diócesis suburbicarias sobre las que volveremos más adelante. Cierra los títulos la expresión «*Servus servorum Dei*», es decir, «siervo de los siervos de Dios», que se emplea al comienzo de todas las bulas papales. Su origen lo encontramos en Gregorio I, en el siglo VI, como respuesta de humildad al arzobispo de Constantinopla, que en aquel momento era Juan el Ayunador, ya que decidió adoptar un título que sonara más rimbombante que «arzobispo» y por eso eligió el de «patriarca ecuménico». Además, está inspirado en las propias palabras de Jesús que dijo:

> «Sabéis que los jefes de los pueblos los tiranizan y que los grandes los oprimen. No será así entre vosotros: el que quiera ser grande entre vosotros, que sea vuestro servidor, y el que quiera ser primero entre vosotros, que sea vuestro esclavo. Igual que el Hijo del hombre no ha venido a ser servido sino a servir y a dar su vida en rescate por muchos» (Mt 20, 25-28).

Estos títulos nos dan idea de la función y la misión de un papa hoy en día, de su labor espiritual como obispo, pero también material como jefe de un Estado. Por eso, el Código de Derecho canónico define claramente que «el obispo de la Iglesia Romana, en quien permanece la función que el Señor encomendó singularmente a Pedro, primero entre los apóstoles, y que había de transmitirse a sus sucesores, es cabeza del Colegio de los Obispos, Vicario de Cristo y Pastor de la Iglesia universal en la tierra; el cual, por tanto, tiene, en virtud de su función, potestad ordinaria, que es suprema, plena, inmediata y universal en la Iglesia, y que puede siempre ejercer libremente» (canon 331). Una potestad que le viene directamente del cónclave, ya que «el Romano Pontífice obtiene la potestad plena y suprema en la Iglesia mediante la elección legítima por él aceptada juntamente con la consagración episcopal. Por lo tanto, el elegido para el pontificado supremo que ya ostenta el carácter episcopal, obtiene esa potestad desde el momento mismo de su aceptación. Pero si el elegido carece del carácter episcopal, ha de ser ordenado obispo inmediatamente» (canon 332, §1). Esta potestad la pierde al morir o renunciar, dicen también las normas de la Iglesia. Es decir, todo empieza en cuanto el cónclave cumple con su único objetivo: elegir al futuro papa.

La figura de los papas, presentes o pasados, son un potente foco de atención para peregrinos y turistas que acuden cada día al Vaticano. En la imagen, escaparate de una de las tiendas cercanas a la Plaza de San Pedro. Foto de Jesús G. Feria.

NORMAS DEL SIGLO XX, TRADICIONES DEL SIGLO I

La palabra «cónclave» significa literalmente «con llave». No es una etimología compleja o con polémica, sino que nace directamente de la expresión latina «*cum clavis*». Ya en el latín medieval se forma la palabra única «conclave» para referirse genéricamente a una «habitación cerrada con llave», según recoge el diccionario de la Real Academia Española, aunque ya está acreditado algún uso por parte de Terencio en el siglo II antes de Cristo. La definición actual, en cambio, es a la que estamos acostumbrados «junta de los cardenales de la Iglesia católica, reunida para elegir papa», así como el «lugar donde se reúnen los cardenales para elegir papa»; aunque por analogía es habitual el uso, sobre todo periodístico, para alguna reunión o asamblea muy específica o decisiva de un partido político o cualquier otra institución.

Aunque no siempre el cónclave de cardenales ha sido el encargado de elegir al nuevo papa. Antes de ver brevemente cómo hemos llegado hasta aquí, hay un concepto específico que tenemos que conocer, el de «sede vacante». Con esta expresión se hace referencia al periodo en que una diócesis queda sin obispo, en el caso de Roma —y por lo tanto el Vaticano— su obispo es el papa, por lo que se habla de «sede apostólica vacante» cuando el pontífice ha fallecido o entra en vigor la renuncia de este. Entonces el escudo del papa da paso a un emblema específico para este tiempo que ocupa documentos e incluso los medios de comunicación oficiales como el perfil de X, antes Twitter, del papa o la página web del Vaticano. En dicho emblema se representan las llaves cruzadas que recuerdan al apóstol Pedro, el primer papa de la historia al que Jesús dijo: «Todo lo que ates en la tierra, quedará atado en el cielo» (Mt 16,19), con una sombrilla particular con secciones rojas y doradas que recibe el nombre de canopeo o *umbraculum*, que representa a los antiguos paraguas que protegían del sol a los papas y que, por impulso del papa Alejandro VI —el particularmente famoso papa español de la familia Borgia— se comenzó a extender como elemento pontificio junto al altar de las iglesias con mayor vinculación con el papa, las llamadas basílicas, que lo abren cuando son visitadas por el santo padre. Desde 1521, entre León X y Alejandro VI, el escudo de las llaves y el canopeo se usa como emblema de la sede vacante.

No hay una constante en la duración de este periodo en el que se suelen organizar los funerales del papa, si es que ha fallecido, y la organización del cónclave. En 2013, tras la renuncia de Benedicto XVI, que se sabía cuándo iba a comenzar este periodo, duró 13 días, un auténtico récord en rapidez. Pero en 1799, con la Revolución francesa, se tardaron 207 días hasta que finalmente se eligió a Pío VII —el papa que aparece en el cuadro de la coronación de Napoleón en Notre Dame de París—. De los últimos siglos, el siguiente periodo más largo ya es de 63 días entre 1830 y 1831, aunque la media habitual de la Edad Contemporánea es de 15-20 días en parte gracias a la evolución de los transportes.

Yendo más atrás en la historia, hay récords más significativos. El caso más sangrante es la sede vacante que se inició con la muerte del papa Marcelino en el año 304 y que no se cerró hasta la elección de Marcelo II, posiblemente entre los años 306 a 308, no se sabe a ciencia cierta. En el siglo XIII, el conocido como Cónclave de Viterbo duró 33 meses entre 1268 y 1271. En 1415, tras la renuncia del papa Juan XII no hubo un papa válido y legítimamente elegido hasta que salió Martín V en 1417 en los tiempos de Aviñón. En los siglos XIII y XIV también hubo sedes vacantes de 27 meses, en buena medida porque la elección del papa se hacía por unanimidad y no por mayoría.

La elección de un nuevo papa es algo que la Iglesia ha hecho desde el siglo I, sin embargo, no siempre ha sido con la fórmula del cónclave o nada que se le parezca. Ni que decir tiene que Jesús no dejó un reglamento para elegir al sucesor de san Pedro, ni el libro de los Hechos de los Apóstoles, que sigue los primeros años de las comunidades cristianas tras la muerte y resurrección de Jesús, parece preocupado por esta cuestión. Los apóstoles fueron difundiendo el nuevo mensaje de Jesús de Nazaret y llegaron a ser líderes en sus comunidades, que eran las encargadas de proveer de un sucesor al que se le acabaría llamando obispo. Esta vinculación desde el origen de los obispos a los apóstoles es lo que se conoce como «sucesión apostólica», representada en el gesto de la imposición de manos que los obispos emplean para ordenar a nuevos sacerdotes o cada vez que se consagra a un nuevo obispo. Esto sirve para un caso particular, el de Pedro, que llegó a estar al frente de la comunidad cristiana de Roma, entonces la capital del Imperio. En estos primeros compases de las Iglesias apostólicas fueron los propios líderes quienes se encargaron de designar un sucesor y, con el tiempo, sería el clero o la propia comunidad la que decidiría a quién nombrar obispo.

La documentación sobre el caso de Roma apunta a que fue el papa Marcos, que estuvo en el cargo unos meses del año 336, quien reguló la elección del obispo de Roma por parte de los sacerdotes de la ciudad. El método era una mezcla de consenso y elección por aclamación, uniéndose a este en ocasiones el pueblo, siempre dispuesto a aplaudir o abuchear a quien sea menester. Los testimonios históricos de los primeros siglos son escasos y la sucesión de papas es tremenda, ya que no era un cargo al que aspirar en tiempos de persecución y minorías. Hay leyendas, como la que se relata en la *Historia Eclesiástica* de Eusebio de Cesárea, que cuentan que a veces no quería ser nadie y tenía Dios que mandar una paloma a posarse sobre un granjero, como era Fabián, que estaba de paso por Roma para unos negocios, para que el pueblo, al ver la señal, le aclamara, aunque ni siquiera fuera uno de los presbíteros de la comunidad.

Con el fin de las persecuciones, los emperadores romanos o bizantinos mantendrán la elección por parte del clero y el pueblo, pero garantizándose la capacidad de confirmar —y, por lo tanto, de vetar— dicha elección. Esta prerrogativa se desarrollaría a lo largo de la historia —tras una Edad Media en la que desapareció— como *Ius exclusivæ*, conocido como «veto papal» o «veto secular» con el que algunos reyes como los de Francia, España o los herederos del emperador del Sacro Imperio Romano Germánico podrían declarar *non grato* a un candidato, algo que se hacía a través de un mandato a uno de los cardenales del cónclave. Desde el siglo XVII, parece que este veto se ha empleado 18 veces, la última en 1903, cuando el emperador Francisco José I, archiduque de Austria, vetó al cardenal siciliano Mariano Rampolla por su vinculación con la masonería. Antes, en 1605, Felipe III ejerció el derecho de la monarquía hispánica y vetó la elección del cardenal Cesare Baronio por las críticas que había hecho públicas contra la cancillería hispánica y por sus, al parecer evidentes, simpatías a Francia. En el cónclave de 1700, Luis XIV de Francia vetaría al cardenal Galeazzo Marescotti, que contaba con votos suficientes, pero desconfiaba de los Borbones para reinar en España. Más adelante, en 1721, Felipe V —el primer Borbón que fue soberano en España— vetaría al cardenal Pignatelli, arzobispo de Nápoles, por su cercanía a los Habsburgo, y posteriormente en 1730 y 1740 también bloquearía la elección de cardenales críticos con el expansionismo militar español en la península italiana. Los vetos patrios los cierra Fernando VII, que en el cónclave de 1829 bloqueó el nombramiento del cardenal Giacomo Giustiniani, que había sido nuncio en Madrid.

Volviendo a las épocas de los emperadores romanos, la norma quedó establecida y codificada en el año 557 durante el gobierno de Justiniano. Es verdad que este privilegio se retiraría oficialmente en el 769, pero la nobleza romana lo recuperaría en el 862. La guerra de familias que condicionó entonces la elección del nuevo pontífice hizo que, en el año 1059, el papa Nicolas II tratara de poner orden estableciendo que los únicos que elegirían a partir de entonces al papa serían los obispos cardenales —entonces vinculados a algunas iglesias significativas de Roma y de su entorno— pero, a la vez, autorizó que entre estos cardenales hubiera algunos no romanos. Poco después, los historiadores ya fijan, en 1118, que la elección de Gelasio II fue en un sitio secreto y alejado de la pasarela pública de la aclamación del pueblo. Entonces los cardenales se reunieron, metafóricamente se puede decir, bajo llave, *cum clave*, en el monasterio de San Sebastián en el Palatino, una de las siete colinas romanas. Por cierto, una iglesia que se puede visitar hoy situada a pocos pasos del Coliseo para quien supere la empinada cuesta que es la calle de San Bonaventura. Este, que podríamos considerar el primer cónclave ya moderno y organizado según los parámetros básicos que rigen hasta ahora, marcó tendencia, y hasta 1268 se celebrarán siempre en lugares protegidos de las miradas —e incluso de las lanzas— ajenas.

Grabado del papa Nicolás II, quien en el año 1059 establece que los únicos que elegirían a partir de entonces al papa serían los obispos cardenales, si bien autorizó también que entre estos cardenales hubiera algunos no romanos.

Ahora bien, oficialmente no podemos hablar de cónclave hasta 1274, cuando Gregorio X, en el Concilio de Lyon, codifica la experiencia del último siglo en la bula *Ubi Periculum* —«En caso de peligro» son las primeras palabras que quedan como título poco esperanzador de este documento—. Gregorio X, que no fue cardenal antes que papa, se fijó en la elección de los magistrados de Viterbo o en el sistema de los dominicos o del municipio de Venecia, y dotó a la Iglesia de una normativa específica para separar la elección del romano pontífice de las maquinaciones de eclesiásticos o de la aristocracia que pululaba por la Ciudad Eterna en busca de poder y patrimonio. Hay medidas que se recogen en esta bula que siguen vigentes, tal cual, hoy en día, como los únicos oficios de la curia que no cesan en la sede vacante como son el penitenciario y el camarlengo. También es comprensivo con los cardenales que llegan tarde y los que enferman; pero, sobre todo, reiteró que los cardenales tenían prohibido involucrarse en política, soborno o acuerdos en su función como electores papales, por ello también insiste en que estos estén incomunicados en lo que dura el cónclave.

Estas disposiciones se aplicaron por primera vez tras la muerte del papa en 1276. En solo un día se eligió al dominico y colaborador del anterior Inocencio V. Este último apenas duró unos meses, y en el resto de cónclaves del siglo XIII, al no seguir las normas de forma estricta, las elecciones se prolongaron hasta la extenuación. Sería Celestino V, que tampoco fue cardenal antes que papa, quien vuelve a promulgar las normas antes de su renuncia en 1294. Ya no renunciaría ningún papa más hasta Benedicto XVI en 2013, con la excepción de Gregorio XII en 1415, a quien hicieron renunciar otros.

Otro hito que influirá durante varios siglos en la historia de los cónclaves son los modos de elección del nuevo papa. Así, Gregorio XV fijó en 1621 tres fórmulas: la votación secreta que ya desarrollaremos después, por aclamación —como por «inspiración del Espíritu» a todos los cardenales a la vez, como ocurre en la película de *Las sandalias del pescador* (1968) que comentaremos en el último capítulo— y por compromiso o a través de unos compromisarios —«en determinadas circunstancias particulares, los cardenales electores encomiendan a un grupo de ellos el poder de elegir, en lugar de todos, al Pastor de la Iglesia Católica», según se explica en el último documento que la contemplaba, la constitución *Romano Pontifici Eligendo*—. Los tres modos han estado vigentes, en términos generales, hasta Pablo VI, aunque finalmente con Juan Pablo II se redujeron los métodos a uno, la votación secreta.

La evolución de las normas se fue ajustando durante el siglo XX, así, el papa Pío X, en 1904, eliminó los vetos de los monarcas y emperadores tras el de Francisco José I, justo en el cónclave que le eligió en parte gracias a este veto. Pablo VI actualizó las normas a la nueva visión de la Iglesia y del papado, tras el concilio Vaticano II, en 1970 —con el *motu proprio Ingravescentem aetatem*, en el que jubilaba a los cardenales mayores de 80 años, como analizaremos— y 1975 —la ya citada *Romano Pontifici Eligendo*—. Con estas normas se procedió a la elección de Juan Pablo I y Juan Pablo II, en agosto y octubre de 1978 respectivamente. La experiencia de estos dos cónclaves tan seguidos impulsó la reforma de las normas de Juan Pablo II y la Constitución Apostólica *Universi Dominici Gregis* del 22 de febrero de 1996, que abarca toda la cuestión de la sede vacante y el cónclave. El documento íntegro solo se aplicó para el cónclave que eligió a Benedicto XVI, quien, el 11 de febrero de 2007, publicó un *motu propio* que, se lee en el título, «restablece la norma tradicional acerca de la mayoría requerida para la elección del Sumo Pontífice». Esto lo completó el 22 de febrero de 2013 con el *motu proprio Normas nonnullas* «sobre algunas modificaciones a las normas relativas a la elección del Romano Pontífice» en el que, a partir del texto de Juan Pablo II, actualiza algunos artículos a la situación actual en la que, por ejemplo, la forma de viajar ha evolucionado significativamente. El contenido de estas últimas normas vigentes servirá para explicar el desarrollo pormenorizado de los cónclaves actuales. De estas cuestiones, el papa Francisco solo publicó algunas cuestiones referidas a los funerales y el posterior enterramiento del papa, algo que también repasaremos en el capítulo que recoge los días previos al cónclave.

El papa Francisco entra, como pontífice, en la residencia Santa Marta, que convirtió en su residencia desde el momento mismo de la elección.

«Confirmo, además, con mi autoridad apostólica el deber del más riguroso secreto sobre todo lo que concierne directa o indirectamente las operaciones mismas de la elección: también en esto, sin embargo, he querido simplificar y reducir a lo esencial las normas relativas, de modo que se eviten perplejidades y dudas, y también quizás posteriores problemas de conciencia en quien ha tomado parte en la elección». Esto escribía Juan Pablo II confirmando la tradición en la normativa del cónclave. Este secretismo es el que ha hecho que a lo largo de la historia, por un lado, crezcan las filtraciones más o menos dudosas e interesadas y, por otro, prácticamente solo los papas sean los que han ofrecido explicaciones oficiales de alguno de los cónclaves. Así, por ejemplo, un rumor extendido es que Karol Wojtyla se llevó para el cónclave en el que salió elegido como papa periódicos deportivos antiguos para los largos escrutinios.

Por su parte, el papa Francisco comentó en varias ocasiones algunos detalles del cónclave en el que salió elegido, en el que contaba ya con la experiencia del cónclave anterior. «Ni se me pasó por la cabeza» confesó Francisco al ser preguntado en una entrevista a la revista *Vida Nueva* sobre si preparó su viaje consciente de que era probable su elección ya que, en el cónclave de 2005, como se difundió posteriormente, fue uno de los más votados, llegando incluso a pedir a los cardenales que le apoyaban que se decantaran por Ratzinger para así desbloquear la elección. En la misma entrevista, confesó: «Cuando murió Juan Pablo II, estaba camino de la villa miseria de Barracas. Murió mientras iba en el colectivo. Celebré la misa y me senté con la gente. Empezaron a hablar sobre cómo se elige al papa. Y una anciana me dice: "Padre, ¿a usted lo pueden hacer papa?". Digo: "Sí, a todos". "Bueno, pues entonces, un consejo —me dice—: si va a ser papa, cómprese un perrito". "¿Para qué?", le pregunté. "Antes de comer, dele al perrito"».

Ya ocho años después, «el 11 de febrero de 2013, justo el día que anunció Benedicto su renuncia, tenía programada una misa en la parroquia de Lourdes, en Caballito. Se hace en la calle porque hay tanta gente… Cuando terminó la eucaristía, dije: "Recemos por el papa Benedicto XVI, que hoy presentó su renuncia, una avemaría a la Virgen". Y una vieja grita desde atrás: "¡Ojalá te hagan papa!"». Pero, añade, «eso no fue un sueño, fue un grito. Las viejas son sabias. A las viejas hay que escucharlas». El que se ha definido, con una fuerte dosis de ironía, como «una víctima del Espíritu

Santo». Así, a la hora de preparar el equipaje, «pensaba que regresaría a casa después de la elección papal. Dejé listo en Buenos Aires incluso mi sermón para el Domingo de Ramos y el del Jueves Santo».

En su autobiografía, publicada en enero de 2025, Jorge Mario Bergoglio confesó: «He de admitir que yo trataba de ir lo menos posible al Vaticano. Sinceramente, prefería estar con mi gente, entre otras cosas porque no me sentía muy a gusto viendo la pompa de esos palacios». El arzobispo de Buenos Aires había sacado el billete tras la renuncia de Benedicto XVI, pero sus previsiones cambiaron porque se organizó una última reunión de cardenales con el papa antes de que dicha renuncia se hiciera efectiva, por lo que tuvo que cambiar su billete de avión con la fecha de vuelta el 23 de marzo, el sábado anterior al Domingo de Ramos. «Estaba convencido de que ningún papa tomaría posesión durante la Semana Santa y que, por tanto, me daría tiempo a volver a casa para las fiestas de Pascua. En resumen, quería quedarme en el Vaticano solo el tiempo necesario. Tenía la cabeza puesta en las celebraciones de Pascua en Argentina y, sobre todo, ¡en las homilías que tenía que preparar para Semana Santa!».

En este mismo libro cuenta que «el viaje fue largo y agotador. Al llegar al aeropuerto de Fiumicino, en la sala de recogida de equipajes, me encontré con algunas caras amigas», señala mencionando al cardenal Odilo Pedro Scherer, arzobispo de São Paulo, o el cardenal Luis Antonio Tagle, en aquella época arzobispo de Manila, de quienes cuenta que «iban todos en *clergyman*, excepto Tagle, que llevaba un polo y vaqueros. A la mañana siguiente lo volví a ver y le dije: "¡Ayer en el aeropuerto vi a un chico que se parecía a usted!", y nos reímos unos minutos», bromeó. Su equipaje era ligero porque la costumbre de Bergoglio era dejar en Roma tanto la sotana roja como la negra para las ceremonias vaticanas. En Buenos Aires adaptó a sus medidas la túnica que utilizaba el arzobispo anterior. A las sotanas se refiere levemente en sus memorias *Vida. Mi vida a través de la historia* al destacar que «las cámaras de los medios de comunicación internacionales captan la llegada al Vaticano de los purpurados del mundo entero. En rigurosa sotana filetata, los hay que llegan a pie, sobre todo los que han encontrado alojamiento cerca y quienes viven dentro de la pequeña ciudad-Estado; y los hay que llegan en coche, especialmente los más mayores o los que residen a kilómetros de distancia. Los purpurados, antes de llegar al Aula Nueva del Sínodo, donde tendrán lugar las reuniones, se saludan y charlan un rato frente a la entrada del edificio ante la mirada curiosa de los fotógrafos. Los estadounidenses llegan todos en grupo, en autobús. También llegan juntos algunos brasileños, al igual que un grupito de italianos».

En *Esperanza. La autobiografía* detalla algún pormenor más del equipaje necesario para el cónclave al contar que «en la entrada de Santa Marta, los cardenales esperan en fila a que comprueben y revisen sus bolsas, donde no puede haber móviles, portátiles ni ningún otro aparato. Tampoco periódicos. Durante todo el cónclave se impone el secreto más absoluto. Las ventanas se cierran, las señales de móvil se bloquean». Sobre su caso, apuntaba: «Me dejaron pasar: "Adelante, eminencia, le entregaremos su maletita dentro". Todo estaba blindado, tanto en Santa Marta como en la Sixtina. Cuando el ujier llegó para devolverme la bolsa y me llamó: "¿Cardenal Bergoglio?", me dijeron luego que alguien detrás de él había comentado: "A lo mejor acepta...". Puede que algunos cardenales ya estuvieran hablando de ello de algún modo. Yo, desde luego, no oí nada, y esa idea ni siquiera se me había pasado por la cabeza».

Volviendo a la entrevista, narra las señales que se fueron produciendo durante el cónclave en sí. «Hubo varios detalles reveladores, pero realmente no me di cuenta de nada en ese momento. Luego los supe ver, transcurrido el tiempo. Ni siquiera me sentí preocupado cuando tuvo lugar la primera votación y algunos apuntaron mi nombre. Esa noche subí hasta la quinta planta de la Casa Santa Marta para llevarle al cardenal de La Habana, Jaime Ortega, las notas que me pidió sobre las palabras que dije durante las congregaciones generales, cuando hablé de la dulce y confortadora alegría de evangelizar, del peligro de una Iglesia autorreferencial y de la mundanidad espiritual, así como de la necesidad de salir a las periferias». Al darle el papel, Ortega «me dijo: "¡Ay, qué lindo! Me llevo un recuerdo del papa". Ni me di cuenta del comentario en ese momento. Cuando tomo el ascensor para bajar al segundo piso, donde yo estaba, en el cuarto sube el cardenal Errázuriz y me suelta: "¿Ya preparaste el discurso?". "¿Cuál?". "El que tienes que decir en el balcón". También lo ignoré, como si nada».

No son estas las únicas confidencias de Francisco sobre el cónclave. También contó varias veces que «sucedió algo en el comedor al día siguiente en el almuerzo. Otro cardenal se puso a hablar conmigo y me pidió que me acercara para hablar con un grupo de electores europeos: "Eminencia, venga, queremos conocer algo más de Latinoamérica. Háblenos". Yo no caí en la cuenta de que me estaban haciendo un examen. El remate fue cuando, después, un cardenal amigo mío se me acercó para preguntarme por mi salud. Le desmentí algunos rumores sobre mi persona, sin darle importancia» —particularmente la cuestión de su operación de pulmón ¡de 1957!—. Unos rumores que, me confirmaría directamente unos años después un cardenal que estaba presente, tuvieron claros orígenes españoles.

Francisco, al rememorar también aquellos intensos días, cuenta que tanto era así que «me fui a dormir la siesta tranquilo. Después, me fui a votar como uno más. Antes de llegar a la Capilla Sixtina, me encontré con el cardenal Ravasi y nos pusimos a conversar mientras caminábamos por los alrededores. Le confesé que utilizaba sus libros para dar clase y, a partir de ahí, comenzamos a hablar evadiéndonos de todo, hasta que escuchamos una voz de lejos: "¿Y ustedes van a entrar o no? Porque cierro la puerta…". Casi nos quedamos fuera…». Y es que, reflexionaba diez años después de aquello, «uno, en el fondo, es víctima de la Providencia, del Espíritu Santo. Así entré yo al cónclave y así salí. En la primera votación de la tarde, cuando ya era casi evidente todo, se me acercó el cardenal Hummes, que estaba detrás mío, y me dijo: "No te preocupes, así trabaja el Espíritu Santo". Y, cuando ya salí elegido en la votación definitiva, fue cuando me comentó eso que ya he dicho tantas veces: "No te olvides de los pobres". Conclusión: comparto esto para que vean que el Espíritu Santo existe y yo creo que me puso Él».

Ya en su última noche como cardenal recuerda: «¡Esa noche dormí como un lirón! Después de ser elegido, había un gran banquete. Estaba preparado ya. Lo cuento como sucedió. Después de hablar a la gente, de rezar por el papa anterior, salí y había un ascensor esperando solo para mí, para que yo me desplazara solo. "Yo voy con todos", dije. Me salió de adentro. Cuando llegué abajo, estaba la limusina. Y volví a decir: "Yo voy en el colectivo con todos». Ahí me di cuenta de que me estaba esperando un cambio de cosas"». Esa misma mañana, continúa su relato, «no me podía poner el cuello de la sotana, no sé por qué. Salí y estaba el emérito de Palermo, y le dije: "Ayúdame". "¡Sí, cómo no!", me contestó. De la misma manera, ese día bajé a comer al comedor con todos. Y ahí empezó la vida en común que sigo llevando hoy. El cambio de formas de proceder se dio solo, dejé que surgiera lo mío. No cambié mi estilo de vida y eso me ayudó. Fue una intuición del momento. Con esa naturalidad vivo las cosas y las cuento». Y pensando en un futuro cónclave, susurraba: «El Espíritu sorprende. Mira lo que pasó conmigo... ¡Quién iba a pensar que un latinoamericano perdido iba a estar aquí hoy! El Espíritu hace sus cosas. Con un Colegio Cardenalicio tan "revuelto" por tantos nombramientos y tan distintos, puede pasar cualquier cosa, que es el miedo que tienen algunos. "¡En manos de quién puede caer esto!", piensan».

Del relato se extrae que las normas de equipaje de un cónclave son más estrictas que las de las aerolíneas más agresivas con esta cuestión. Es explorando el capítulo cuarto de la constitución *Universi Dominici Gregis*, el referido al secreto, cuando se deducen algunos objetos que no le van a servir a uno de nada dentro de los muros de la muralla leonina. Para reservar ese «carácter reservado» que tiene esta reunión, se retiran si es que estuvieran en la maleta de los purpurados los medios de «grabación o de transmisión audiovisual», tampoco sirve de mucho llevar material para mantener «correspondencia epistolar» o «conversaciones telefónicas o por radio» —y todo lo equivalente con la tecnología actual, ya que el documento es de 1996 y es que, aunque el primer Motorola es de 1973, su evolución es muy posterior—. Por ello, la prohibición va más al fondo, al excluir durante el tiempo del cónclave «recibir o enviar cualquier tipo de mensajes fuera de la Ciudad del Vaticano, existiendo naturalmente la prohibición de que éstos se hagan por medio de alguna persona legítimamente admitida allí» —ya sea mediante soborno, coacción o simplemente pura amistad—. «De forma específica se prohíbe a los cardenales electores, mientras dure el proceso de la elección, recibir prensa diaria y periódica de cualquier tipo, así como escuchar programas radiofónicos o ver transmisiones televisivas», se lee en el número 57.

Más allá de lo referente a las actuaciones de los cardenales, para quienes se prevén la pena canónica máxima que se puede imponer dentro de la Iglesia —la excomunión—, el reglamento establece que «para que los cardenales electores puedan salvaguardarse de la indiscreción ajena y de eventuales asechanzas que pudieran afectar a su independencia de juicio y a su libertad de decisión, prohíbo absolutamente que, bajo ningún pretexto, se introduzcan en los lugares donde se desarrollan las operaciones de la elección o, si ya los hubiera, que sean usados instrumentos técnicos de cualquier tipo que sirvan para grabar, reproducir o transmitir voces, imágenes o escritos».

Hoy en día, tras muchos vaivenes históricos, las normas oficiales del cónclave son fácilmente accesibles, ya que están recogidas en tres documentos que han derogado todo lo anterior, aunque son realmente deudores de todas las tradiciones y opciones hechas a lo largo de la historia. Esta normativa está fundamentalmente en la Constitución Apostólica —esta denominación se reserva para las normas de más alto rango de cuantas emiten los papas— *Universi Dominici gregis* promulgada por Juan Pablo II el 22 de febrero de 1996. La fecha elegida es la fiesta de Cátedra de san Pedro, que hace referencia directa al primer papa, al primer obispo de Roma.

Esta constitución, como ya se ha dicho, ha sido ajustada en algunos detalles durante el papado de Benedicto XVI, que publicó dos *motus propios* —documento que surge por iniciativa del propio pontífice—. Estos son *De aliquibus mutationibus in normis de electione Romani Pontificis* del 11 de junio de 2007 —en español «Sobre algunas modificaciones a las normas relativas a la elección del Romano Pontífice», un documento de una página en la que refuerza la mayoría de dos tercios para la elección del papa—, y el más amplio *Normas nonnullas* —literalmente «Algunas normas», en la que se fijan algunas modificaciones de redacción en quince números de la constitución de Juan Pablo II— del 22 de febrero de 2013. De no cumplirse con lo decretado en estos documentos, el cónclave sería nulo e inválido. Tampoco se puede hacer ninguna modificación al respecto durante el periodo de la sede vacante, siguiendo aquella máxima del sentido común de que «no se pueden cambiar las normas del juego a mitad de la partida».

A estos documentos se suma un libro que reciben todos los cardenales al llegar a Roma y que está siempre sobre su mesa en la Sixtina; es el *Ordo rituum conclavis* editado por la Oficina de las Celebraciones Litúrgicas del Sumo Pontífice, donde se recogen los textos de las oraciones propias del cónclave —que es lo que en latín se llama «ordinario», por eso el título «Ordinario de los ritos del cónclave»—.

La configuración de las normas se ha ido formando —y en el siglo XX prácticamente todos los papas han afrontado la cuestión— para responder a las peculiaridades que la figura del romano pontífice ha ido también adquiriendo con el paso de los tiempos. Con razón escribía Juan Pablo II en su actualización normativa: «Especial atención he querido dedicar a la antiquísima institución del cónclave: su normativa y praxis han sido consagradas y definidas, al respecto, también en solemnes disposiciones de muchos de mis predecesores. Una atenta investigación histórica confirma no sólo la oportunidad contingente de esta institución, por las circunstancias en las que surgió y fue poco a poco definida normativamente, sino también su constante utilidad para el desarrollo ordenado, solícito y regular de las operaciones de la elección misma, particularmente en momentos de tensión y perturbación».

Por ello, con este trasfondo y por considerar este proceso en un plano trascendente, la normativa y las costumbres son procedimientos, sanciones disciplinarias y penales o rituales litúrgicos que buscan, en el fondo —y esto no se puede olvidar—, la total libertad (interna y externa podríamos decir) de los cardenales electores, la inmunidad frente a las indebidas o posibles intromisiones externas —incluidas las del fuego amigo—, el ambiente espiritual y no de campaña política o ideológica del cónclave por la tarea que los purpurados tienen entre manos. Son estos requerimientos específicos los que han configurado que el cónclave se mantenga en un lugar cerrado, para un número bien definido de electores, la prohibición del contacto con el exterior mientras dure la elección y un fin muy definido y concreto tan delicado que no hay espacio para ninguna otra distracción: dotar a Roma de un nuevo obispo en la sede vacante.

2.

Quién es quién en el cónclave

EL CAMARLENGO

Si hay una persona que cobra relevancia exclusivamente en el tiempo del cónclave ese es el camarlengo. Su despacho en el Palacio Apostólico Vaticano —el mismo edificio en el que está la Capilla Sixtina— permanece vacío mientras el papa está ejerciendo su labor y solo es ocupado cuando comienza el periodo de sede vacante. Miembro histórico de la corte papal es el administrador de los bienes de la Santa Sede, su función está regulada por la constitución apostólica *Praedicate Evangelium* promulgada por el papa Francisco con fecha 19 de marzo de 2022 y que reforma toda la organización de la curia romana, es decir, todos los organismos centrales de la Iglesia con los que cuenta el Vaticano.

En concreto, la figura del camarlengo se resume en tres artículos, del 235 al 237. Allí se define que el «cardenal camarlengo de la Santa Romana Iglesia ejerce las funciones que le asigna la legislación especial relativa a la Sede Apostólica vacante y a la elección del Romano Pontífice», como veremos enseguida. Junto al camarlengo, el papa nombra también un vicecamarlengo, y estos cuentan con el apoyo de «tres cardenales asistentes, uno de los cuales es el cardenal coordinador del Consejo de Asuntos Económicos y los otros dos son identificados según las modalidades previstas por la legislación sobre la Sede Apostólica vacante y la elección del Romano

Pontífice», es decir, en la constitución *Universi Dominici Gregis.* Por lo tanto, por lo que se refiere al funcionamiento interno del Vaticano, el camarlengo tiene que «solicitar a todas las administraciones dependientes de la Santa Sede las relaciones sobre su estado patrimonial y económico, así como la información sobre asuntos extraordinarios que estén en curso», «solicitar al Consejo de Asuntos Económicos los presupuestos y balances consolidados de la Santa Sede del año anterior, así como el presupuesto del año siguiente»; y «solicitar a la Secretaría de Asuntos Económicos, cuando resulte necesario, cualquier información sobre el estado económico de la Santa Sede».

Ahora bien, estas funciones administrativas se ven opacadas por las relativas al fallecimiento del pontífice y la preparación del cónclave, que son mucho más vistosas que su labor entre asientos contables y balances económicos. En *Universi Dominici Gregis,* Juan Pablo II estableció la llamada «congregación particular» con esos tres cardenales que le asisten para gestionar el día a día de los días previos al cónclave, como veremos en el capítulo siguiente. También, junto al secretario de Estado del Vaticano y el presidente de la Gobernación —lo equivalente a la «alcaldía», por así decir—, preside la comisión que se encarga de disponer todo lo necesario para acoger a los cardenales y demás participantes esos días en la *Domus Sanctae Marthae,* la Casa Santa Marta o Residencia Santa Marta, de la que se hablará varias veces aquí. También supervisan la adecuación de los demás locales necesarios, especialmente la Capilla Sixtina, se lee en la constitución, «a fin de que las operaciones relativas a la elección puedan desarrollarse de manera ágil, ordenada y con la máxima reserva».

Por la naturaleza tan particular de este cargo es de los pocos que no cesan en la curia romana, por mucho que lo ponga a disposición del siguiente pontífice cuando sea elegido. Por eso, si no hubiera camarlengo —ni vicecamarlengo— en el momento de la sede vacante —por cualquier circunstancia—, precisamente la primera tarea del colegio de cardenales es elegir a uno de ellos para este oficio cumpliendo sus labores hasta ese momento el decano, de quien hablaremos en el siguiente apartado de este capítulo. Más conocida es quizá la tarea de que «apenas recibida la noticia de la muerte del Sumo Pontífice, el camarlengo de la Santa Iglesia Romana debe comprobar oficialmente la muerte del Pontífice en presencia del maestro de las Celebraciones Litúrgicas Pontificias, de los prelados clérigos y del secretario y canciller de la Cámara Apostólica, el cual deberá extender el documento o acta auténtica de muerte». Pero ¿cómo se comprueba oficialmente la muerte de un papa? Pues sí, preguntando a un médico, que suelen tener más experiencia en esto que los eclesiásticos. Es cierto que la tradición recoge el ritual —no exigido por estas últimas normas revisadas a fondo por Juan Pablo II— de que el camarlengo se sitúa al lado de la cama del pontífice y llama por el nombre de pila, tradicionalmente en latín, tres veces al papa, dejando tres minutos entre cada una de las llamadas y que incluso, hasta 1878, cuando falleció el papa Pío IX, a cada llamada seguía un leve golpe en la cabeza con un pequeño martillo de plata con mango de marfil —costumbre que desterró, aunque no se empleaba ya, definitivamente Juan XXIII—. También gracias a la tradición se ha acuñado la frase latina, pronunciada por el camarlengo, «*Vere Papa mortuus est*» («verdaderamente, el papa está muerto») para confirmar oficialmente este fallecimiento del romano pontífice. Tras esto, sigue estableciendo la constitución apostólica, «el camarlengo debe además sellar el estudio y la habitación del mismo pontífice, disponiendo que el personal que vive habitualmente en el apartamento privado pueda seguir en él hasta después de la sepultura del papa, momento en que todo el apartamento pontificio será sellado» y con ello comienza la cadena de acciones por la que la muerte del papa se comunica hasta el último rincón del mundo.

Pero ¿de dónde surge esta figura y este nombre tan específico? Literalmente un *camarlingus*, en latín medieval, es un «oficial de la cámara», la cámara del tesoro se refiere, por eso el peso real, aunque menos visible de esta figura, está en la administración económica. A esto se suma otra etimología, la que recoge el diccionario español, que reconoce en la Corona de Aragón al *camarleng*, al «camarero» de la corte, situando el origen de esta palabra en *kamarling*, del idioma de los francos. Desde luego esta ascendencia del término franco también pudo llegar sin duda a los Estados Pontificios, que adoptaron este cargo en el siglo XII. Hasta ese momento la administración correspondía al archidiácono de la Iglesia romana; cargo que se suprimió en el siglo XI, precisamente por uno de ellos que fue elegido papa, Gregorio VII. En el Nuevo Testamento ya nos encontramos a diáconos que son puestos al frente de la administración y por eso derivó al archidiácono y de este al *camerarius*, el eclesiástico responsable de las finanzas tanto de la curia como de los bienes temporales de la Santa Sede, cuyo centro de referencia era la *thesauraria*, la tesorería. Por la relevancia de este encargo, pasó de estar al frente un obispo a ser algo propio de un cardenal. Es el papa Gregorio X en 1724 el que estableció este oficio para el periodo de sede vacante. Su rol fue confirmado por una bula de Clemente V en 1311 y otra de Pío IV en 1562 en la que establece que sea ayudado por tres cardenales más —algo que se mantiene hasta hoy el día—.

Con Clemente XII, en el siglo XVIII, ya parece documentado el papel de confirmar la muerte del pontífice, organizar su funeral o custodiar el anillo papal o los sellos de plomo para las bulas papales hasta que fueran anulados en la primera reunión de cardenales. También hace siglos mandaba tocar la campana mayor del Campidoglio —el ayuntamiento de Roma— para comunicar al mundo de aquella manera el deceso del papa. Hay muchos detalles en los archivos sobre cómo se ha ido dotando de contenido este papel que llegó a tener a su servicio a la Guardia Suiza y una carroza específica.

Ni que decir tiene que ser camarlengo no es cualquier cosa. En concreto, tres camarlengos han sido después elegidos como papas. Es el caso, en 1404, de Inocencio VII; en 1878, León XIII; y en el siglo XX, en 1939, Pío XII. A esto se suman otros camarlengos que fueron elegidos papas pero ya no estaban en ese cargo en concreto durante se elección —ya que no es algo vitalicio, sino que, como los principales servicios de la Curia, actualmente el nombramiento es por cinco años que se pueden prorrogar—; es el caso de Honorio III en 1216 y Alejandro IV en 1254. El actual camarlengo, el cardenal irlandés de nacimiento y estadounidense de pasaporte Kevin Joseph Farrell, fue nombrado para este encargo el 14 de febrero de 2019, cuando el purpurado tenía 72 años.

¿TODOS LOS CARDENALES?

Pero quienes están en el punto de mira de los cónclaves son los cardenales. Y solo los cardenales eligen al nuevo papa, «queda absolutamente excluido el derecho de elección activa por parte de cualquier otra dignidad eclesiástica o la intervención del poder civil de cualquier orden o grado», ratificó Juan Pablo II en 1996 por si a alguien le apeteciera recuperar de forma explícita o implícita cualquier forma de veto del pasado.

Todos los cardenales vivos forman el llamado Colegio Cardenalicio. Dentro de este grupo, en relación al momento de la elección del papa, podemos establecer dos divisiones. Una de ellas viene de la normativa propia del cónclave que deja fuera de la reunión en la Sixtina a quien haya cumplido 80 años. La norma vigente establece que «el derecho de elegir al Romano Pontífice corresponde únicamente a los cardenales de la Santa Iglesia Romana, con excepción de aquellos que, antes del día de la muerte del Sumo Pontífice o del día en el cual la Sede Apostólica quede vacante, hayan cumplido 80 años de edad». El aumento de la esperanza de vida e incluso del número de cardenales de todo el mundo para hacer este Colegio más internacional fue la motivación para establecer este límite de edad. Esta decisión la promulgó en 1970 el papa Pablo VI con el *motu proprio Ingravescentem aetatem* —literalmente el título es «edad avanzada»— y lo han mantenido sus sucesores. Si bien la jubilación habitual para los prelados en la Iglesia son los 75 años, Pablo VI abrió este margen y fijó también esta edad para que los cardenales dejaran sus tareas en los organismos de la curia romana. Ahora bien, Juan Pablo II marca que se empieza a contar desde la fecha de muerte del papa o cuando se haga efectiva la renuncia; mientras que Pablo VI había señalado el día del inicio del cónclave, algo en lo que siempre se fijan unos pocos cardenales que puedan ser afectados por este breve período de tiempo pero que podrían orientar la balanza según otros intereses. Parece que ha triunfado el «más vale prevenir». Nada impide, en cualquier caso, que un cardenal entre con 79 años y celebre su 80 cumpleaños dentro del encierro. Esto provoca que siempre que hay rumores de cónclave, se generen todo tipo de habladurías sobre la intranquilidad entre los purpurados que se encuentran cerca de esta barrera natural.

También hay sorpresas de vez en cuando de forma insospechada en sentido contrario. Así, en 2024, el *Anuario Pontificio*, el listado oficial de datos del Vaticano, rejuveneció al cardenal John Njue, un keniata que se supone que cumpliría los 80 años a final del año dejándolo fuera del cónclave. Hasta que una investigación sobre su nacimiento, del que no había documentación, le amplió la posibilidad de entrar en el cónclave hasta 2026. Y es que se descubrió que Njue no nació en 1944, sino en 1946. Su nueva fecha oficial de nacimiento es el 1 de enero de 1944.

A pesar de lo curioso de la situación, no es la primera vez que hubo que cambiar la fecha de nacimiento de un cardenal. Ya pasó con Henryk Gulbinowicz, pero en aquel caso jugó en contra del cardenal polaco. Se creyó que había nacido en 1928 hasta febrero de 2005, cuando declaró que realmente había nacido en 1923, explicando que este «registro falso» había sido creado por sus padres para evitar que su hijo fuera reclutado en la guerra. Así, Gulbinowicz, fallecido en 2020, no pudo participar en el cónclave en el que fue elegido Benedicto XVI.

Las normas también han establecido otra limitación. Escribe Juan Pablo II que «el número máximo de cardenales electores no debe superar los 120». Esta norma también la heredó de Pablo VI, que publicó el 1 de octubre de 1975, tras el Vaticano II, la constitución *Romano Pontifici eligendo* ya fijando la misma cifra. Esta segunda limitación a quien afecta en cada momento es al papa reinante, ya que es, en exclusiva, el único que puede crear nuevos cardenales. Todos en estas décadas han tenido esta referencia a la hora de anunciar nuevas birretas cardenalicias manteniendo un equilibrio entre quienes están cerca de los 80 años a modo de previsión de vacantes. Esta limitación ha sido tan reciente porque, a lo largo de la historia, no era necesario marcar ningún tope. Por ejemplo, desde 1099 hasta el siglo XV, el número medio de cardenales era de aproximadamente unos 20. Entonces, dos concilios fijaron el tope en 24; pero Pablo IV en el siglo XVI, llegó a 70, número que se fijaría como nuevo tope tomado de los anuncios elegidos por Moisés en el Antiguo Testamento —aunque algún papa de ese mismo siglo lo hubiera superado—. Por lo tanto, los cónclaves tampoco eran algo masificado. Esas cifras se mantuvieron en la práctica hasta 1958 con Juan XXIII.

LOS TIPOS DE CARDENALES

Jesús no tuvo a su lado ningún cardenal. Los Evangelios no recogen que san Pedro, o ninguno de los apóstoles, tuviera algún tipo de comité asesor. Sin embargo, la evolución de la figura y el papel del obispo de Roma hará que se vayan haciendo necesarios algunos colaboradores que hagan de punto de apoyo del pontífice. Así lo refleja la etimología de la palabra «cardenal», que viene del latín *cardo* y que significa «bisagra» o «gozne». Así, la función de los cardenales es ayudar y colaborar con el papa en las misiones que este les encomiende, por eso, cuando el pontífice es invitado a un acto significativo en cualquier lugar del mundo y no puede acudir, envía a un cardenal como legado. A esta tarea de ayudar a un papa si lo necesita, podríamos decir, estaría abierto cualquier cristiano, por eso el Colegio Cardenalicio se ha ido identificando también por lo que solo ellos pueden hacer: reunirse para elegir un nuevo papa tras la muerte o renuncia de este. Esta misión específica ha hecho que, para mantener la tradición de los primeros siglos en los que el clero de Roma era el que elegía a su obispo y sucesor de Pedro, cada uno de los cardenales esté asignado a una iglesia de Roma o de sus alrededores. Esta especie de apadrinamiento de una parroquia —más simbólico que efectivo— es lo que se conoce como «título» o *titulus*.

Este título se lo entrega el papa en la ceremonia en la que, tras anunciar previamente que esa persona iba a ser creada —se emplea este verbo— cardenal, se le entregan los símbolos propios que reflejan esta dignidad eclesiástica. Estos elementos son el documento en el que consta el título, un anillo, el solideo y la birreta —que son los dos gorros rojos de las vestimentas cardenalicias: el solideo, que es un casquete similar a la kipá de los judíos, y la birreta, que es un gorro cuadrado con borla que sustituyó, tras el Vaticano II, a un sobrero más plano que se empleaba anteriormente y que ahora queda para los escudos, el capelo—. Cuando el papa entrega y coloca el birrete sobre la cabeza del nuevo purpurado le recuerda que este es «rojo como signo de la dignidad del oficio de cardenal, y significa que estás preparado para actuar con fortaleza, hasta el punto de derramar tu sangre por el crecimiento de la fe cristiana, por la paz y armonía entre el pueblo de Dios, por la libertad y la extensión de la Santa Iglesia Católica Romana». En el caso del anillo, dice el ritual, es también «signo de esa dignidad, de solicitud pastoral y de más sólida unión con la Sede del Apóstol San Pedro».

El color de referencia para los cardenales es el rojo púrpura, un color vivo que recuerda la promesa de fidelidad al papa que realizan en esta celebración —cuya denominación exacta es Consistorio Ordinario Público para la creación de nuevos cardenales— los puede llevar hasta derramar la sangre por la Iglesia y su romano pontífice. El color de las vestimentas es tan característico que hay un pájaro cantor, el cardenal norteño o simplemente cardenal, muy presente en regiones del continente americano, que es reconocible por su plumaje rojo intenso —aunque la hembra es más color café—. Su comida favorita son las semillas de girasol, que para estas aves podemos decir son *bocato di cardinale.*

Una vez que se les entregan estas insignias —es el nombre técnico, no hay que tomarlo en sentido *scout*— reciben el tratamiento de «Eminencia» y tradicionalmente se les ha llamado «príncipes de la sangre». Esta denominación tiene sus repercusiones, el artículo 21 del Tratado de Letrán de 1929, en el que se crea el actual Estado de la Ciudad del Vaticano, establece que «todos los cardenales disfrutarán en Italia de los honores debidos a los príncipes de la sangre. Los residentes en Roma, incluso fuera de la Ciudad del Vaticano, serán, para todos los efectos, ciudadanos de la misma» lo que les da derecho a tener pasaporte vaticano —y acceso a servicios como el supermercado sin IVA o a la gasolina sin impuestos locales—; además, en este sentido, Italia velará para que puedan acudir al cónclave. Prosigue el artículo comprometiendo que «cuando se halle vacante la Sede pontificia, Italia procurará de un modo especial que no se ponga obstáculo al libre tránsito y entrada de los cardenales por el territorio italiano al Vaticano, y que no se impida ni limite su libertad personal. Italia cuidará también de que en su territorio, alrededor de la Ciudad del Vaticano, no se cometan actos que en forma alguna puedan perturbar las sesiones del cónclave. Dichas normas se aplicarán también a los cónclaves que se celebren fuera de la Ciudad del Vaticano, así como a los concilios presididos por el Sumo Pontífice o por sus legados y en cuanto se refiere a los obispos llamados a intervenir en ellos».

No hay una norma universal sobre quiénes pueden llegar a ser designados como futuros cardenales. Cada papa, en función únicamente de algunas normas del cónclave que veremos, ha ido nombrando frecuentemente a diferentes obispos para garantizar una mayor presencia geográfica o en función de algunas actividades concretas a realizar en la Curia Romana. La evolución en la esperanza de vida y el crecimiento de nuevas iglesias en territorios de misión han hecho que en las últimas décadas haya cada vez más países representados en el Colegio Cardenalicio. Se ha identificado como elemento germinal de este grupo a los siete diáconos que ya en el siglo III aconsejaban al papa mientras estaban al frente de las conocidas como iglesias suburbicarias —de los suburbios— de Roma, algo que permanece simbólicamente en la actualidad. Después, en el Medievo, este grupo consultivo de los papas se amplió a los sacerdotes de 25 incipientes parroquias romanas. A medida que los números, y los cristianos de la Ciudad Eterna, van creciendo, se va configurando la organización interna que el Colegio Cardenalicio ha mantenido hasta hoy, en parte.

Por lo que se refiere al número total de cardenales, la evolución histórica es una realidad evidente. Hasta el renacimiento no era habitual que en todo el mundo los cardenales vivos fueran más de 30. Posteriormente, se conserva una constitución de Sixto V, en 1536, que establece el máximo en 70 cardenales, aunque para entonces ya se habían incorporado al Colegio los patriarcas orientales. Bien es verdad que la variedad siempre fue bastante limitada, por ejemplo, el primer cardenal de los Estados Unidos es de 1875, cuando Pío IX concedió el capelo a John McCloskey, el arzobispo de Nueva York, tras participar en el concilio Vaticano I. En los papeles este número se conservará hasta que Pablo VI, como vimos en el capítulo anterior, establece los 120 cardenales menores de 80 años como número máximo de electores en la Sixtina.

Sobre la organización interna del Colegio Cardenalicio, el Código de Derecho canónico señala que se divide «en tres órdenes: el episcopal, al que pertenecen los cardenales a quienes el Romano Pontífice asigna como título una iglesia suburbicaria, así como los patriarcas orientales adscritos al Colegio cardenalicio, el presbiteral y el diaconal. A cada cardenal del orden presbiteral y diaconal el Romano Pontífice asigna un título o diaconía de la Urbe. Los patriarcas orientales que forman parte del Colegio de los cardenales tienen como título su sede patriarcal». Es decir, hay cardenales obispos, cardenales presbíteros y cardenales diáconos.

La tradición mayor la tienen los cardenales del orden de los obispos. Es verdad que puede parecer confuso, ya que la gran mayoría de los cardenales —hay algunas excepciones, especialmente en los creados con más de 80 años— son obispos u arzobispos en el momento de su nombramiento. El ser de esta orden lo que significa es que su título está asociado a una de las históricas siete diócesis suburbicarias de Roma. En concreto esas comunidades cristianas son las de Ostia —literalmente significa «puerta», porque es tradicionalmente el puerto de Roma, junto a las ruinas de Ostia Antica—, la de Velletri-Segni —la del papa Clemente I—, Frascati, Porto-Santa Rufina, Albano —junto al lago del mismo nombre—, Palestrina y Sabina-Poggio Mirteto. Aunque estas diócesis son siete, los cardenales obispos son seis, además de los patriarcas de las Iglesias católicas orientales a los que se les asimila a este orden desde que lo decretara Pablo VI en 1965 con el Motu Proprio *Ad Purpuratorum Patrum*. ¿Por qué son seis y no siete? Porque entre ellos se elige al decano del Colegio Cardenalicio y por ello incorpora además el título de Ostia a la vez que mantiene el anterior. Por ejemplo, Joseph Ratzinger, cuando fue elegido como Benedicto XVI en 2005, era el decano y por tanto era titular de Ostia (desde 2002) a la vez que mantenía el título de Velletri-Segni (desde 1993).

Herederos de los párrocos de las veinticinco primeras parroquias de Roma son los llamados cardenales presbíteros, que sería el grupo mayoritario, ya que pueden llegar a 150. De hecho, a principio de 2025, contando con las sedes vacantes, hay 175 títulos presbiterales. Por lo tanto, esas primeras iglesias iniciales que se adjudicaban como título a estos cardenales se han quedado muy escasas y los papas han ido ampliando las parroquias romanas actuales a las que se le asigna un cardenal, sobre todo tirando de las iglesias que se han ido construyendo en las periferias de Roma. Para los visitantes pueden ser reconocidos estos templos porque en algún sitio de la entrada tienen el escudo del papa actual y a un lado, junto a la bandera vaticana, el escudo del cardenal que lleva el título de esa parroquia. Siempre que se puede se busca algún vínculo con el nuevo cardenal, aunque a veces sea cogido con alfileres porque, aunque en Roma se calcula que hay más de 900 iglesias, no siempre es fácil establecer una conexión con los nuevos purpurados. Por ejemplo, cuando el arzobispo de Buenos Aires Jorge Mario Bergoglio fue creado cardenal en 2011, Juan Pablo II le asignó el título de San Roberto Belarmino, una iglesia que se encuentra en la plaza Hungría y que siempre —vamos, desde 1969 cuando Pablo VI la designó título cardenalicio— ha sido asignada a cardenales latinoamericanos y que en este caso está dedicada a un santo jesuita —incluso la parroquia la lleva una comunidad de estos religiosos—, como era también el caso de Bergoglio. Otro caso similar es el hecho de que en la iglesia de Santa María de Montserrat de los Españoles, su cardenal sea de esta nacionalidad, como lo es un francés en el de San Luis de los Franceses. Ahora bien, en estas iglesias, aunque son bienvenidos, el Derecho canónico les prohíbe expresamente inmiscuirse en los asuntos ordinarios de las parroquias (canon 357.1).

Volviendo al caso de Bergoglio, en su autobiografía, *Esperanza*, hace una reflexión sobre la que nunca fue su última visita a la iglesia de la que era titular hasta convertirse en papa y en la que le ha sucedido —por su decisión— el obispo que nombró al frente de la diócesis de Buenos Aires. Francisco recuerda que «el domingo 10 [de marzo de 2013], el previo al cónclave, los cuatro [cardenales favoritos según los periodistas], como muchos otros, celebraron misa en sus parroquias de referencia en Roma. Cada cardenal tiene una, la mía era la de San Roberto Bellarmino, una iglesia moderna, de estilo racionalista, en piazza Ungheria, cuyo altar mayor fue donado por el tenor Beniamino Gigli. Pero en aquellos días no me gustaba mucho. De manera que, a primera hora de la mañana, celebré misa en la capilla de la casa del clero Pablo VI, donde residía, en la *via della Scrofa*, y luego fui a comer a la casa de Lella, la hermana del monseñor Ubaldo Calabresi, quien durante años fue nuncio apostólico en Argentina, y antes secretario de la nunciatura, y con el que tuve una relación de amistad muy estrecha hasta su muerte. Siempre que iba a Roma comía en la casa de Lella y su sobrina: era de la casa. Después de la comida llegó el resto de la familia, los hijos, los sobrinos, y charlamos todos juntos. De un poco de todo, y nada sobre el cónclave». Francisco, aunque no estaba entre los favoritos de la prensa, evitó esa última exposición…

Además de las encomiendas señaladas en el caso de los cardenales obispos, también dentro de cada orden hay determinada jerarquía. La precedencia viene siempre por la fecha de creación como cardenal y no tanto por la edad de cada purpurado. Luego, además, dentro de su tarea en el Colegio Cardenalicio, hay establecidos otros cargos como el cardenal protoobispo —el más antiguo de los obispos—, protopresbítero —el más antiguo de los presbíteros— y protodiácono, el único de todos que tiene una función específica tras la elección del nuevo papa. A estos se suma un secretario del Colegio que es un arzobispo, no un cardenal, y se ha añadido un nombre para el «cardenal elector anciano», es decir, el más veterano de los menores de 80 años. Sobre el protopresbítero había una tradición que ya se ha perdido por el crecimiento del número de cardenales y títulos de esta orden en concreto. Y es que uno de los títulos cardenalicios más antiguos, el de San Lorenzo en Lucina —templo situado en la plaza del mismo nombre, detrás del actual parlamento italiano—, creado por el papa Evaristo a principio del siglo II, se reservaba para este veterano purpurado.

El último de los órdenes es el de los cardenales diáconos. Su número es reducido porque tienen fuertes connotaciones históricas, ya que son la evolución de los inicialmente siete diáconos regionales de Roma —número que luego sería doblado a catorce— y los seis llamados «diáconos palatinos». Dice la tradición que ya a finales del siglo I, los obispos de Roma habían establecido siete regiones en la ciudad y habían puesto al frente de cada una a un diácono para atender a los pobres. Hay documentación del papa Evaristo, que murió en el año 108, de que ordenaba a estos siete diáconos y los enviaba a realizar unas funciones muy precisas en el servicio de la caridad. Solo un siglo después, las regiones ya eran catorce, y tras el fin de la prohibición del cristianismo, se asignan también sacerdotes para esta tarea y se fijan las primeras parroquias. Gregorio II, en el siglo VIII, designó a cuatro diáconos para ayudar en la basílica de San Juan de Letrán, la considerada catedral de Roma. Originariamente estos dieciocho —catorce regionales más cuatro palatinos— son los títulos que se han transmitido hasta hoy en día. De hecho, parece que el nombre de cardenal viene directamente de los diáconos «incardinados» en realizar estas funciones.

En lo exterior, se puede distinguir a los cardenales diáconos —aunque cada vez menos—, en el uso de una prenda específica, la dalmática, en las celebraciones que hacen un servicio al papa. Como esta norma no se aplica en la concelebración en la eucaristía, su uso es cada vez más restringido. La dalmática —que los demás obispos, incluido el papa, pueden llevar debajo de la casulla como volvió a poner de moda Benedicto XVI— es una túnica abierta por los dos lados que se pone sobre el alba —la túnica larga blanca— con acabados rectos y más corta que la casulla, que es la capa equivalente del sacerdote que tiene formas redondeadas. Estas dalmáticas ya estaban presentes en la corte bizantina y hoy es frecuente en muchas procesiones en Andalucía sin necesidad de ser una vestidura portada por un diácono. Los títulos diaconales, en 2025, son 71. Además, hay 25 *titulus* que han sido suprimidos —de los cuales 15 eran presbiterales y 10 diaconales— porque esas iglesias han desaparecido o porque tienen otro uso como puede ser la cesión a otras comunidades cristianas no católicas para que tengan un lugar de culto en Roma.

Pero ¿es posible coger el ascensor entre las órdenes del Colegio Cardenalicio? Pues sí, aquí no hay techo de cristal.

El Derecho canónico prevé que se pueda ir ascendiendo, pacientemente, por los órdenes del Colegio. Así, se establece que «los cardenales del orden presbiteral pueden acceder a otro título y los del orden diaconal a otra diaconía, y, después de un decenio completo en el orden diaconal, pueden también acceder al orden presbiteral». Como no puede crecer el número de títulos de sedes suburbicarias se suele establecer que el nuevo cardenal promovido al orden de los obispos conserve su título de la iglesia presbiteral *pro hac vice* —para el caso concreto de ese cardenal—. Estos procedimientos son frecuentes, aunque en muchos casos se mantiene el título aunque se ascienda. El *Código* también establece que, en término de precedencia, «el cardenal del orden diaconal que accede por opción al orden presbiteral, precede a los demás cardenales presbíteros elevados al cardenalato después de él», es decir, que manda para todos su fecha de creación. Estas cuestiones de la precedencia, en el día a día, solo se usan en las liturgias, pero en el cónclave todo está medido, y un leve movimiento puede tener consecuencias.

UN CARDENAL ¿*IN PECTORE*?

Hay un detalle más que establecen las actuales normas de la Iglesia a partir de una constante en la historia del Colegio Cardenalicio. Es el hecho de los misteriosos cardenales *in pectore,* expresión latina que significa «en el pecho» o, más poéticamente, podemos decir «guardado en el corazón», como se dice en un momento en la *Biblia* al hablar de la Virgen María. Se emplea esta fórmula cuando se quiere dar la dignidad cardenalicia a alguien que, por prudencia, no se publica oficialmente porque podría traerle consecuencias impredecibles a la persona. Enseguida vemos los últimos casos.

Dice el Derecho canónico que el papa elige a quien quiere para ser cardenales «entre aquellos varones que hayan recibido al menos el presbiterado y que destaquen notablemente por su doctrina, costumbres, piedad y prudencia en la gesción de asuntos». Esta elección el papa la hace pública y este acto es el que hace que, desde ese momento, los nuevos elegidos «tienen los deberes y derechos determinados por la ley». Ahora bien, hay un caso especial y que afecta para el orden de precedencia que condiciona algunos de los elementos del cónclave. Por eso, dice el Código que «sin embargo, quien ha sido promovido a la dignidad cardenalicia, anunciando el Romano Pontífice su creación pero reservándose su nombre *in pectore*, no tiene entretanto ninguno de los deberes o derechos de los Cardenales; adquiere esos deberes y esos derechos cuando el Romano Pontífice haga público su nombre, pero, a efectos de precedencia, se atiende al día en el que su nombre fue reservado *in pectore*».

La última vez que se hizo un anuncio por el estilo fue en el último consistorio convocado por Juan Pablo II el 21 de octubre de 2003. Entonces anunció 26 nuevos cardenales electores, cuatro cardenales no electores que habían destacado como teólogos y un cardenal *in pectore* cuyo nombre no fue revelado ni siquiera en el testamento del papa —y por lo tanto no pudo participar en la elección de Benedicto XVI—. Detalle que tiene que pasar por alto el escritor Robert Harris en la novela *Cónclave*, inspiradora de la película de 2024 con el mismo nombre.

Antes, en tres ocasiones el papa polaco había anunciado otros cardenales *in pectore* que acabarían haciéndose públicos. Desde Pablo VI todos los cardenales cuyo nombre los papas se reservaron tuvieron que ver con la situación creada en el mundo con la Guerra Fría. Pablo VI, a lo largo de su pontificado, anunció —sin decir su nombre— a dos en 1969. Cuatro años después hizo público que uno de ellos era el rumano Iuliu Hossu, que ya había fallecido tres años antes, detenido en 1948 y presionado para que se hiciera ortodoxo rompiendo con la Iglesia católica, lo que le hizo que pasara el resto de su vida en la cárcel, primero, y, posteriormente, en arresto domiciliario. Para el papa, dicho cardenalato era para un hombre que fue un «símbolo y representante de la fidelidad de muchos fieles de la Iglesia rumana de rito bizantino». El otro caso fue el del checoslovaco Štěpán Trochta, que llegó a ser uno de los líderes de la resistencia durante la ocupación nazi de su país, lo que provocó que fuera detenido y trasladado al campo de concentración de Mauthausen. Más tarde, el régimen comunista limitó su cargo de obispo y, tras acusarlo de espionaje para el Vaticano, lo condenó a prisión. Para no avivar la teoría del supuesto agente espía, el papa consideró prudente no anunciarlo inmediatamente.

En un nuevo consistorio para la creación de cardenales en 1976 anunció otro más *in pectore*. Un año más tarde publicó que era el arzobispo de Praga, František Tomášek, que también había estado arrestado por su firme pero diplomática resistencia al régimen comunista. Tomášek llegaría a ser apodado el «cardenal de hierro». En 1979 es Juan Pablo II quien nombra a su primer cardenal *in pectore*. Las apuestas estaban puestas en el arzobispo de Vilnius (Lituania), Julijonas Steponavičius, que se encontraba en arresto domiciliario y a quien el papa polaco tuvo el gesto de enviarle como regalo de apoyo la birreta roja que usaba de cardenal; pero en 1991 reveló que se trataba de Ignatius Gong Pin-Mei, el primer obispo chino de Shanghái, también arrestado en 1955 y condenado en 1960 a cadena perpetua. Salió de la cárcel en 1988 y su nombre no se hizo público hasta que después de 1990 se le permitiera viajar para vivir con su familia en Estados Unidos; doce años después del anuncio de su creación, recibiría el anillo a sus 89 años.

Luego, el 21 de febrero de 1998, Juan Pablo II nombró a dos más, que anunciaría en 2001; eran Marian Jaworski —el primado de la Iglesia de Ucrania— y el letón Janis Pujats. No se dijeron sus nombres en este caso por no abrir un conflicto más con el siempre dispuesto a ofenderse Patriarcado de Moscú, ya que ambos países, aunque independientes religiosamente, mantienen tensiones con la obediencia a dicho patriarca. Del cardenal *in pectore* de 2003 no queda ningún nombre de forma oficial, siempre rumores... que apuntan a China o países de su órbita, a la propia Polonia natal del pontífice, a Moscú... Con Benedicto XVI o Francisco no ha habido cardenales *in pectore*, por lo que las listas del cónclave han estado siempre claras y cerradas sin espacio para sorpresas de última hora en el testamento o la documento del papa, ya que es necesario el anuncio previo público, aunque no se revele el nombre.

LAS TAREAS DEL DECANO

Por el papel que tiene durante la sede vacante y en el cónclave el decano del Colegio Cardenalicio es interesante repasar sus funciones específicas para este tiempo, ya que su exposición, en algunos casos, puede ser una forma de visibilizar sus actitudes y aptitudes para una posible elección como papa —o para, definitivamente, descartarle como candidato, que de todo hay en la viña del Señor—. La figura del decano está en el Colegio desde 1150, y desde entonces está asociado al cardenal obispo con el título de Ostia. Hoy en día, la diócesis de Ostia, impulsada por el emperador Constantino en el siglo IV, sigue existiendo y tiene autonomía, aunque en la práctica está gobernada, con la figura del administrador apostólico, por el vicario del papa para la diócesis de Roma. Esto ocurre desde el Vaticano II, ya que la cercanía es tal, que incluso forma parte de la red de transporte urbano de Roma. Para muchos, Ostia es simplemente la playa de Roma.

Aunque el decano de por sí, solo es un *primus inter pares*, el primero entre el resto de sus iguales cardenales, como recoge el Derecho canónico, su visibilidad es evidente. Aunque el nombre hace relación directa a la antigüedad en el cargo —y así surgió el puesto—, realmente es elegido por (y entre) los cardenales obispos que presentan su votación al papa para que confirme y haga formalmente el nombramiento.

El cargo de decano no tiene por qué coincidir con el hecho de que sea un cardenal elector, ya que por el número reducido de cardenales de este orden es habitual que la mayoría sobrepasen, incluso ampliamente, los 80 años. Esto no les da asiento en la Sixtina, pero sí que pueden mantenerse en el cargo siempre que no estén impedidos. Ahora bien, hay purpurados como el africano Bernardin Gantin que, en 2002, en cuanto cumplió la edad que lo excluía del cónclave, presentó su dimisión y se volvió a descansar a Benín, su país de origen. Las normas también establecen que el decano y el vicedecano son los únicos cardenales que obligatoriamente deben tener su residencia en el Vaticano —aunque todos tengan la ciudadanía y el pasaporte— o en la ciudad de Roma. En el Vaticano, suelen presidir los funerales de los cardenales que fallecen allí —el papa se incorpora al final para hacer las últimas oraciones y despedir el féretro—, dirigir unas palabras en nombre del Colegio en reuniones con el papa como la felicitación de Navidad de la Curia romana o en los llamados consistorios...

Pero pasando a la sede vacante, sus funciones se multiplican. Las últimas normas de Juan Pablo II con sus pequeños ajustes posteriores consolidan estas funciones que ha ido adquiriendo a lo largo de la historia. Así, *Universi Dominici Gregis* establece que el decano es el que preside las reuniones de los cardenales en los días previos al cónclave, las congregaciones de las que hablaremos en el capítulo siguiente. Si el decano no puede por su situación física o por ser mayor de 80 años —es decir, no ser elector—, la constitución otorga esta tarea al «cardenal elector más antiguo, según el orden habitual de precedencia», es decir, al vicedecano o al cardenal obispo —o del orden de los presbíteros si no hubiera— menor de 80 años que lleve más tiempo como cardenal.

El decano, por tradición, «apenas haya sido informado por el cardenal camarlengo o por el Prefecto de la Casa Pontificia de la muerte del pontífice, tiene la obligación de dar la noticia a todos los cardenales, convocándolos para las Congregaciones del Colegio. Igualmente comunicará la muerte del pontífice al Cuerpo Diplomático acreditado ante la Santa Sede y a los Jefes de Estado de las respectivas Naciones».

También es el encargado de que todos los purpurados tengan «a disposición» un ejemplar para la consulta de *Universi*

Dominici Gregis y de estos puedan «proponer eventualmente cuestiones sobre el significado y el cumplimiento de las normas establecidas en la misma», acaso algún vacío legal o un método más moderno que no se contemplaba en los años noventa del siglo pasado, no tanto para el cónclave, sino también para el gobierno ordinario durante la sede vacante. Este paso está documentado desde hace siglos e incluso hay grabados de que en el pasado se hacía en una de las salas del Palacio Apostólico en la misma planta de entrada a la Capilla Sixtina. También es el encargado de tomar juramento a todos los cardenales presentes en Roma para la sede vacante —incluso por los que lleguen tarde—, una promesa pública que, como veremos, se hace también antes de las reuniones de los días previos.

Si no hubiera camarlengo ni vicecamarlengo, el decano es quien ejerce y realiza sus funciones hasta que los demás cardenales procedan a elegir a un nuevo purpurado para este cargo. Establece la normativa que «la elección se realiza por medio de votación secreta de todos los cardenales electores presentes, por medio de papeletas, que serán distribuidas y recogidas por los ceremonieros y abiertas después en presencia de los tres Cardenales Asistentes» y entonces «resultará elegido y tendrá *ipso facto* todas las facultades correspondientes al cargo aquél que haya obtenido la mayoría de los votos. En el caso de empate, será designado quien pertenezca al orden más elevado y, dentro del mismo orden, quien haya sido creado primero cardenal».

Ya en el cónclave, el decano valida el personal que, más allá de los cardenales, forma parte de algunos de los momentos del proceso de elección, en el que se incluye «un eclesiástico» elegido por él como ayudante en su labor de coordinación, «para que lo asista en su cargo», según dice la constitución. El cardenal decano es también el primero en hacer el juramento en la Sixtina antes del cierre de puertas o el que, antes de la primera votación, «somete al Colegio de los electores ante todo la cuestión de si se puede ya proceder a iniciar el proceso de la elección, o si fuera preciso aún aclarar dudas sobre las normas y las modalidades establecidas en esta Constitución, pero sin que a nadie le esté permitido poder modificar o sustituir alguna de ellas, referente sustancialmente a los actos de la elección misma, aunque se diera la unanimidad de los electores, y esto bajo pena de nulidad de la misma deliberación».

Una vez elegido el nuevo papa, el decano «en nombre de todo el Colegio de los electores, pide el consentimiento del elegido con las siguientes palabras: ¿Aceptas tu elección canónica para Sumo Pontífice? Y, una vez recibido el consentimiento, le pregunta: ¿Cómo quieres ser llamado?». Algo que, como ocurrió en el caso de Benedicto XVI, pasa al vicedecano si el titular es el elegido papa. Y, una última peculiaridad, es que el decano es el encargado de ordenar como obispo al elegido si no lo era hasta ese momento. Es verdad que esto no sucede desde 1831, cuando los electores eligieron al religioso camaldulense Bartolomeo Alberto Cappellari Pagani Gesa —aunque lo llamaban Mauro en el monasterio—, que adoptaría el nombre de Gregorio XVI. Este monje, que vivía en la hoy turística Murano, muy cerca de Venecia, era un gran colaborador de la diplomacia vaticana, lo que le hizo ser nombrado prefecto de la Congregación de *Propaganda Fide*, la responsable de los territorios de misión. Aunque era cardenal desde 1825, había mantenido su hábito blanco de la Orden de la Camáldula y la verdad es que fue al cónclave sin ser el favorito, pero el veto del rey de España, Fernando VII, al obispo de Ímola —antiguo nuncio en Madrid que ya apareció en el capítulo anterior— abrió esta vía de solución. Desde entonces todos los elegidos para ser el nuevo obispo de Roma ya habían sido ordenados previamente antes de llegar a Roma.

¿Y LAS MUJERES?

Tras este amplio repaso por el Colegio Cardenalicio salta a la vista que es un organismo formado exclusivamente por varones. A lo largo de la historia no encontramos mujeres como cardenales, aunque el papa Francisco insinuó en ocasiones no haber cerrado la puerta a que en el futuro pueda abrirse esta paso. Este papa, en varias ocasiones ya, ha invitado a algunas teólogas a las reuniones periódicas que hay del Consejo de cardenales que le asesora en la reforma de la Iglesia y se ha marcado el objetivo de «desmasculinizar la Iglesia».

Miniatura que hace referencia a la leyenda de la papisa Juana, que en el siglo IX habría sido papa siendo una mujer disfrazada. Esta historia fue inspirada por la existencia de unas sillas curiales en torno a las cuales se fantaseó con un posible rito de reconocimiento genital del nuevo papa antes de su proclamación.

En esta reflexión ha participado, por ejemplo, la obispa (femenino de obispo) anglicana Jo Bailey Wells, junto a Lucia Vantini, fundadora de la Coordinadora de Teólogas Italianas; la salesiana y teóloga Linda Pocher o la virgen consagrada de Verona Giuliva Di Berardino. Bailey, que es la secretaria general adjunta de la Comunión Anglicana, que representa a 42 organizaciones en más de 165 países, señalaba en una entrevista a *Vida Nueva* que Francisco «no parece tener miedo al cambio: está abierto a las posibilidades de que las tradiciones de la Iglesia sean renarradas y reimaginadas para seguir siendo fieles al Evangelio en los nuevos tiempos y contextos. Me parece inspirador ver todas las formas en las que está empoderando a los bautizados para que vuelvan a comprometerse, lo que probablemente sea también un desafío saludable para el clericalismo».

Ahora bien, en la historia ha quedado la leyenda de la papisa Juana, que en el siglo IX habría sido papa siendo una mujer disfrazada. Se la ha llegado a identificar incluso con Benedicto III o Juan VII. Los historiadores han sepultado ya todo viso de posible realidad de este pontificado de la hija de un monje que fue misionero entre los sajones y que decidió que su hija accediera a estudios superiores disfrazándola con el hábito de monje. Juana, siempre caracterizada como varón, llegaría finalmente a Roma para enseñar, lo que le ganaría una buena reputación entre la Curia. La leyenda incluso creció hasta hablar de un posible embarazo con un embajador, lo que haría que se descubriera la situación y Juana acabase lapidada —o cualquier cosa peor— por parte de la muchedumbre alterada.

El mito creció y se fue consolidando por la existencia de unas sillas perforadas que se utilizaban en el pasado como «sillas curiales», que simbolizaban el carácter colegial de la Curia romana. Los asientos eran similares a lo que hoy podría ser un retrete —algo que ni se soñaba en el siglo IX— y para los seguidores de la leyenda era una consecuencia de haber elegido una papisa. En el cónclave se habría incluido un momento para comprobar la virilidad del papa electo a través de un eclesiástico llamado el «Palapati» que revisaba manualmente los atributos sexuales del nuevo romano pontífice. No hay referencias de este cargo hasta muy posteriormente y las versiones van desde quienes aseguran que se hacía mediante el tacto o solo visualmente, quienes dicen que lo hacía un diácono o el más joven de los cardenales… Incluso habría una solemne proclamación: «*Duos habet et bene pendentes*» (tiene dos, se sobreentiende testículos, y cuelgan bien). A lo que los asistentes responderían: «*Deo Gratias*» («Demos gracias a Dios»). La silla de este estilo que se conserva en los Museos Vaticanos es una *sedia stercoraria* (silla de los excrementos), lo que se dice un retrete papal. Todo pura fantasía. Esta historia se le pasó a Dan Brown.

De momento la reflexión de las mujeres está sobre la mesa, aunque, en lo que al cónclave se refiere, el Derecho canónico, tanto el promulgado en 1918 como el de 1983, ha establecido que los cardenales tienen que ser, previamente, sacerdotes y obispos. En la práctica, a partir de una norma de Juan XXIII en 1962, se ha ido restringiendo a los obispos, aunque los papas en ocasiones dispensan de este requisito, especialmente en algunos cardenalatos honoríficos a reconocidos sacerdotes mayores de 80 años. Y es que, en el fondo, es el papa el que tiene la potestad de decidir de forma libre y personal quiénes forman parte de este Colegio.

La posible elección de un cardenal para papa —que necesariamente tiene que ser un sacerdote o un obispo— es lo que ha acabado cerrando la puerta, en el siglo XX, a algunos casos que se han dado en la historia, los laicos cardenales. No han sido mayoritarios y de hecho el papa León VIII, en el siglo X, era laico cuando fue elegido papa tras las presiones del emperador Otón I de Alemania. El día de su elección, el nuevo papa recibió de golpe todas las órdenes sagradas de entonces (ostiario, lector, acólito, subdiácono, diácono, presbítero y obispo) —y eso que ya había sido antes, en un periodo, antipapa con documentos falsos—.

Otro laico que fue creado cardenal fue el rey de Polonia y gran duque de Lituania Juan II Casimiro, en el siglo XVII. Más adelante, el 11 de julio de 1899 falleció el letrado Teodolfo Mertel, el último cardenal laico de la historia de la Iglesia, que pertenecía al orden de los diáconos. Mertel murió en Allumiere, en el centro de Italia. Abogado de profesión destacó por su carrera eclesiástica en los últimos coletazos de los Estados Pontificios. Tanto es así que el papa Pío IX lo nombró su albacea testamentario y lo describió como «el mejor hombre del siglo XIX». Se cuenta que este cardenal era hijo de un panadero de Baviera que se trasladó a los territorios papales con su mujer Maria Franziska y ejerció de panadero en la población minera donde nacería su hijo Teodolfo. Allí pasó su infancia hasta que se trasladó a estudiar Derecho en Roma, doctorándose con poco más de 22 años. Una vez establecido como abogado en Allumiere sería llamado a la Curia romana por el papa Gregorio XVI en 1831, donde ocuparía diversos cargos hasta ser nombrado presidente del Tribunal Civil Vaticano en 1843, obteniendo el título papal de prelado, sin ser clérigo.

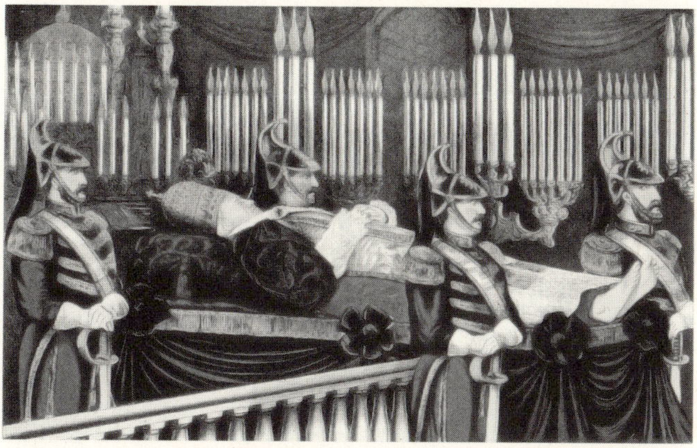

El papa Pío IX murió tras la Unificación Italiana considerándose un «prisionero en el Vaticano». Tras su muerte, en 1881, el cuerpo fue trasladado para su entierro hasta la basílica de San Lorenzo Extramuros, cuando la turba intentó arrojar el cuerpo del papa al río Tíber.

En aquellos tiempos convulsos a las puertas del saqueo de Roma, fue el encargado de redactar en una noche un proyecto de constitución para los Estados Pontificios con 69 artículos como gesto de apertura a la modernidad. Así, Pío IX lo coloca en su círculo de confianza y sería nombrado responsable de Interior y Justicia e, incluso, jefe de gobierno. Antes, en marzo de 1858, lo creó cardenal a pesar de las reticencias del propio Mertel, que se negó a ser ordenado sacerdote, siendo finalmente ordenado diácono. Tras participar en el concilio Vaticano I y tras la toma de Roma en 1870 redactó la carta en la que Pío IX protestaba contra el fin de los Estados Pontificios como un ataque al derecho internacional. Su cercanía al papa hizo que estuviera presente en un momento tan amargo como fue el traslado de los restos del pontífice tras su muerte, en 1881, hasta la basílica de San Lorenzo *extra muros* —donde está enterrado hoy en día el beato Pío IX—, cuando la turba intentó arrojar el cuerpo del papa al río Tíber.

Más adelante, como cardenal protodiácono participó en el cónclave y colocaría la tiara al recién elegido León XIII, quien lo nombraría vicecanciller de la Santa Iglesia Romana potenciando la caridad —especialmente la atención a los sordomudos y las personas con discapacidad—, el desarrollo científico —fue muy amigo del agustino Johann Gregor Mendel y seguidor de sus teorías genéticas hechas con guisantes—, la arqueología romana... Tras su muerte, a los 93 años, periódicos como *The New York Times* titularon que había fallecido el «cardenal que nunca fue ordenado sacerdote». En Allumiere está enterrado en una cripta familiar en el Santuario de la Madonna de la Gracia al Monte y las ciudades de Eglfing y Allumiere firmaron un acuerdo de hermanamiento en el año 2000 en torno a su figura.

Este repaso deja claro que lo que nunca ha habido es laicas en el cónclave. La inicial vinculación del cardenalato al clero romano y la paulatina identificación con el episcopado ha supuesto de forma permanente una exclusión de las mujeres de este Colegio. Sin embargo, el papa Francisco ha hecho que se genere cierto debate sobre la inclusión de mujeres en este grupo de varones. Por ejemplo, solo por impulso del argentino se han incorporado definitivamente a los ministerios del lectorado y el acolitado —desarrollando tareas en las funciones litúrgicas como leer la Palabra de Dios o ayudar en la celebración, algo que siempre han hecho pero que simplemente se toleraba, no como derecho propio—. Además, muchas mujeres se han incorporado en cargos directivos en la gestión de parroquias, diócesis o en la propia Curia romana. También se les va dando mayor espacio en sitios estratégicos como son los seminarios para la formación de los nuevos sacerdotes o en el Sínodo mundial. En los últimos años incluso se han insinuado los nombres de las posibles primeras «cardenalas», empezando por las de la Curia y acabando por algunas biblistas, teólogas, historiadoras o con diferentes tareas pastorales por medio mundo.

LOS QUE NO PARAN EN LA CURIA

Hay algunos cargos específicos que mantienen su oficio durante la sede vacante. Uno de los clásicos, junto al camarlengo, es el llamado penitenciario mayor. Este es el encargado de llevar el perdón del papa a quien acude a la sede de Pedro. La definición de este encargo la tenemos en la constitución *Praedicate Evangelium* de 2022. El papa Francisco establece que «la Penitenciaría Apostólica tiene jurisdicción sobre todo lo relativo al fuero interno y a las indulgencias como expresiones de la misericordia divina» y que este departamento está «regido por el Penitenciario Mayor, asistido por el regente, a los que se suman algunos oficiales». Es decir, es el encargado de tramitar el arrepentimiento de quienes tienen algunas penas canónicas como es el caso de la excomunión. Por poner un ejemplo basado en hechos reales, una mojas cismáticas que quieren vender un convento pero no les deja el obispo ni el organismo vaticano que revisa la cuestiones económicas que implican una cantidad significativa de dinero, se declaran en rebeldía para hacer lo que les da la gana y para ello niegan la autoridad del papa y de la Iglesia mientras mantienen un criadero ilegal de perros, venden bombones de trufa o incluso cobran la pensión de una religiosa fallecida. La pena sería de excomunión —que significa que se separan de la comunión de la Iglesia—, pero podrían manifestar sincero arrepentimiento y es el penitenciario el encargado de ofrecer una respuesta mediante una dispensa, una absolución, una condonación o la gracia que estime conveniente analizado el caso —algo que se puede hacer en periodo de sede vacante, ya que a veces estas medidas de «sanación» son para otorgar inmediatamente—. Esto podría pasar incluso en Burgos.

También sigue ejerciendo su oficio el limosnero del papa. Se lee en *Praedicate Evangelium* que este «sigue en el ejercicio de las obras de caridad, según los mismos criterios utilizados durante el pontificado, quedando bajo la autoridad del Colegio cardenalicio, hasta la elección del nuevo Romano Pontífice». Actualmente este cargo se ha profesionalizado, por decirlo de alguna manera, y está más integrado en el organigrama de la curia romana. Además de coordinar la venta de pergaminos con las bendiciones papales —tremenda maquinaria solidaria de donativos regulada por León XIII, el papa de la Doctrina Social de la Iglesia y la *Rerum Novarum* en 1891—, el limosnero es el prefecto del Dicasterio para el Servicio de la Caridad y «en contacto con otros dicasterios competentes en la materia, concretiza, con su actividad, la solicitud y cercanía del Romano Pontífice, como Pastor de la Iglesia universal, hacia quienes viven en situaciones de indigencia, marginación o pobreza, así como en ocasión de graves calamidades». Una tarea que, según la tradición de la Iglesia, tampoco puede parar durante la sede vacante.

Y es que esta oficina se remonta a los primeros compases de la Iglesia, cuando se crea la figura de los diáconos, tal como aparece en los Hechos de los Apóstoles, para dedicarse a la administración y la caridad. Por eso, los papas encomendaron esta función a alguien significativo de su familia, sin la necesidad de que estas personas fueran sacerdotes o cardenales. La mención al título de limosnero como una realidad instaurada aparece a principios del siglo XIII en una bula de Inocencio III. Un poco más tarde, Gregorio X fue el primer papa en organizar la Limosnería Apostólica. Ya a comienzos del siglo XV, una bula de Alejandro V reguló las formalidades y normas de la Limosnería. Aquí el limosnero aparece ya como parte de la Casa Pontificia y de la corte papal, teniendo su sitio específico en las celebraciones litúrgicas más solemnes y en las audiencias oficiales del Santo Padre, para lo que se le asimiló al rango de arzobispo.

Junto al penitenciario y el limosnero, tampoco cesa en el cargo el conocido como sustituto de la Secretaría de Estado. A diferencia de los anteriores, realmente mantiene su encomienda «en funciones» y dependiendo del camarlengo. El sustituto, en lenguaje periodístico, es presentado habitualmente como el «número tres del Vaticano», tras el papa y el secretario de Estado. Los documentos oficiales pasan de este pódium y lo presentan como el director de una de las tres secciones de la Secretaría de Estado, la dedicada a los llamados «Asuntos Generales», una especie de ministro del interior que se complemente con las otras dos secciones: la de «Relaciones con los Estados y Organismos Internacionales» y la del «Personal Diplomático de la Santa Sede» que se encarga de las nunciaturas y delegaciones vaticanas. Lógicamente, el sustituto solo atiende asuntos ordinarios y no toma decisiones estratégicas, colaborando sobre todo en la organización del cónclave y, de ser necesario, con los funerales del pontífice.

Un caso parecido a la gestión ordinaria sucede en los dieciséis grandes departamentos del Vaticano, los llamados actualmente dicasterios y anteriormente congregaciones —aunque no en el sentido de las que hay en los días previos al cónclave—. Son los responsables de cuestiones eclesiales como doctrina de la fe, los obispos, el clero, la vida religiosa, la cultura o el desarrollo humano integral por citar solo algunos. En estos casos cesan los responsables, que tienen el cargo de prefecto —la gran mayoría de ellos son cardenales menores de 80 años—, y se mantienen en funciones para que no se acumule la labor de despacho de los secretarios de los mismos. En estos departamentos se sigue trabajando en todos aquellos asuntos que no necesitan ser refrendados por el papa. Una tarea que no se realiza, por ejemplo, es la aprobación de nuevas canonizaciones. El secretario del

Dicasterio de los obispos, además de mantenerse en funciones como tal, también ejerce de secretario del Colegio Cardenalicio, con bastante labor en estos días.

Por las funciones y ritos propios de estos días también se mantiene en el cargo el llamado maestro de las Celebraciones Litúrgicas Pontificias. Según las últimas normas, este es nombrado para esta encomienda por cinco años y es ayudado directamente por los ceremonieros pontificios, además de ser asesorado por «varios oficiales y consultores». Además, el maestro es también el responsable de sacristía papal, para lo que cuenta con la ayuda de los agustinos que la atienden desde hace siete siglos, las capillas del Palacio Apostólico y, tras una reforma relativamente reciente de la Capilla Musical Pontificia. Sus tareas específicas en la sede vacante y en el cónclave las iremos viendo, ya que es de los pocos eclesiásticos no cardenales que entran en la Sixtina.

Ni que decir tiene que la muerte del papa o su renuncia no implica que cesen los obispos, párrocos o nuncios. Por ello, tampoco cesa el vicario de la diócesis de Roma, que es quien en nombre del papa gobierna más directamente esta Iglesia local. También se mantiene en su puesto el arcipreste de la basílica Vaticana —que hace las funciones de párroco y atiende todos los aspectos de este templo—, que tiene una intensa actividad en estos días.

LAS FUNCIONES DENTRO DEL CÓNCLAVE

Además de los cardenales menores de 80 años, las normas eclesiásticas establecen que hay personas con determinadas encomiendas que también pueden entrar en algunos momentos en este encierro que supone el cónclave. Son lo que Juan Pablo II llama «personas admitidas en razón de su cargo». Ante todo, en el cónclave hay personas que se dedican a la atención de los cardenales que permanecen dentro del Vaticano «en lugares y edificios determinados, cerrados a los extraños». Un resto de la tradición es el hecho de que «algún cardenal elector tenga consigo, incluso en el período de la elección, un enfermero», para ello también este sanitario estaría en el mismo régimen de encierro en la Casa Santa Marta. En el pasado, por ejemplo, eran considerados indispensables varios barberos al servicio de los purpurados.

Hay algunos eclesiásticos que están dentro de la Capilla Sixtina en algunos momentos, antes o después de las votaciones, porque tienen determinadas funciones. Es el caso del arzobispo secretario del Colegio Cardenalicio, que no es cardenal, y por cuyo cargo actúa, además, de secretario del cónclave. Por si acaso, este arzobispo tiene un sustituto designado y un archivero que le asiste. También, ya lo hemos dicho, el decano puede tener a un eclesiástico de su elección como asistente dentro de los muros vaticanos.

Algo parecido ocurre con el maestro de las Celebraciones Litúrgicas Pontificias, el responsable de los momentos de oración y todos los ritos propios de estos días. El maestro para el cónclave cuenta con ocho ceremonieros de su departamento y dos religiosos agustinos de la Sacristía Pontificia. Fuera de las votaciones el cónclave tiene varios momentos que se consideran parte de la liturgia, incluso hay un libro propio de ritos que se les entrega a los cardenales para esta ocasión, como veremos. El maestro suele ser siempre muy visible, ya que aparece siempre asistiendo al papa en las celebraciones religiosas tanto del Vaticano como de los viajes por todo el mundo. Sin embargo, nunca se le oye hablar. O muy pocas veces, como ha sido el caso del papa Francisco, que celebraba la misa del Jueves Santo por la tarde siempre en una cárcel y con carácter privado, o en la íntima bendición *Urbi entorno* en el día antes de su muerte. Por sus problemas de rodilla, el encargado de hacer la plegaria eucarística —la oración principal de la misa— ha sido su maestro, el arzobispo italiano Diego Ravelli. Sin embargo, en el cónclave se le reserva al ceremoniero principal una frase que es todo un lema: «*Extra omnes*» («Fuera todos»). Se pronuncia antes de cerrar la Sixtina y de que comience la primera votación de los cardenales. Luego es también el encargado de cerrar la puerta principal del templo.

La vestimenta habitual cuando ejerce de ceremoniero es la sotana morada y una especie de capa por encima, la sobrepelliz. En ocasiones, emplea durante algunos ritos en los que no está el papa una sotana de color morado con unos adornos en color rubí y ajustada con una faja morada adornada con flecos de seda, roquete y mantelete morado, ya que es uno de los considerados prelados superiores de la curia romana. Es una vestimenta similar a la de un obispo. También *Universi Dominici Gregis* prevé que «deberán estar disponibles algunos religiosos de varias lenguas para las confesiones».

LOS INVISIBLES

Todas estas personas mencionadas hasta aquí están en función de su cargo, sin embargo, la maquinaria del cónclave exige la presencia de otro personal auxiliar. La constitución que regula el cónclave establece la presencia de «dos médicos para eventuales emergencias» y que se provean «oportunamente para que un número suficiente de personas, adscritas a los servicios de comedor y de limpieza, estén disponibles para ello». Estas personas, con sus nombres y apellidos, deben contar con la aprobación expresa del camarlengo y sus tres cardenales asistentes —uno de cada orden—.

A estas personas se les pide mantener el secreto de la elección y por ello presentan su propio juramento. El propio documento establece el contenido de este juramento, que se hace en presencia de dos protonotarios apostólicos. Este es el texto:

> «Yo (nombre y apellido) prometo y juro observar el secreto absoluto con quien no forme parte del Colegio de los Cardenales electores, y esto perpetuamente, a menos que reciba especiales facultades dadas expresamente por el nuevo Pontífice elegido o por sus Sucesores, acerca de todo

lo que atañe directa o indirectamente a las votaciones y a los escrutinios para la elección del Sumo Pontífice.
Prometo igualmente y juro que me abstendré de hacer uso de cualquier instrumento de grabación, audición o visión de cuanto, durante el período de la elección, se desarrolla dentro del ámbito de la Ciudad del Vaticano, y particularmente de lo que directa o indirectamente de algún modo tiene que ver con las operaciones relacionadas con la elección misma.
Declaro emitir este juramento consciente de que una infracción del mismo comportaría para mí la pena de excomunión *latae sententiae* reservada a la Sede Apostólica.
Así Dios me ayude y estos Santos Evangelios que toco con mi mano».

Un miembro de la Guardia Suiza, el ejército encargado de la protección del papa, custodia la Puerta de Santa Marta, ya que el pontífice hizo de esta casa su residencia oficial. Foto de Jesús G. Feria.

Repasando el personal auxiliar de los últimos cónclaves, además de los citados, está la presencia de un eclesiástico que predica una meditación a los cardenales electores antes de la primera votación, los peritos que llevan a cabo el control técnico con relación al secreto del cónclave, los funcionarios de guardia, el personal logístico, los encargados del servicio de comedor y de limpieza, los conductores responsables del transporte de los electores al Palacio Apostólico... En el pasado llegó a haber mucho personal, ya que los carpinteros velaban por las celdas provisionales que ocupaban los electores y, durante varios siglos, los cardenales podían entrar también con sus propios cocineros. Ahora hay un mayor sentido comunitario.

3.

Mientras llega el cónclave

VERE PAPA MORTUUS EST

En la mayoría de los casos, al cónclave le precede un periodo de luto y el funeral del papa fallecido. El anuncio de la muerte del papa pone en marcha un proceso bastante ensayado que se realiza en medio de la despedida de quien ha sido el último sucesor de Pedro. Ahora bien, no deja de haber novedades. En este sentido, el papa Francisco actualizó el ritual para este momento, algo que ha quedado recogido en la segunda edición, de 2024 —la primera es de 1998 dentro del largo proceso de reforma de todos los libros litúrgicos iniciado tras el concilio Vaticano II—, del *Ordo Exsequiarum Romani Pontificis*.

En este ritual ya se señala que los protocolos han previsto que el director de los Servicios Sanitarios de la Ciudad del Vaticano, que pertenece a la Gobernación, es quien examina el cuerpo y prepara un informe en el que constata oficialmente la muerte y sus causas. También «hace lo necesario para la perfecta conservación de los restos, de forma que sean expuestos con el máximo decoro y respeto».

Ya hemos comentado que el camarlengo —normalmente a través del personal más cercano al papa, lo que se llama la Prefectura de la Casa Pontificia— y el decano son quienes se encargan de comunicar a todos la muerte del pontífice. Algo que en las últimas ocasiones se ha hecho también a través de las redes sociales y los diferentes canales de comunicación del Vaticano. La tradición nos ha legado la frase latina «*Vere Papa mortuus est*» («Verdaderamente, el papa está muerto») como la más importante que un camarlengo puede pronunciar dentro de su oficio.

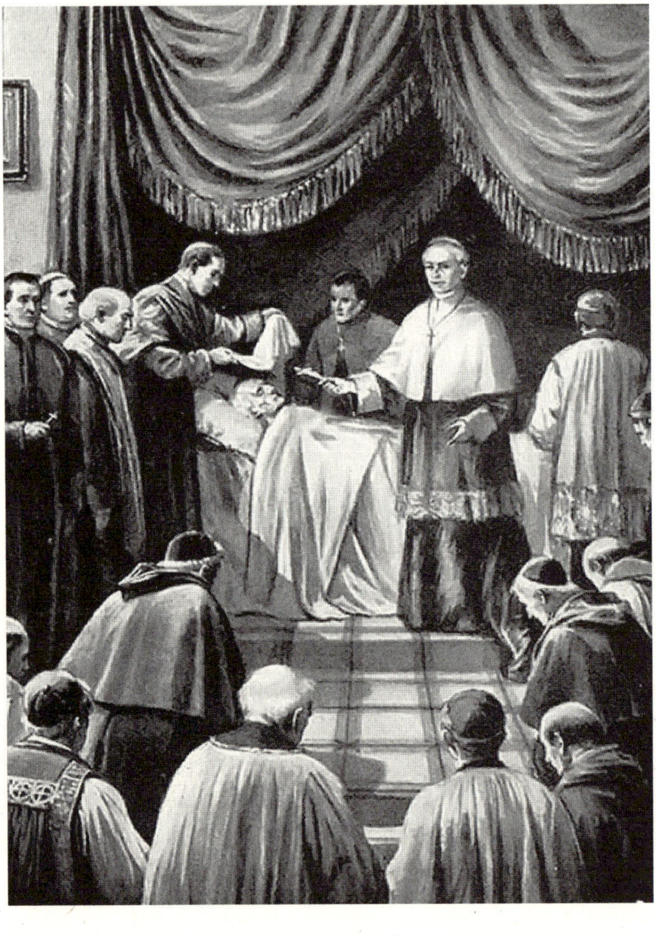

El camarlengo verifica y anuncia la muerte del papa. Grabado de la revista *London Magazine* (junio, 1903).

Realmente esto se hace unas horas más tarde después de que la muerte se comunica también por parte del personal del papa, inmediatamente, al sustituto de la Secretaría de

Estado, al maestro de las Celebraciones Litúrgicas del Santo Padre —ya que permanecen en el cargo y deben empezar a desempeñar sus tareas específicas—, y a los prelados de la Cámara Apostólica —con este nombre, según la tradición, se denominaba al vicecamarlengo y a otros eclesiásticos herederos de la tarea de engalanar los caballos de la carroza pontífica, aunque en la última reforma de la curia ha quedado definitivamente abolida—. Además, con la muerte, la Guardia Suiza, el ejército del Vaticano, deja de acompañar al papa para proteger de forma provisional al Colegio de cardenales.

En el caso de Francisco la muerte se produjo a las 7:35 h de la mañana y el cardenal camarlengo, el cardenal Kevin Farrell, anunció el fallecimiento con un comunicado poco antes de las diez. Dicho comunicado decía:

> «Queridísimos hermanos y hermanas, con profundo dolor debo anunciar la muerte de nuestro Santo Padre Francesco. A las 7:35 de esta mañana el obispo de Roma, Francesco, ha vuelto a la casa del Padre. Toda su vida ha estado dedicada al servicio de Señor y de su Iglesia. Nos ha enseñado a vivir los valores del Evangelio con fidelidad, valentía y amor universal, de modo especial con los más pobres y excluidos. Con inmensa gratitud por su ejemplo de verdadero discípulo del Señor Jesús, encomendamos el alma del papa Francisco al infinito amor misericordioso de Dios, Uno y Trino».

El maestro de las celebraciones, una vez que los servicios médicos concluyen su labor, es el responsable del velatorio y de comprobar que el papa «es revestido con la sotana blanca y trasladado a la capilla privada» para que allí se produzca el ritual de constatación de la muerte —hasta 2024 se establecía la habitación del papa para este rito—. Como sucede en el caso de los demás obispos difuntos, al papa, sobre la sotana blanca, se le colocan los ornamentos que llevaría en una misa —la estola, la casulla, el solideo y la mitra, el palio de los arzobispos...—, empleándose el color litúrgico rojo, que es el que se emplea en el luto de los papas en recuerdo también del martirio de muchos de ellos, frente al morado, que es el habitual para la liturgia católica después que tras el Vaticano II se anulase el color negro. Tradicionalmente también se le coloca la férula, el báculo de los papas, aunque el último ritual no lo dice expresamente, por lo que se considera retirada esta práctica. El papa no lleva en esos momentos la cruz pastoral —como sucede también en las eucaristías, aunque algunos obispos lo ponen de moda con frecuencia—. El cardenal polaco Konrad Krajewski, limosnero papal que fue uno de los ceremonieros que ayudó a preparar en este momento el cuerpo de Juan Pablo II, siempre recordará ese momento tal como relató el periódico *L'Osservatore Romano* en el año 2011:

> «Ayudar a revestir al papa es una tarea de los ceremonieros. Eso hice durante siete años. También tras su muerte, cuando lo revestí junto con las tres monjas que lo cuidaron durante mucho tiempo. Aunque había pasado hora y media desde su muerte, las monjas continuaron hablando con el papa como si estuvieran hablando con su propio padre. Antes de vestirlo con la sotana, el alba y la casulla, lo besaron y lo acariciaron, tocándolo con amor y reverencia, como si él hubiera sido un miembro de su propia familia».

Una vez están reunidos allí los citados, con el cirio pascual al lado del cuerpo sin vida del papa, el camarlengo —que viste el hábito coral, es decir, sotana roja y un roquete blanco, y estola roja— está previsto que sin necesidad de ningún martillo diga, a partir de la fórmula clásica: «*Pastor nostro, Románus Póntifex (nomem), cum Christo mórtuus est*», es decir, «Nuestro Pastor, el Romano Pontífice (nombre del papa), ha muerto con Cristo». Como es habitual en los velatorios, hay entonces un momento de oración que puede concluir con un responso o una oración como la Salve y la aspersión del cadáver con agua bendita. Luego llega el momento en el que se le retira entonces el anillo y el sello de plomo para anularlos.

La comunicación oficial se supone que llega a los fieles de Roma a través del cardenal vicario que permanece en el cargo durante la sede vacante; el sustituto de la Secretaría de Estado firma el comunicado oficial. Unos minutos después las campanas de la Basílica de San Pedro empiezan a sonar con el toque de difuntos, y el portón de bronce del Palacio Apostólico se cierra a la mitad.

Para simplificar los ceremoniales, en noviembre de 2024, con la publicación del último ritual ya en este primer momento se prevé que el papa sea colocado «en un ataúd de madera y de zinc», antes se exponía primero en un catafalco y era trasladado al ataúd solo en la víspera del funeral. Se simplifican así los tres ataúdes empleados hasta ahora: el de ciprés forrado de terciopelo, el de zinc —hasta 1978 era de plomo, pero resultaba muy pesado en los traslados— para sellarlo mediante soldadura, y el visible de roble. En el ataúd metálico se graban una cruz, el escudo del papa y se coloca una placa con el nombre, las fechas de nacimiento y fallecimiento, así como las de inicio y fin del pontificado; el de madera se adorna con una cruz y el escudo del pontífice. Dice el ritual que este primer momento en la capilla quiere ser «un primer momento de oración: todos los actos que se realizan exprimen el honor debido al cuerpo del difunto, que con el bautismo se convirtió en Templo del Espíritu Santo, y reafirman la fe en la vida eterna».

Una vez dispuesto para el velatorio, el camarlengo se tiene que encargar de redactar el «acta auténtica de defunción, a la que se adjunta el certificado del Director de los Servicios Sanitarios» del Vaticano. También de sellar el estudio y la habitación del Pontífice. En el caso del apartamento del Palacio Apostólico, el personal que vivía ahí seguía haciéndolo hasta el funeral, tras el que se sellaba la planta entera. El camarlengo también toma posesión, puede ser mediante algún delegado suyo, del Palacio Apostólico del Vaticano donde está su despacho y de los de Letrán —sede oficial del obispo de Roma— y de Castel Gandolfo, actualmente solo un museo y sede de algún servicio vaticano como el observatorio astronómico.

Por su parte, el maestro de las celebraciones es el encargado de permitir el acceso a quienes quieran velar al pontífice y de trasladarlo al lugar más adecuado antes de que sea llevado a la basílica de San Pedro. En ese primer velatorio privado, establecen las normas, «en el lugar en el que sean depuestos los restos del papa, se eleven oraciones y ceremonias, del modo más adecuado a las circunstancias». En concreto se enumeran algunas posibilidades: «un breve momento de oración, celebración de la Liturgia de las Horas, celebración de la Palabra de Dios, rezo del rosario», algo que también se podría aplicar para cualquier otro fiel fallecido en cualquier lugar del mundo. Por tradición, los penitenciarios de la Basílica de San Pedro, con estola roja, están entre los primeros en hacer turnos y participar en estas oraciones. Francisco ha dispuesto que este velatorio privado se reduzca al mínimo, dejando propiamente como el velatorio solo el público en la basílica.

Por otro lado, Juan Pablo II dejó disposiciones para que «si el Romano Pontífice falleciese fuera de Roma, corresponde al Colegio de los Cardenales disponer todo lo necesario para un digno y decoroso traslado del cadáver a la Basílica de San Pedro en el Vaticano». Esto no es extraño, ya que por ejemplo Pío XII o Pablo VI, por citar solo a los dos más recientes, fallecieron en Castel Gandolfo. Aprendiendo de algunos escándalos, también sanciona que «a nadie le está permitido tomar con ningún medio imágenes del Sumo Pontífice enfermo en la cama o difunto, ni registrar con ningún instrumento sus palabras para después reproducirlas. Si alguien, después de la muerte del papa, quiere hacer fotografías para documentación, deberá pedirlo al cardenal camarlengo de la Santa Iglesia Romana, el cual, sin embargo, no permitirá que se hagan fotografías del Sumo Pontífice si no está revestido con los hábitos pontificales». Y es que aunque hemos visto fotografías oficiales de Juan Pablo II hospitalizado, fue un escándalo ver fotos de la agonía de Pío XII en un libro publicado por su médico Riccardo Galeazzi-Lisi, sobre el que volveremos en breve. También se establece que «si el Sumo Pontífice difunto ha hecho testamento de sus cosas, dejando cartas o documentos privados, y ha designado un ejecutor testamentario, corresponde a éste establecer y ejecutar, según el mandato recibido del testador, lo que concierne a los bienes privados y a los escritos del difunto Pontífice. Dicho ejecutor dará cuenta de su labor únicamente al nuevo Sumo Pontífice». A esto se le suele añadir un «testamento espiritual» que se da a conocer a los fieles en cuanto es posible.

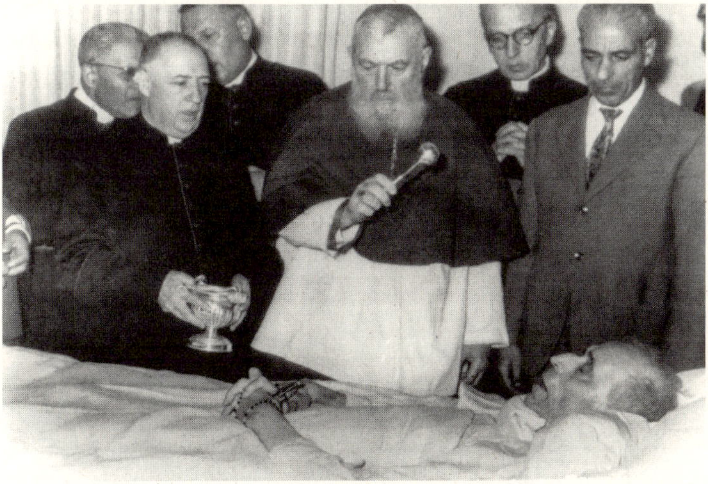

El entonces decano, el cardenal francés Eugéne Tisserant, asperje el agua bendita sobre el papa Pío XII que acaba de fallecer en Castel Gandolfo en 1958. Antes su médico vendió fotos de la agonía del pontífice e hizo un embalsamamiento fraudulento que casi obliga a suspender los funerales papales.

Las normas no hablan expresamente de si es conveniente embalsamar el cadáver o si está prohibido, simplemente confían ese tipo de decisiones a los sanitarios. Ha sido una práctica habitual desde el siglo XVI —hasta 1903 las entrañas y los corazones de 25 pontífices incluso se depositaban en una iglesia de san Vicente y Anastasio que está situada en una esquina de la romana plaza de la Fontana de Trevi—, aunque hay excepciones como en el caso de Pío X, que estableció para él que no se le practicara dicho procedimiento. Lo normal es hacerlo para facilitar el velatorio público.

Aunque hablando de embalsamamientos hay que volver al eminente caradura Riccardo Galeazzi-Lisi por lo catastrófico del realizado a Pío XII, por este oculista nombrado «archiatra pontificio» —es decir, médico del papa—, tras su muerte el 9 de octubre de 1958. Antes, el médico había filtrado información sobre la salud del papa a cambio de dinero a varios periódicos y escondiendo en su chaqueta una cámara de fotos le hizo varias fotos durante su agonía ya que las había apalabrado con los editores de *Paris Match* por 3 200 dólares de entonces. La revista *Time* de Estados Unidos publicó las tarifas de tan indiscreto médico: 13.320 dólares por los detalles clínicos del pontífice; 8 000 por un relato de hora por hora de su muerte; además de las fotografías —llegó a hacer una treintena—. Dos diarios italianos compraron conjuntamente el segundo artículo por 3 200, pero solo uno lo imprimió, luego de eliminar «ciertos pasajes que nos parecieron demasiado crudos».

Se anticipó a la comunicación oficial de la muerte del papa a través del sencillo gesto de abrir una ventana en concreto del palacio de Castel Gandolfo —algo que fue caótico, ya que el otoño de ese año estaba siendo muy caluroso—. Galeazzi-Lisi también fue el encargado del embalsamamiento, pero tenía que cumplir con el deseo de Pío XII de que no se le extrajeran partes de su cuerpo, por lo que acudió a un médico de Nápoles y pergeñó una técnica como la empleada en el mismo cuerpo de Jesucristo y los primeros cristianos a través de la actuación de unos aceites, resinas y hierbas aromáticas en la que había que envolver el cadáver durante 24 horas. Este primer paso dejó unas manchas negras en la cara y los gases se acumularon en el estómago produciendo una gran hinchazón y cargando el ambiente tanto que incluso ni los guardias aguantaban estar cerca del papa, por lo que el relevo empezó a hacerse cada 15 minutos.

Pero eso no es todo. El cuerpo fue trasladado a Roma y se le envolvió en celofán ante lo delicado de la situación, pero al llegar al final de la Vía Apia, a la basílica de San Juan de Letrán donde se iba a hacer un recibimiento, finalmente los gases acumulados hicieron que el tórax explotara y se abriera incluso por su efecto el ataúd que iba dentro de un coche fúnebre con cortinas. Ante tal estado de descomposición, en el Vaticano fueron convocados algunos expertos romanos en embalsamamiento, algo muy complejo, ya que incluso la cara se estaba desmembrando. Fue necesario cerrar la basílica durante una noche, se le puso al cadáver una máscara de cera y se elevó la plataforma para alejar el cuerpo de la mirada de los fieles. Una de las primeras medidas de Juan XXIII fue expulsar a este médico, que contaría sus peripecias en un libro.

Volviendo al procedimiento de la muerte del papa, tras el velatorio privado —que suele ser breve, entre uno y dos días como máximo—, los cardenales deciden una fecha y hora para hacer el traslado del cadáver del papa a la Basílica de San Pedro. Para ese momento hay también prevista una procesión presidida por el camarlengo que lleva una estola y una capa pluvial roja. Los cardenales presentes participan en esta procesión, que se inicia en el lugar del velatorio privado con el canto de la antífona «Yo soy la resurrección y la vida». Tras rociar el cadáver del papa con agua bendita, se invita a todos a rezar. Cuando un diácono lo indica, empieza la procesión. Hay textos específicos para esta procesión como son los salmos 22, 50, 62 y 129, el cántico de Zacarías, el Magníficat y el cántico de Simeón, todos ellos muy populares entre las oraciones de sacerdotes y religiosos. Tras la entrada a la Basílica de San Pedro, se entonan las Letanías de los Santos, en las que se implora a buen número de santos y santas de la historia para que rueguen por el alma del fallecido pontífice.

Ya en el templo, el cadáver del papa se coloca frente al altar de la Confesión, el que está bajo el baldaquino, mirando hacia el pueblo, con el cirio pascual a un lado. El camarlengo lo rocía con agua bendita y lo inciensa, mientras se canta un responso, después se proclama un pasaje del Evangelio de san Juan (17, 24-26), de la llamada oración sacerdotal de Jesús: «Padre, este es mi deseo: que los que me has dado estén conmigo donde yo estoy y contemplen mi gloria, la que me diste, porque me amabas, antes de la fundación del mundo. Padre justo, si el mundo no te ha conocido, yo te he conocido, y estos han conocido que tú me enviaste. Les he dado a conocer y les daré a conocer tu nombre, para que el amor que me tenías esté en ellos, y yo en ellos». Tras el Evangelio hay una oración de fieles, se reza el Padrenuestro y el camarlengo pronuncia la oración final.

Tras esta celebración se abren las puertas a todos los fieles que quieran pasar a dar su último adiós al papa. Dice el ritual que esto se hace precisamente en la basílica vaticana porque allí es donde el pontífice «ha ejercido a menudo su ministerio de obispo de la Iglesia que está en Roma y de pastor de la Iglesia universal». Antes de que la norma estableciera el lugar central en el que se coloca ahora, hasta 1958 se velaba al papa en la capilla del Santísimo, en el lateral de la basílica.

¿CÓMO MUERE UN PAPA?

Una mirada a la historia desvela que un papa no siempre muere de forma más o menos tranquila en la cama. Aunque hay un refrán romano, difundido en determinados ambientes eclesiásticos, que dice que «el papa no enferma, solo se mete en cama para morir», lo normal es que la mayoría de los pontífices mueran por alguna enfermedad. La proliferación de las habladurías, en el pasado, o de las *fake news*, en el presente, hace que las informaciones sobre la salud de los papas siempre sean una cuestión delicada. «Siempre que un papa está enfermo corre brisa o huracán de cónclave», repitió el papa Francisco en alguna de sus entrevistas.

La documentación de papas fallecidos por enfermedad es amplia. Virgilio murió por cálculos biliares en el 555 en Siracusa, de vuelta a Roma tras su exilio. Crisis nefrítica tuvo Julio II en 1513. Pelagio II poco después se contagió de la peste, Gregorio Magno fue consumido por la gota como el fugaz papa Sisinio —algo que le ocurrió pocos siglos después a Bonifacio VI, Nicolas V, Julio III víctima también de una falsa dieta milagro, Pío VIII…—, san Pablo I tuvo unas fiebres tras sufrir una insolación mientras veraneaba en San Pablo Extramuros, fiebres sufrieron también Juan XV o Víctor II; Gregorio V, Dámaso II, Sixto V y Urbano VII murieron de malaria —en el caso del primero confundida con un envenenamiento—, León XI pilló un resfriado al tomar posesión de la basílica de San Juan de Letrán… también hay otros casos en los que se supone que los papas han sufrido algún cáncer letal. También hay alguno que se dice que murió por una maldición como la que predijo santa Brígida de Suecia si un papa volvía a instalarse en Francia, y así pasó con Urbano V, que falleció en Aviñón con la puerta de su habitación abierta para que todos lo vieran exhalar el último suspiro con un crucifijo entre las manos, vestido con el hábito benedictino y en una austera cama. A otros le suceden cosas más raras, como a Gregorio XIV, que lo mataron los médicos que le prescribieron oro molido como medicina o a Clemente XIV, que sufrió una crisis maniaco-depresiva que le hacía temer de manera enfermiza el asesinato, una víctima de sí mismo.

Estos casos son solo por citar algunos de siglos pasados. Más recientemente, en el siglo XX, Pío X murió debilitado por una crisis bronquial y la complicación de sus problemas renales y cardíacos. Benedicto XV tuvo una indisposición gripal que, en cuatro días, degeneró en broncopulmonía. Pío XI tenía problemas de corazón, aunque se publicó posteriormente una teoría conspiranoica basada en que su médico, el doctor Francesco Petacci, era el padre de Chiara Petacci, la amante de Benito Mussolini, al que no gustaban algunas de las actuaciones del papa. Ya se ha comentado el caso de Pío XII y detallaremos más adelante el de Pablo VI. En medio, Juan XXIII padeció cáncer de estómago con muchas complicaciones. Juan Pablo II tuvo varias enfermedades a lo largo de su pontificado, algunas muy visibles, como el párkinson aunque la causa oficial de su muerte fue un «choque séptico con colapso cardiocirculatorio debido a una infección, ya detectada, de vías urinarias». Benedicto XVI murió a los 95 años por distintas complicaciones propias de la vejez. A Francisco una neumonía con complicaciones le llevo al hospital dos meses antes de su muerte.

Con 18 años, Octaviano de Túsculo fue elegido papa. Juan XII gobernó la Iglesia en el siglo X en la época más oscura del papado. El grabado representa cuando un marido cabreado da muerte al pontífice tras ser sorprendido en la cama con su mujer.

Que esta sea la causa mayoritaria no oculta que, en el pasado se han producido otro tipo de fallecimientos menos serenos. Empezando por el primer obispo de Roma, el apóstol Pedro, que falleció como mártir perseguido por profesar la nueva religión; es común que los papas de los primeros siglos fallezcan de la misma manera en las distintas persecuciones impulsadas por emperadores como Decio o Diocleciano. Aunque hay algunos relatos dudosos o menos atestiguado, se calcula que los papas mártires son más de treinta, con diferentes métodos. Su memoria fue guardada por los primeros cristianos en las catacumbas y, con el tiempo, la mayoría de sus restos se concentraron en la desconocida iglesia romana de Santa Práxedes, una basílica menor situada a pocos pasos de la de Santa María la Mayor.

Dejando de lado muchas conspiraciones, hay otros papas que murieron asesinados pero en condiciones muy diferentes a las de los mártires de las persecuciones cristianas. Es, por ejemplo, el caso de Silverio, que muere de inanición tras ser encarcelado por culpa del emperador Justiniano. Estrangulado murió Esteban VI y parece que algunos pontífices más de la época. Otro Esteban, el VII, murió un siglo después mutilado. En el siglo de Hierro, el X, el papa Juan XII murió el 14 de mayo de 964, según parece asesinado de un martillazo en la cabeza por un marido que había sorprendido al papa en el lecho de su mujer, aunque hay quien mantiene la hipótesis de que el relato solo suaviza el fallecimiento pontificio por una apoplejía en pleno acto sexual, ya que para la historia ha quedado su gran afición a los burdeles, como refleja su mote del «papa Fornicario». Varios papas como Juan XIV, Gregorio V, Bonifacio VIII, Alejandro VI (Borgia) o Pío VI fallecen a causa de torturas o envenenamientos por parte de curiales o de diferentes monarcas. Cosas del Renacimiento.

Aunque, para cerrar este capítulo histórico, hay papas a los que ni siquiera la muerte les ha dejado «descansar en paz». El caso más claro es el del papa Formoso, que fue juzgado después de muerto, con razón se conoció aquello como el juicio cadavérico a un papa que, como resume muy bien Javier Martínez-Pinna, «coronó a Lamberto de Espoleto como emperador, pero que luego pidió ayuda al rey germano Arnulfo de Carintia, a quien también coronó. Después de la muerte de Formoso, el pontífice Esteban VI, favorable a Espoleto, organizó el terrorífico Concilio cadavérico en el 897, por el que el cadáver fue llevado al tribunal para ser juzgado, condenado y posteriormente arrojado a las aguas del Tíber».

ENTERRAR A UN PAPA

Pero volvamos a la basílica de San Pedro. Cuando la reina Isabel II de Inglaterra falleció en su castillo escocés de Balmoral en 2020 a los 96 años, algunos titulares destacaron de la longeva monarca que había enterrado a lo largo de su vida a seis papas —siete si hubiera muerto Francisco antes que ella—. Ella, que también era la cabeza de la Iglesia de Iglaterra, tuvo audiencias con cuatro papas. Para el momento de su muerte estaba preparada la operación «Puente de Londres», marcando el inicio del tiempo de duelo. En el caso del fallecimiento de un papa también hay una liturgia propia determinada que se va actualizado en fundión de las distintas sensibilidades de los pontífices. En el Vaticano, en lugar de referirse a un puente, la muerte del papa se prepara bajo la eufónica expresión de «la cuestión sucesoria».

Según la norma, entre el cuarto y el sexto día tras la muerte del papa se celebra, si no hay otros «motivos especiales», el funeral por el papa. En cualquier caso, es una decisión que toman los cardenales. Antes de la misa exequial hay que proceder a cerrar el ataúd, ya que según las últimas normas este se usa desde el primer día. Tradicionalmente asisten a este momento el camarlengo, el arcipreste de la Basílica de San Pedro —que es el responsable del templo—, el cardenal que ha cesado como secretario de Estado, el vicario para la diócesis de Roma, el sustituto de la Secretaría de Estado, el prefecto de la Casa Pontificia, el limosnero de Su Santidad, el vicecamarlengo, los canónigos de la basílica, el secretario del papa, el maestro de las celebraciones litúrgicas, los ceremonieros pontificios, y los posibles familiares o personas de confianza del difunto papa. Antes de cerrarlo, el maestro de las celebraciones lee la «Rogitio» (el acta), un documento en el que se narra la vida del pontífice fallecido y que se introduce dentro de un cilindro en el ataúd. Dicho texto es difundido también por el Vaticano para que se conozca.

El funeral de Juan Pablo II el 8 de abril de 2005 se realizó en la Plaza de San Pedro, en el año 2000 se estrenó el ritual específico elaborado tras el Vaticano II, que mantiene tradiciones como la de poner el ataúd directamente sobre el suelo y con el libro de los Evangelios abiertos sobre él.

Tras una oración final, el ceremoniero y el secretario del papa colocan un velo de seda blanca sobre el rostro del difunto, el camarlengo asperge con agua bendita el cadáver y, finalmente, se cierra el ataúd mientras se canta el hermosísimo salmo 41: «Como busca la cierva corrientes de agua, así mi alma te busca a ti, Dios mío». Además de la «Rogitio» está la costumbre de introducir alguna de las monedas acuñadas durante el pontificado; en los últimos tiempos el Vaticano se apuntó al espacio del euro acuñando algunas cantidades fijas cada año.

Las normas ya señalan que la misa se celebra en la Plaza de San Pedro, algo que se hace desde Pablo VI en 1978. Antes, los actos se realizaban fundamentalmente dentro de la basílica. Esta misa está abierta a quien quiera participar y es habitual que haya una amplia representación de delegaciones oficiales de muchos países. En los funerales de Juan Pablo II, entre las representaciones de los organismos internacionales, de los diferentes países y de las otras iglesias..., las delegaciones sumaban casi cien y muchas ellas con representantes del más alto nivel.

La celebración es similar a la del resto de los obispos cuando mueren, con una serie de oraciones propias y con algunos detalles como que el ataúd se coloca sobre el suelo frente al altar y con el cuerpo del papa orientado mirando al pueblo junto con al cirio y con el libro de los Evangelios abierto encima —siempre que el viento no lo cierre, como ocurrió en medio del silencio de la plaza abarrotada en el funeral de Juan Pablo II—. La celebración la preside el decano del Colegio Cardenalicio, asistido por el primer ceremoniero, el más antiguo de la oficina, ya que el maestro solo asiste en estas lides al papa. El momento más esperado es la homilía.

El instante más específico de un funeral papal es cuando, al final de la eucaristía, se hace el rito de la «*Ultima Comendatio et Valedictio*» (la «última recomendación y despedida»), en la que participan el decanos, los demás cardenales y los patriarcas de las Iglesias orientales que se sitúan frente al altar. Tras la invitación a la oración por parte del decano, se cantan las Letanías de los Santos, y el cardenal vicario para la diócesis de Roma, frente al féretro, reza una oración. La segunda súplica la hacen los patriarcas, los arzobispos mayores y los metropolitanos de las Iglesias orientales, que cantan la *Panikhida*, un himno antiquísimo tomado del oficio de Difuntos de la Liturgia Bizantina que incluye el gesto de que un patriarca incensa el ataúd. Finalmente, el decano asperge con agua bendita e inciensa el féretro mientras se canta el responso y luego se canta el «*In Paradisum*», un himno gregoriano propio de la misa de réquiem. Luego todos se retiran a la sacristía y el ataúd es transportado por sedarios, vestidos con traje de gala, que lo llevan a enterrar.

Juan Pablo II estableció en *Universi Dominici Gregis* que «si la sepultura se hiciera en la Basílica Vaticana, el correspondiente documento auténtico es extendido por el notario del Capítulo de la misma basílica o por el canónigo archivero. Sucesivamente, un delegado del cardenal camarlengo y un delegado del prefecto de la Casa Pontificia extenderán separadamente los documentos que den fe de que se ha efectuado la sepultura; el primero en presencia de los miembros de la Cámara Apostólica, y el otro ante el prefecto de la Casa Pontificia». Esto seguiría vigente excepto por la mención a la abolida Cámara Apostólica.

Mientras se lleva el ataúd cerrado, se recurre al canto del *Magníficat* y los salmos 113, 117 y 41, propios de las celebraciones de difuntos. En los últimos casos los enterramientos han sido en la cripta de la basílica vaticana, aunque cada pontífice puede decidir su lugar de sepultura y el maestro de ceremonias establece la forma de traslado y el séquito que participa en este momento. En el caso de San Pedro, se accede a la parte inferior por la conocida como Puerta de la Oración. El entierro lo preside el camarlengo y, antes de poner el ataúd en la sepultura, se procede a sellarlo con las marcas y sellos del camarlengo, la Oficina de la Ceremonias y del Capítulo Vaticano, en el caso de que sea ahí la sepultura.

En este acto acompañan al camarlengo los cardenales más antiguos de cada orden como pequeña representación, el arcipreste de la Basílica de San Pedro —si es ahí—, el cardenal que era secretario de Estado, el vicario para la diócesis de Roma, el sustituto de la Secretaría de Estado, el prefecto de la Casa Pontificia, el limosnero, el vicecamarlengo, los canónigos de la basílica en cuestión, el secretario personal del papa, el maestro de las celebraciones, los ceremonieros y la familia del difunto. Tras una oración y el sellado del ataúd, este se deposita en la sepultura mientras se canta la *Salve* a la Virgen María. Es entonces cuando se cumple lo indicado de que el notario levante acta y la lea ante todos para que la firmen el camarlengo y el prefecto de la Casa Pontificia.

Icono de la Virgen Salus Populi Romani protectora de la ciudad de Roma, esta imagen llegó a la ciudad a finales del siglo VI. En 2018 fue restaurado en los talleres de los Museos Vaticanos.

En el Vaticano hay enterrados 149 papas, ya que en el pasado muchos volvían a su tierra de origen y otros fallecieron fuera de Roma. Menos León XIII, que está enterrado por petición propia en San Juan de Letrán como buen romano que era, todos los papas de los siglos XX y XXI están en el Vaticano. Francisco, por su parte, expresó su deseo de ser enterrado en la basílica de Santa María la Mayor, en la capilla paulina en la que se venera el icono de la Virgen María como *Salus Populi Romani* (en español sería la «Protectora del Pueblo Romano»). Ante esta imagen acudía siempre, antes y después de los viajes pontificios o llevó un ramo de flores al salir del hospital en marzo de 2025.

La Basílica papal de Santa María la Mayor, en la colina del Esquilino en el centro de Roma, acoge el icono de la Virgen Salus Populi Romani, en cuya capilla paulina ha querido ser sepultado el papa Francisco.

Tras el día de la misa del funeral, en la basílica, los cardenales, dicen las normas, «celebrarán las exequias en sufragio de su alma durante nueve días consecutivos», son los conocidos como «novendiales». Cada día uno de los cardenales es el encargado de presidir la misa en el altar de la confesión, el que está reservado para el pontífice, en el centro de la nave de la basílica. En el ritual están las oraciones específicas para estas celebraciones diarias abiertas a todos los públicos, aunque cada día se ha reservado a un grupo especial ya que, según dice el ritual, «esta variedad de asambleas muestra el ámbito del ministerio del Supremo Pastor y la universalidad de la Iglesia». En concreto, el primer día se encomienda a la Capilla Papal —sería el funeral del pontífice—, el segundo a los trabajadores y fieles de la Ciudad del Vaticano, el tercero a la Iglesia de Roma, el cuarto a los Capítulos de las Basílicas Patriarcales —San Pedro del Vaticano, San Pablo Extramuros, San Juan de Letrán y Santa María la Mayor—, el quinto a la Capilla Papal, el sexto a la curia romana, el séptimo a las Iglesias orientales, el octavo a los miembros de los institutos de vida consagrada. Y el noveno, que suele coincidir con el inicio del cónclave, de nuevo a la Capilla Papal. En todas estas celebraciones se siguen utilizando los ornamentos rojos.

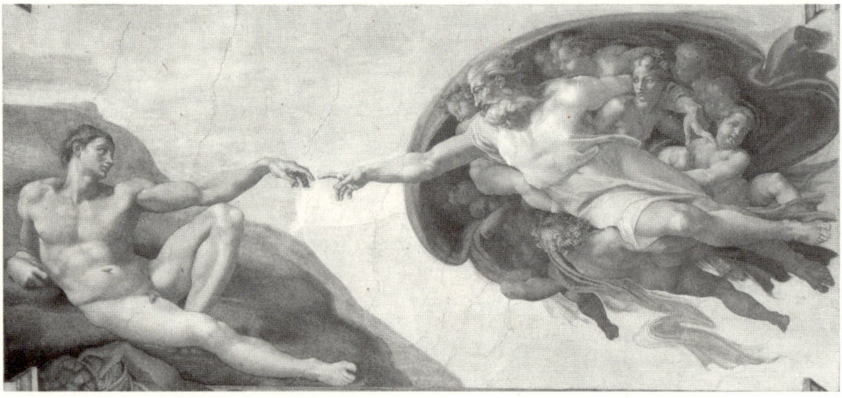

Entre las escenas que elige Miguel Ángel para la bóveda de la capilla Sixtina destaca su representación de la escena de la Creación de Adán con el dedo de Dios.

La mayor esperanza de vida y el aumento de la salud y los cuidados médicos implican, aunque solo sea estadísticamente, que los papas de hoy en día vivan más años que los de antaño. De hecho, los últimos pontífices han muerto en la cama, muchos de ellos en el curso de una enfermedad más o menos larga. Ya solo este elemento abre la puerta a la posibilidad de papas más ancianos pero también a ejercer algo que formaba parte de la tradición y que la reforma canónica quiso prever en su última gran reforma integral en el año 1983. Así, párrafo 2 del canon 332 dice expresamente: «Si el Romano Pontífice renunciase a su oficio, se requiere para la validez que la renuncia sea libre y se manifieste formalmente, pero no que sea aceptada por nadie». Así de directo, sin dar muchos detalles, estableció Juan Pablo II la cuestión.

Aunque la norma existiese no parecía que fuera algo que preocupara a los pontífices, de hecho el anuncio de Benedicto XVI en 2013 fue toda una sorpresa incluso entre sus colaboradores más cercanos, que trataron la cuestión con la máxima discreción durante casi todo un año tras el viaje del papa a México en marzo de 2012. Y eso que en un libro entrevista, en 2010, le preguntó Peter Seewald: «¿Puede pensarse en una situación en la que usted considere apropiada una renuncia del Papa? Sí. Si el Papa llega a reconocer con claridad que física, psíquica y mentalmente no puede ya con el encargo de su oficio, tiene el derecho y, en ciertas circunstancias, también el deber de renunciar». Así lo hizo y comunicó a los cardenales presentes en Roma durante un consistorio ordinario, convocado con antelación y que se celebraba el 11 de febrero de 2013, haciéndose efectiva el último día del mes a las ocho de la tarde.

Como en el caso de la muerte del papa, ya *Universi Dominici gregis* prevé el inicio del periodo de sede vacante con las mismas características y legislación, aunque sin lo relacionado con los funerales papales. Como veremos en el capítulo siguiente, lo de Benedicto XVI no fue algo inédito en la historia de los papas. Se conocían historias, algunas con toque de leyenda o con detalles más estudiados, como la ya señalada 598 años antes que la de Benedicto XVI de Celestino V (1294), que fue incuestionable como abdicación libre, pero con consecuencias letales al ser encarcelado por el sucesor. Entonces, en el siglo XIII, se cuestionó la presencia de los dos papas y, sobre todo, a quién correspondía aceptar dicha renuncia, algo que influyó al redactar en el siglo XX el nuevo Derecho canónico, tanto en 1917 como el vigente. Una renuncia que no abre ninguna posibilidad a que sea revocable o que en ella el papa se guarde o reserve algunas competencias o condiciones.

Parecen más o menos confirmadas en la historia las renuncias de los papas Ponciano y Marcelino, ambos en el siglo III, Liberio en el IV y Juan XVIII al principio del siglo XI posiblemente forzado por un noble romano. Más documentadas parece la de Benedicto IX en 1045, en su segundo periodo como papa tras haberlo sido durante su adolescencia, que habría recibido 1 500 libras de oro, amén de otras suculentas propiedades, de su sucesor en el cargo Gregorio VI. Finalmente tendría que volver a ser nuevamente papa en el 1047, renunciando un año después para retirarse a un monasterio arrepentido de sus corrupciones y pecados del pasado.

La experiencia de tener un papa emérito ha abierto la cuestión del estatuto o el rol que debe tener este romano pontífice que ha dimitido. En la práctica, se han tomado algunas de las disposiciones que se aplican con los obispos eméritos en las diócesis. Un experto en la cuestión, el jesuita Gianfranco Ghirlanda, señaló en un artículo en 2013, en la revista *La civiltà cattolica* —que se publica tras la supervisión de la Secretaría de Estado del Vaticano—, que «el "Papa emérito" continuaría conservando su dignidad cardenalicia y en este caso —teniendo en cuenta que se trata de una dignidad y no de un oficio— podría participar en la elección de su sucesor, con tal de que no haya superado los ochenta años. Independientemente de esto, el Papa dimitido conserva la voz pasiva y —por lo menos en teoría— podría volver a ser elegido para la Sede de San Pedro». Otros no han ido tan allá. En cualquier caso, un obispo español, Alfonso Carrasco, explicaba también en 2013 que «la renuncia del Papa debe ser leída como un gesto definitivo que muestra la conciencia de ser, más aún, de poder ser sucesor de Pedro y Papa sólo como un servidor en la viña del Señor, alguien llamado a poner toda la propia persona al servicio de su misión, a favor de la Iglesia universal. La renuncia pone de manifiesto con claridad la importancia singular que adquiere la persona concreta del Papa por la misión que el Señor le da en la Iglesia y, al mismo tiempo, sin embargo, el descentramiento con respecto a su propia persona, hacia Jesucristo, verdadero Pastor supremo, y hacia la comunión eclesial, cuyo servicio es el criterio de comprensión del ser y del ejercicio del primado papal. En este sentido, la forma de ejercicio del primado por Benedicto XVI y, en particular, la renuncia en que ha culminado, podría significar un paso histórico en la búsqueda —propuesta ya por Juan Pablo II en la encíclica *Ut unum sint*— de formas renovadas del ejercicio del ministerio petrino que, sin negar nada de su substancia dogmática, respondan mejor a las nuevas necesidades de la unidad de la Iglesia universal».

Tradicionalmente, los canonistas a la muerte y a la renuncia añaden dos motivos más para establecer la sede vacante: uno de ellos sería la apostasía, herejía o cisma notorios —como ocurrió al final de periodo de Aviñón, que aparecerá más adelante—; y la locura cierta y perpetua o demencia total. En este sentido, Juan Pablo II entregó en febrero de 1989 una carta de renuncia sin fecha al decano del Colegio Cardenalicio en el que establecía su posible renuncia en caso de que una enfermedad incurable le impidiera realizar su ministerio papal.

En una entrevista de 2022, en el diario *ABC*, también Francisco confirmó que había escrito una carta de renuncia poco después de ser elegido pontífice. «Yo ya he firmado mi renuncia. Era Tarcisio Bertone el secretario de Estado.

Yo la firmé y le dije: "En caso de impedimento por cuestiones médicas o qué sé yo, acá está mi renuncia. Ya la tienen". No sé a quién se la habrá dado el cardenal Bertone, pero se la di cuando era secretario de Estado», contestaba directamente. Antes había asegurado en otras entrevistas que la puerta estaba abierta aunque él preferiría vivir fuera del Vaticano empleando el título de «obispo emérito de Roma» en lugar de «papa emérito», e incluso bromeó con la posibilidad futura de una residencia sacerdotal para papas jubilados. Ahora bien, Francisco, en un encuentro informal con jesuitas, comentó su oposición al hecho de «que los papas que renuncian deban convertirse, digamos, en una "moda", o en algo normal. Benedicto tuvo el coraje de hacerlo porque no se sentía capaz de continuar debido a su salud. Yo, por el momento, no tengo eso en mi agenda. Creo que el ministerio del papa es *ad vitam* (para toda la vida). No veo razón por la cual no deba ser así. El ministerio de los grandes patriarcas es siempre para toda la vida. Y la tradición histórica es importante».

En sus memorias, en 2024, Francisco relató cómo se enteró de la renuncia de Benedicto XVI: «Por un momento quedé paralizado. Apenas podía creer lo que estaba escuchando». «Esta era una noticia que nunca había esperado recibir en mi vida: la renuncia de un papa era inimaginable, aunque estaba prevista en el derecho canónico. En los primeros momentos me dije a mí mismo: "Debo haber entendido mal, no es posible". Pero luego comprendí que Benedicto seguramente había meditado y orado durante mucho tiempo antes de tomar esta valiente e histórica decisión. Ante su fuerza decreciente, se dio cuenta de que el único elemento insustituible en la Iglesia es el Espíritu Santo, y el único Señor es Jesucristo. Por eso fue un gran papa, humilde y sincero, que amó a la Iglesia hasta el final».

Para la renuncia, Benedicto XVI no contaba con un protocolo o formulario prefabricado. Simplemente, aquel 10 de febrero de 2013, en latín, ante el grupo de cardenales, quiso comunicarles «una decisión de gran importancia para la vida de la Iglesia. Después de haber examinado ante Dios reiteradamente mi conciencia, he llegado a la certeza de que, por la edad avanzada, ya no tengo fuerzas para ejercer adecuadamente el ministerio petrino. Soy muy consciente de que este ministerio, por su naturaleza espiritual, debe ser llevado a cabo no únicamente con obras y palabras, sino también y en no menor grado sufriendo y rezando. Sin embargo, en el mundo de hoy, sujeto a rápidas transformaciones y sacudido por cuestiones de gran relieve para la vida de la fe, para gobernar la barca de san Pedro y anunciar el Evangelio, es necesario también el vigor tanto del cuerpo como del espíritu, vigor que, en los últimos meses, ha disminuido en mí de tal forma que he de reconocer mi incapacidad para ejercer bien el ministerio que me fue encomendado. Por esto, siendo muy consciente de la seriedad de este acto, con plena libertad, declaro que renuncio al ministerio de obispo de Roma, sucesor de san Pedro, que me fue confiado por medio de los cardenales el 19 de abril de 2005, de forma que, desde el 28 de febrero de 2013, a las 20.00 horas, la sede de Roma, la sede de san Pedro, quedará vacante y deberá ser convocado, por medio de quien tiene competencias, el cónclave para la elección del nuevo Sumo Pontífice».

Pocos meses después de estas palabras, el papa Benedicto XVI se instaló en el monasterio *Mater Ecclesiae* —dedicado a la Virgen María, «Madre de la Iglesia»— en los jardines del Vaticano. Este antiguo edificio administrativo de la Gendarmería, la policía, estaba siendo reformado tras unos años de uso como monasterio para monjas contemplativas. Por eso, repartidos en cuatro pisos, tiene zonas comunes como la biblioteca, una capilla, doce celdas (habitaciones) para las religiosas y un pequeño huerto.

Más allá de rumores puntuales y fotografías con algunos amigos, poco ha traspasado los muros del transformado monasterio durante la estancia de Benedicto XVI.

El papa Benedicto XVI, tras su renuncia, se instaló en el monasterio Mater Ecclesiae en los jardines del Vaticano. Este antiguo edificio administrativo de la Gendarmería pasó a ser, con Juan Pablo II, un monasterio para monjas contemplativas.

En este sentido, quien más ha profundizado en este lugar ha sido el periodista italiano Massimo Franco, vinculado al popular periódico *Corriere della sera*, que ha analizado la vida de retiro del papa emérito y otras cuestiones como lo que se refiere a los equilibrios y desequilibrios que salpicaron y condicionaron la misión de Francisco al frente de la cátedra de San Pedro en ese tiempo de cohabitación de los dos papas. Y es que, con el paso del tiempo, en torno a este desconocido monasterio, los rezos de las monjas fueron sustituidos, en unas cuantas ocasiones, por un refugio de quienes se oponían a las reformas de Bergoglio, en parte aprovechando que aún quedan por resolver muchos flecos sobre la renuncia de un papa en el siglo XXI. Franco documenta que, en muchos casos, el monasterio se ha convertido en ese sitio que, como dijo el cardenal Gerhard Müller —criticó con el pontificado del argentino—, es «donde va a curarse la gente herida por

Francisco, y son tantos...» frente a los politiqueos de los pasillos de Santa Marta. Y es que, frente a los papas que renunciaron en el pasado, Benedicto XVI ha pasado más tiempo como pontífice emérito que en ejercicio. Tras cuatro años de cierta serenidad e invisibilidad de Ratzinger, el monasterio empezó a ser un insistente punto de referencia para los críticos con Francisco, incluyendo aquellos que no consideran la renuncia de un papa como una opción.

Y es que, en los años del retiro, han sido varios los seminaristas, monseñores y estudiosos que han tratado de evidenciar que en el emérito han encontrado una brújula ante las perplejidades que les dejaba el pontificado de un argentino. Tanto es así que en la prensa italiana llegó a hablarse de un *lobby* en torno a Ratzinger.

Más allá de las polémicas, la vida doméstica de Benedicto, como emérito, ha sido la prioridad de una serie de mujeres que han formado una auténtica «familia pontificia» —las cuatro consagradas *Memores Domini* pertenecientes a la fraternidad de Comunión y Liberación y la veterana secretaria Birgit Wansing, que residía en una comunidad de Schoenstatt en Roma—; que compartieron su tiempo de retiro. Junto a ellas, la presencia constante ha sido siempre la de «don Georg». El secretario Georg Gänswein que llegó en sus mejores momentos a ser portada de la edición italiana de la revista *Vogue* y tuvo que ser retirado, sin ser cesado,de su empleo como prefecto de la Casa Pontifica —el cargo que Francisco le dio para visibilizar cierta continuidad—.

Con la muerte del emérito, el monasterio *Mater Ecclesiae* recuperó su función original un año después acogiendo a una comunidad formada por un grupo de monjas de la Orden Benedictina de la Abadía de Santa Escolástica en Victoria, provincia de Buenos Aires (de la diócesis de San Isidro) en Argentina. Las seis religiosas fueron invitadas a realizar esta experiencia por el papa Francisco, retomando la idea original establecida por Juan Pablo II, quien con el breve *La vita contemplativa* del 25 de marzo de 1994, erigió canónicamente en la Ciudad del Vaticano este monasterio de vida contemplativa en el que Benedicto XVI quiso vivir hasta el final de su vida rezando por la Iglesia. La función principal de estas religiosas es sostener al papa y a toda la Iglesia con la oración, la adoración y la alabanza. Las últimas regulaciones sobre este monasterio también han adscrito el mantenimiento a la Gobernación del Estado de la Ciudad del Vaticano, ya que hubo que realizar obras para volver a adaptarlo como convento. Estas benedictinas señalaron en su momento en su web que desean «permanecer junto a todos desde el alejamiento del mundo, elegido para estar junto a Dios y para percibir mejor desde el silencio la voz de los pobres, el llanto de los que están tristes, la angustia de los desocupados, el dolor de los enfermos, el desamparo de los huérfanos, el ansia de vivir de los jóvenes, la soledad de los ancianos, el anhelo de paz y felicidad de toda la humanidad».

Por otro lado, la renuncia de Benedicto XVI ha alentado y hecho más visibles los grupos de sedevacantistas, es decir, aquellos grupos minoritarios de corte tradicionalista que defienden que el papa actual no es válido y que, por lo tanto, la sede de Pedro está vacante. Por lo que tampoco reconocerían a los sucesores de Francisco. En un tiempo en el que la polarización social se ha disparado, en la Iglesia algunos grupos han difundido la teoría de que Benedicto XVI nunca renunció realmente, por lo que el cónclave de 2013 no es lícito, así como el resultado de dicha reunión: la elección de Jorge Mario Bergoglio. Tras esta teoría, amplificada por un libro del periodista italiano —crítico con el papa argentino— Antonio Socci, denuncia la existencia de una mafia que acorraló a Benedicto XVI para usurparlo, maximiza un error de sintaxis del texto en latín que el papa alemán leyó al anunciar su renuncia —rectificado rápidamente por el Vaticano— o la falta de base jurídica sobre el estatuto del papa emérito... Bajo estas razones, mayoritariamente hay sobre todo un gusto nostálgico por las ideas tradicionalistas y una oposición a la puesta al día que la Iglesia vivió en el concilio Vaticano II. Así, los principales líderes sedevacantistas reivindican la vuelta a las celebraciones en latín, reivindican antiguos procedimientos morales o reclaman mayor visibilidad del papel de los sacerdotes en la vida y las opciones —entiéndase como control— de los fieles.

Así, a figuras clásicas como el arzobispo excomulgado francés Marcel Lefebvre, le han salido buenos herederos en el arzobispo italiano: Carlo Maria Viganó, que ha creado su propio seminario al margen de la Iglesia en Viterbo; el sacerdote siciliano (y youtuber) Alessandro Minutella, excomulgado en 2018, que ha creado «Radio Domina Nostra» —en la redes sociales destaca también el grupo «Harpa Dei» o «Radio Rosa Mística Colombia»—; o en España el grupo «Adoración y Liberación» del valenciano Vicente Montesinos. Aunque el caso más conocido del país, anterior a la renuncia de Benedicto XVI, es el de la Iglesia paralela montada por el contable Clemente Domínguez en la población sevillana de El Palmar de Troya.

La figura más visible de las tendencias sedevacantistas fue el arzobispo francés Marcel Lefebvre, excomulgado por Juan Pablo II por ordenar una serie de sacerdotes de un seminario propio tradicionalista que estableció en Suiza. Su obra, la Fraternidad de San Pío X, sigue activa.

El contable sevillano Clemente Domínguez montó una Iglesia paralela en la población utrerana de El Palmar de Troya. Crítico con el Vaticano II, a la muerte de Pablo VI en 1978 Domínguez se autodenominó papa, adoptando el nombre de Gregorio XVII.

Crítico con el Vaticano II, a la muerte de Pablo VI en 1978 Domínguez se autodenominó papa sin necesidad de cónclave —relataría que estando en Bogotá fue nombrado directamente por Cristo y los apóstoles Pedro y Pablo, algo a lo que no pudo resistirse— adoptando el nombre de Gregorio XVII. Fallecido en la misma semana que Juan Pablo II, había profetizado que sería el último papa, pero su número dos, el también contable Manolo Alonso, hizo movimientos y se coronó rápidamente como Pedro II. Le sucedió, ya elegido por un cónclave entre sus numerosos (en proporción) cardenales, el militar Ginés Jesús Hernández (Gregorio XVIII), a quien le sigue, tras fugarse Hernández con su novia y un cochazo, el suizo Josef Odermat, que se presenta como Pedro III. El boato con el que se vive todo en este grupo sectario en progresiva pero lenta decadencia no se ha atenuado con las acusaciones de abusos y torturas, malversación económica, etc., a las que responden denunciando una persecución contra ellos: «La iglesia palmariana tuvo sus momentos difíciles, pero últimamente parece ser que el infierno ha inspirado más que nunca para hacer daño», se leía en un comunicado oficial —y apocalíptico, podríamos decir— de 2020.

LAS CONGREGACIONES DE CARDENALES

Una vez iniciado el periodo de sede vacante es el turno de los cardenales, el momento en el que realmente trabajan de forma colegiada, ya que más allá de este tiempo cada uno realiza sus tareas ya sea en la curia o por diócesis repartidas por todo el mundo. Las reuniones propias de los cardenales ordinariamente se llaman «consistorios» —del latín *cum sistere*, «para que algo permanezca»—. Son convocados por el papa para solicitar su ayuda. Los hay ordinarios, en torno a cuestiones importantes como son la aprobación de unas canonizaciones y acuden los cardenales que están en Roma —aunque Benedicto presentó su renuncia en uno de estos—, y extraordinarios, en los que se convoca a los de todo el mundo en torno a un tema.

Ahora bien, en la sede vacante, como no puede convocar nada el papa, lo que hay son las llamadas «congregaciones». Juan Pablo II estableció que hay «dos clases de Congregaciones de los Cardenales: una general, es decir, de todo el Colegio hasta el comienzo de la elección, y otra particular. En las Congregaciones generales deben participar todos los Cardenales no impedidos legítimamente», si bien a los mayores de 80 años que no votarán en el cónclave directamente «se les concede la facultad de abstenerse, si lo prefieren, de participar en estas Congregaciones generales». La particular es la específica presidida por el camarlengo.

En el complejo del Aula Pablo VI, construida bajo diseño de Pier Luigi Nervi para tener grandes audiencias con 12.000 puestos a cubierto e inaugurada en 1971, se encuentra el Aula Nueva del Sínodo, donde se han celebrado últimamente las congregaciones generales de los cardenales en los días previos al cónclave.

El camarlengo establece la fecha de inicio de las reuniones generales con el primer cardenal elector (con menos de 80 años) de los cardenales obispos, presbíteros y diáconos. La norma de Juan Pablo II establece simplemente que «las Congregaciones generales de los cardenales tendrán lugar en el Palacio Apostólico Vaticano o, si las circunstancias lo exigen, en otro lugar más oportuno a juicio de los mismos cardenales. Preside estas Congregaciones el decano del Colegio o, en el caso de que esté ausente o legítimamente impedido, el vicedecano», cuando estos sobrepasan los 80 años, la presidencia le corresponde al «cardenal elector más antiguo, según el orden habitual de precedencia» de obispos, presbíteros y diáconos, y cada uno de estos por la fecha de creación como cardenal.

En estas congregaciones generales cada cardenal recibe un ejemplar de la constitución *Universi Dominici Gregis* actualizada para tener siempre a mano las normas peculiares de este periodo y para, en las primeras reuniones, afrontar las posibles dudas de interpretación o vacíos que se puedan observar en las normas tanto de la sede vacante como del cónclave. En estas reuniones se deciden algunas cuestiones de funcionamiento como la fecha concreta del funeral del pontífice o el inicio del cónclave, mayoritariamente se comparten reflexiones sobre la situación de la Iglesia y el perfil que debería tener el papa que esté al frente de esa Iglesia. Es habitual que muchos de los cardenales no electores pero residentes en Roma participen en estos encuentros si gozan de buena salud.

Lo habitual es que estas congregaciones, desde el día que se fija su inicio, se realicen a diario —incluso el mismo día del funeral del papa— y, como son a puerta cerrada, los medios de comunicación se agolpan a la entrada y a la salida de los cardenales para conseguir alguna imagen o incluso cualquier posible declaración. El hecho de que algún cardenal se signifique ante un micrófono puede tener distintas lecturas tanto por los analistas como por los propios purpurados en los días previos al cónclave.

Las congregaciones pueden ser decisivas por lo que un cardenal dice en ellas. Por ejemplo, Jorge Mario Bergoglio cuenta en su autobiografía que apenas intervino en estas reuniones previas. Sin embargo, la única de sus reflexiones, hecho el 9 de marzo —dos días antes de entrar en el cónclave—, pareció orientar el voto de algunos purpurados. Así, cuenta que en el segundo día del cónclave, durante la comida, fue a hablar con el arzobispo de La Habana, el cardenal Jaime Lucas Ortega, que precisamente le «había preguntado si podía llevarle el texto del discurso que había pronunciado ante las congregaciones generales». Entonces, prosigue Francisco: «No tenía ningún documento escrito, de manera que reconstruí brevemente lo que había dicho, en cuatro puntos. "Oh, gracias, así me llevo a casa un recuerdo del papa", dijo. Todavía me parecía una broma. Ortega me preguntó si podía difundir el texto y le dije que sí». El contenido de esa intervención que podría haber catapultado a Bergoglio se publicó posteriormente, siendo un ejemplo del tipo de reflexiones que se comparten en estas congregaciones generales. Este es el esquema de su intervención, en su original en castellano, que recreó con posterioridad el arzobispo de Buenos Aires:

Se hizo referencia a la evangelización. Es la razón de ser de la Iglesia. «La dulce y confortadora alegría de evangelizar» (Pablo VI). Es el mismo Jesucristo quien, desde dentro, nos impulsa.

1. Evangelizar supone celo apostólico. Evangelizar supone en la Iglesia la parresia para salir de sí misma. La Iglesia está llamada a salir de sí misma e ir hacia las periferias, no solo las geográficas, sino también las periferias existenciales: las del misterio del pecado, las del dolor, las de la injusticia, las de la ignorancia y prescindencia religiosa, las del pensamiento, las de toda miseria.
2. Cuando la Iglesia no sale de sí misma para evangelizar deviene autorreferencial y entonces se enferma (cfr. la mujer encorvada sobre sí misma del Evangelio). Los males que, a lo largo del tiempo, se dan en las instituciones eclesiales tienen raíz de autorreferencialidad, una suerte de narcisismo teológico.

   En el Apocalipsis, Jesús dice que está a la puerta y llama. Evidentemente el texto se refiere a que golpea desde fuera la puerta para entrar… Pero pienso en las veces en que Jesús golpea la puerta desde dentro para que lo dejemos salir. La Iglesia autorreferencial pretende a Jesucristo dentro de sí y no lo deja salir.
3. La Iglesia, cuando es autorreferencial, sin darse cuenta, cree que tiene luz propia; deja de ser el *mysterium lunae* y da lugar a ese mal tan grave que es la mundanidad espiritual (según De Lubac, el peor mal que puede sobrevenir a la Iglesia). Ese vivir para darse gloria los unos a los otros. Simplificando; hay dos imágenes de Iglesia: la Iglesia evan-

gelizadora que sale de sí; la del *Dei Verbum religiose audiens et fidenter proclamans*, o la iglesia mundana que vive en sí, de sí, para sí. Esto debe dar luz a los posibles cambios y reformas que hay que hacer para la salvación de las almas».

4. Pensando en el próximo papa: un hombre que, desde la contemplación de Jesucristo y desde la adoración a Jesucristo ayude a la Iglesia a salir de sí hacia las periferias existenciales, que la ayude a ser la madre fecunda que vive «la dulce y confortadora alegría de evangelizar».

En estas congregaciones las decisiones importantes se toman por votación secreta y mayoría absoluta —la mitad más uno de los presentes debe estar de acuerdo—, teniendo su opinión más peso que lo decidido por el camarlengo con sus tres consejeros —grupo al que se llama «congregación particular»— si hay esa mayoría de votos. Las reuniones en la Sixtina tienen también este formato de las congregaciones —por eso a las de los días previos se les llama «preparatorias» y a las del cónclave «asamblea de cardenales electores»—, con el decano (o vicedecano) como presidente o el cardenal elector más antiguo, según los tres órdenes de los purpurados si el primero tiene más de 80 años.

En los cónclaves del siglo XXI las reuniones preparatorias no han sido en el Palacio Apostólico, que tiene salas imponentes pero muy poco prácticas, sino que se han desarrollado en otro lugar mejor preparado para las reuniones de trabajo como es la conocida como «Aula Nueva del Sínodo». Dispuesta en forma de auditorio, esta sala está más cerca de Santa Marta, ya que forma parte del complejo del Aula Pablo VI, construida bajo diseño de Pier Luigi Nervi para tener grandes audiencias con 12.000 puestos a cubierto e inaugurada en 1971. Junto al gran auditorio, hay otro aula menor donde se han desarrollado, hasta 2023, los Sínodos de los Obispos, de ahí su nombre. La norma del secreto es realmente sobre la elección del papa, y en las congregaciones a veces se va mucho más allá, por lo que hay también cierta reserva para que cumplan su objetivo de «permitir a cada cardenal que exprese su opinión sobre los problemas que se presenten, pedir explicaciones en caso de duda y hacer propuestas». Por eso, hay ya un primer juramento que los cardenales van haciendo a medida que van llegando a Roma y se incorporan a estas congregaciones. Siempre que hay un miembro nuevo, todos los purpurados lo repiten al comienzo de la reunión. Así, juran cumplir las normas de la constitución *Universi Dominici Gregis* y «mantener escrupulosamente el secreto sobre cualquier cosa que de algún modo tenga que ver con la elección del Romano Pontífice, o que por su naturaleza, durante la vacante de la Sede Apostólica, requiera el mismo secreto».

En la agenda de los cardenales, las primeras urgencias son establecer el día de traslado del papa —en el caso de que haya un tiempo de velatorio privado—, si ha fallecido, a la basílica de San Pedro y fijar lo necesario para sus exequias —«entre el cuarto y el sexto día después de la muerte»— y los novendiales, supervisar con los responsables de ello la preparación de la *Domus Sanctae Marthae* sorteando las habitaciones para los electores y la Capilla Sixtina para «que las operaciones relativas a la elección puedan desarrollarse de manera ágil, ordenada y con la máxima reserva», buscar a «dos eclesiásticos de clara doctrina, sabiduría y autoridad moral» para que hagan «dos ponderadas meditaciones sobre los problemas de la Iglesia en aquel momento y la elección iluminada del nuevo pontífice» durante el cónclave, y aprobar los gastos de este periodo extraordinario. A esto se añaden otros encargos especiales como «leer, si los hubiere, los documentos dejados por el pontífice difunto al Colegio de cardenales», «cuidar que sean anulados el anillo del Pescador y el Sello de plomo, con los cuales son enviadas las Cartas apostólicas» y «fijar el día y la hora del comienzo de las operaciones de voto», es decir, el día del cónclave.

El otro tipo de congregación es la llamada «particular», frente a la general. El papa Francisco, en su reforma de la Curia, ha establecido que la forman el camarlengo con la ayuda de «tres cardenales asistentes, uno de los cuales es el cardenal coordinador del Consejo de Asuntos Económicos y los otros dos» son elegidos a sorteo y se renuevan cada tres días. En ese caso, las decisiones importantes deben llevarlas a las congregaciones generales y, como su composición varía cada tres días, no se puede revocar o modificar lo acordado previamente cuando la congregación particular tenía otros dos cardenales diferentes. Entre la labor de pasillos y la dinámica de reflexión conjunta de estas reuniones, los cardenales llegan a las votaciones con una radiografía actualizada de la situación de la Iglesia y, en parte, de lo que se espera de un nuevo papa. Por eso, en la mente de un elector está ya solamente hacer encajar este perfil ideal con la realidad que encuentra en sus compañeros de mesa y misa.

4.

¿Cuánto dura un cónclave?

¿POR QUÉ HUBO QUE ENCERRAR A LOS CARDENALES?

Una cuestión que se plantea de vez en cuando es la literalidad del término «cónclave» como «encerrados con llave». Y es que esto tiene una explicación histórica a partir del que fue el cónclave más largo de la historia y, por lo tanto, el periodo de sede vacante más largo. Ya se ha dicho en un capítulo precedente, aunque solo de pasada, que Gregorio X tardó casi 34 meses en ser elegido. El cónclave concluyó el 1 de septiembre de 1271. Esa experiencia hizo que el nuevo pontífice rescatara de la historia algunos procedimientos que ya se habían empleado en el pasado y se habían olvidado. Esa normativa quedó configurada en la bula *Ubi Periculum*, que promulgó en el concilio de Lyon consolidando la metodología del cónclave. Como se ha dicho, las normas estaban inspiradas en los procedimientos de elección de los magistrados de Viterbo —así como algunas medidas de otras instituciones civiles y religiosas—, donde se celebró el cónclave eterno, ya que este era el lugar donde tenía su corte el propio Gregorio X. Este papa, que no había sido previamente cardenal ni gozado de sus privilegios, fue más libre a la hora de tomar alguna decisión menos beneficiosa para el Colegio Cardenalicio.

Así, estableció que la reunión de los cardenales para elegir papa se celebraría en la ciudad más cercana a la residencia oficial del papa fallecido, y que dicha reunión no podía comenzar antes de los diez días tras la muerte del pontífice. Prohibió el voto delegado o «en ausencia» de los cardenales que no se hubieran desplazado hasta la sede de la elección. A la vez, a los cardenales que llegaran más tarde, se les permitía incorporarse al procedimiento de elección. En cambio, no podían abandonar hasta al final —a no ser por motivo de grave enfermedad—. También amplió la condición de candidato elegible a los varones de las órdenes religiosas, de hecho el propio Gregorio X era cisterciense. También estableció que el sueldo de los cardenales se retuviera durante la duración del cónclave, recibiéndolo solo al final del periodo de elección.

Pero lo que realmente dio nombre a esta reunión fue el hecho estricto de la incomunicación de los cardenales que debían estar encerrados y custodiados en el palacio papal. Un encierro y garantías que debían sostener también los funcionarios de la ciudad en la que se desarrollara la elección. En sus normas estableció que los purpurados podían contar con un sirviente —dos en el caso de los enfermos— y hacer vida común en alojamientos compartidos sin paredes interiores, anticipándose a *Gran Hermano* y disuadiendo de posibles conspiraciones privadas. El método de este cónclave incluía una presión alimenticia para que no se demorara tanto el cónclave como el último vivido. Así, si el papa no era elegido en los tres primeros días, estaba previsto que a los cardenales se les restringía la comida a un plato. Si pasaban de ocho días sin nuevo papa, la dieta se reducía a pan, vino y agua. Esto provocó que el cónclave siguiente, el que eligió en 1276 al dominico —el primero— Inocencio V, durara apenas un día. Ahora bien, las normas, sobre todo las relacionadas con las restricciones alimentarias, se suspendieron en múltiples ocasiones. Tampoco se respetaron otras normas de las que recoge esta bula por diferentes razones, generalmente para salvaguardar intereses no siempre positivos.

Poco antes de empezar a aplicar estas normas ya se había cerrado a los cardenales con llave. Según los historiadores, el primer cónclave en el que se encierra con llave a los cardenales —y se hace expresamente para acelerar el tiempo de la elección— fue en la ciudad de Perugia —en el centro de la península italiana—. Al morir en esta población Inocencio III en 1216, se convocó el cónclave y acudieron 17 cardenales de los 25 que había en ese momento. El cónclave empezó dos días después de la muerte y parece que son las presiones de las autoridades locales, que financiaban el evento, las que obligaron al encierro en el llamado palacio de los Canónigos. La presión hizo que también se abandonara el método habitual de elección por unanimidad y se decidiera delegar el voto en una pequeña comisión de cardenales. Finalmente fue elegido el camarlengo del Colegio Cardenalicio —el tesorero del grupo de los purpurados, diferente del camarlengo de la Santa Iglesia Romana, que es el cargo que ha permanecido hasta nuestros días— que pasaría a llamarse Honorio III.

Desde ese 1216, de alguna otra manera lo de que el cónclave fuese privado quedó para siempre. Sobre todo se consolidará en 1241 cuando tras la muerte de Gregorio IX en Roma se materializó un gran conflicto por la injerencia del emperador Federico II, que llegó incluso a secuestrar a dos cardenales críticos con el Sacro Imperio para que no pudieran participar en la elección. Los otros diez purpurados estaban divididos entre llegar a un acuerdo con el mandatario o esperar a sus colegas. Esta indefinición hizo que el senador de la ciudad de Roma Matteo Rosso Orsini —cuyo hijo llegaría a ser papa—, gran opositor al emperador, ordenara que los cardenales fueran encerrados «*cum clavis*» en el Septizodio, un artístico edificio situado en el monte Palatino, en el Foro romano, que no pasaba por sus momentos de mayor gloria, para que los cardenales no se demorasen finalmente en su elección. Finalmente, los cardenales se espabilaron en aquel sitio tan destartalado y, en pocos días, fue elegido como papa Celestino IV, cuyo pontificado duraría, debido a su precaria salud y las malas condiciones vividas durante la asamblea, solo 17 días. Para elegir a su sucesor, tardaron dos años los cardenales.

Palacio papal de Viterbo (Italia) y Logia de las bendiciones papales. En este lugar se celebró el cónclave más largo de la historia, los cardenales fueron encerrados en una sala del palacio y, como modo de presión, se llegó a quitar el techo de la sala. Foto propia.

Pero ¿qué pasó en la elección de Gregorio X? El cónclave más largo de la historia se desarrolló en el palacio papal de Viterbo, en la parte alta de esta ciudad medieval que está situada a unos 80 km al norte de Roma. Durante 34 meses los cardenales vivieron una auténtica guerra de poder de un grupo que buscaba satisfacer a los reyes de Nápoles y Sicilia —como punto de lanza de los intereses franceses que buscaban incluso una invasión de Italia— frente a quienes, por otro lado, debían su lealtad al Imperio germánico. Todo esto con los papas fuera de Roma porque no se consideraba una ciudad segura para los pontífices. Cuando el papa Clemente IV murió y se convocó el cónclave, había 20 cardenales en todo el mundo. Uno de ellos estaba bastante delicado y, de hecho, murió pronto, durante el largo periodo de sede vacante —en el que acabarían falleciendo dos más—.

Según las reconstrucciones, se supone que seis o siete eran partidarios del francés Carlos de Anjou, por eso se llamaban «carolinos», y los otros, unos diez u once, eran los considerados «imperiales»... aunque había matices dentro de los grupos. Al poco del fallecimiento empezó el cónclave y, una vez al día, se hacían las votaciones en la catedral de Viterbo —que está unida al palacio—. Hubo algunos escrutinios que parece que llegaron a un acuerdo, pero los candidatos rechazaban esta elección a medida que se iba complicando la situación. Ya a final de 1269, casi al cumplirse el primer año de cónclave, el prefecto de la ciudad ordenó recluir a los cardenales encerrados en el palacio papal, y así se llevó a cabo, también con una reducción progresiva del avituallamiento que se les hacía llegar a los purpurados. Y es que en Viterbo, que acogieron con alegría la llegada unos trescientos funcionarios de los cardenales y la corte papal, empezaba a ser una carga económica fuerte la duración, y ya no bastaba el negocio que generaban. Tal fue el encierro que incluso se conserva la petición escrita para que pudiera volver a su casa un cardenal muy enfermo tras renunciar a su derecho a voto.

El encierro y la dieta a base de pan y agua no resultó muy bien. Surgió entonces de otro cardenal, Juan de Toledo, la idea de retirar el techo de la sala del palacio en el que estaban encerrados «o si no el Espíritu Santo nunca llegará a nosotros», aseguró. Aunque la medida era menos espiritual —de hecho no había mucha conciencia de que el verdadero protagonista de la elección fuera el propio Espíritu—, ya que era una forma de presión el exponer a los purpurados a los rigores de llevar una vida a la intemperie. El techo se quitó y los cardenales tuvieron que montar una especie de tiendas de campaña con sus abrigos y capas cardenalicios en torno a sus báculos clavados en el suelo. Estos agujeros siguen en esta sala que se visita hasta hoy en día, si hay suerte de que entiendas los horarios del antiguo complejo papal. Curioso que, casi 750 años después, el papa Francisco reivindicará que «la Iglesia no es una fortaleza cerrada, sino una tienda de campaña capaz de agrandarse para recibir a todos: es una Iglesia en salida, una Iglesia con las puertas siempre abiertas».

Ahora bien, a las tres semanas, en junio, se les permitió a los cardenales dormir bajo techo en otras habitaciones del palacio. Tampoco se aceleraron mucho las cosas. Hasta septiembre de 1271 no se empezó a ver la luz, a la vez que se gestó un método nuevo de elección a través de un grupo de seis compromisarios, un comité en el que había cardenales de diferentes facciones —con los carolinos franceses totalmente infrarrepresentados—. Este grupo eligió a un eclesiástico que no era cardenal, Tebaldo Visconti, que estaba en Tierra Santa participando en la novena cruzada como representante pontificio. Hubo que esperar a que llegara a Viterbo, un viaje que empezó en Acre el 19 de noviembre de 1271 y concluyó en el palacio papal sin techo el 12 de febrero de 1271. Un mes después sería coronado en Roma como Gregorio X.

CÓNCLAVES INTERMINABLES

Si el cónclave de 1268-1271 fue de récord, hubo otros que tampoco se quedaron muy atrás. Así, el cónclave de 1740, que se celebró en el Palacio Apostólico del Vaticano, empezó el 6 de febrero y se prolongó hasta el 17 de agosto. A lo largo de ese medio año, en el transcurso del cónclave murieron cuatro cardenales, incluido el decano. Fue convocado tras la muerte de Clemente XII y resultaría elegido el arzobispo de Bolonia, Prospero Lorenzo Lambertini, que eligió el nombre Benedicto XIV. El cónclave comenzó con 32 cardenales presentes y, casualmente, el primer cardenal que murió al final del primer mes era el favorito, el decano que era sobrino del papa Alejandro VIII. Este fallecimiento hizo que los demás cardenales no estuvieran dispuestos a ceder los intereses de los monarcas a los que representaban. También cuentan los historiadores que hubo una gran rivalidad entre los electores más ancianos y los más jóvenes. Mientras algunos cardenales fueron llegando de lejos, en marzo y abril no evolucionó mucho la situación electoral, ya que no había acuerdo entre las facciones francesa, española, imperial o italiana. En mayo los cardenales eran 55, como los italianos eran 44 se empezó a crear algún tipo de estrategia para lograr la mayoría de 37 votos entre ellos; pero otro cardenal fallece y otros dos tienen que salir por enfermedad. En los próximos meses se van quemando también algunos candidatos por algunas dudas en su reputación. Serán entonces los defensores de los intereses españoles y franceses los que propondrán como solución intermedia elegir a una cardenal de la curia. Tras seis semanas recibiendo 31 votos, llegado agosto comenzó a experimentar algún apoyo más; pero su oponente, el cardenal Aldrovandini, se mostró dispuesto a estar diez años encerrado antes de votar a dicho candidato. Entonces surge la propuesta de Lambertini y, según las crónicas, el calor romano aceleró el resto. De los 51 cardenales que participaron en la votación final el 17 de agosto, 50 votaron al arzobispo de Bolonia —todos menos él mismo, que votó al contumaz Aldrovandini—.

Otro cónclave que duró varios años y llegó a tener tres sedes fue el que comenzó en 1292 y acabó en 1294. Este fue el último cónclave no cónclave, es decir, los cardenales no estaban recluidos y en aislamiento. Tras la muerte de Nicolás IV el 4 de abril de 1292 se convocó a los doce cardenales que había entonces y no se eligió a su sucesor, Pietro da Morrone, que adoptó el nombre de Celestino V, hasta el 5 de julio de 1294. Por el camino murió uno de los cardenales y hubo que dedicar muchos esfuerzos a convencer a Morrone, que era un ermitaño que vivía en medio del monte. La diferencia de estilo de vida y los problemas de la Curia le superarían y acabaría siendo el último papa en presentar libremente su renuncia hasta Benedicto XVI en 2013.

Pero lo curioso es que, en los más de dos años que dura la elección, los cardenales irían cambiando de sede. Los once que quedaban estaban muy proporcionalmente divididos:

dos defendían los derechos de su familia Colonna —con la promesa a la corona de Aragón de la isla de Sicilia—, otros tres, los de la familia Orsini —y además eran partidarios de la monarquía francesa—. Ninguno de los dos grandes candidatos obtuvo los dos tercios, por lo que levantaron la sesión apenas diez días después de empezar, habiéndose reunido en la basílica de Santa María la Mayor, en el centro de Roma. En junio volvieron a reunirse, pero esta vez en la iglesia dominica de Santa María *sopra Minerva,* junto al Panteón romano. Una epidemia hizo poco fructífera la sesión y la asamblea acaba por disolverse, ya que la seguridad en Roma estaba siendo un problema.

Por ello, finalmente los cardenales se reunieron en Perugia el 18 de octubre en el ya citado palacio de los Canónigos. Como no había un encierro estricto, el propio rey Carlos II de Nápoles abordó a los purpurados en marzo de 1294. Esto, y otros elementos derivados de la demora, inclinaría la balanza hacia el ermitaño octogenario Pierro de Morrone. Un acuerdo que atribuyeron a una visión del castigo que Dios les tenía preparado si no decidían ya pronto. El nuevo papa Celestino V acepta finalmente y logra ser coronado en la ciudad más cercana, en el L'Aquila —centro de Italia—, con la protección del rey napolitano para llegar ya con la autoridad a los Estados Pontificios. Él se ve como Cristo llegando a su Pasión en Jerusalén, por lo que llegará a la celebración a lomos de un borrico. Para los cardenales que no pudieron asistir a tiempo a la coronación, se repitió dos veces —algo insólito en el caso de los papas—.

Antes de renunciar y viendo el caos de su elección, rescata y vuelve a publicar la bula *Ubi periculum* de Gregorio X, restableciendo para siempre —con dos leves excepciones— la fórmula del aislamiento del cónclave. Su sucesor, Bonifacio VIII, no se creyó del todo la renuncia del antiguo ermitaño y por si acaso lo detuvo y encerró en la torre de un castillo hasta su muerte, que acaecería en 1296. Dante lo situó en el «Infierno» de su *Divina Comedia* debido a su cobardía al renunciar. Hoy Celestino V está enterrado en la basílica de

Santa Maria di Collemaggio, donde fue coronado (y re-coronado) como papa. El tremendo terremoto que se vivió en la zona en 2009 obligó a recuperar las reliquias de entre los restos de su derrumbado mausoleo.

El primero de los cónclaves de la época de Aviñón fue tras la muerte de Clemente V, quien murió en medio de una tormenta —de hecho parte de su cuerpo fue destruido por un rayo—. Como dispuso en su testamento, está enterrado en la Colegiata de Uzeste (Francia), cerca del lugar de su nacimiento.

Por completar la clasificación, entre los cónclaves más largos está el primero de la época de los papas en Aviñón. Se celebró en Francia, inicialmente en la catedral de San Sifredo de la localidad de Carpentras, a 28 kilómetros al noroeste de Aviñón, tras la muerte de Clemente V. Se desarrolló desde el 1 de mayo de 1314 hasta el 7 de agosto de 1316. En aquel momento componían el Colegio Cardenalicio 24 purpurados y participaron en el cónclave todos menos uno. Se le conoce también como el cónclave de Lyon porque, al prolongarse su duración, acabaría desarrollando sus sesiones en el convento de los dominicos de esa ciudad. Las principales facciones eran los ocho italianos, los diez gascones de la

Aquitania —defensores del legado del último papa— y los cinco franceses provenzales —región en la que estaban reunidos—; cada una con su candidato y su visión del papado en Francia o de vuelta a Italia. Esta guerra de intereses se veía incrementada porque la mayoría de los cardenales eran parientes de los pontífices anteriores y quería dicho poder de nuevo para su familia.

El papa Gregorio XI es el que cierra la etapa de Aviñón y vuelve a Roma, donde ya murió en 1378 habiendo dejado el Cisma de Occidente como una cosa del pasado.

El cónclave comenzó inmediatamente con el papa colocado para ser velado en la plaza de Carpentras y con los contrarios a los italianos contratando mercedarios para que asaltaran a esos cardenales que por miedo acabaron huyendo a Aviñón, Orange y Valence. Esta dispersión del Colegio Cardenalicio generó que cada uno de los grupos quisiera montar su propio cónclave, lo que hizo que el rey Felipe IV de Francia y su hijo Luis X, a la muerte del padre, forzaran a una única reunión en Lyon para evitar el cisma, algo que se produjo en marzo de 1316. Encerrados en el convento de los dominicos, un conde quedó encargado de velar por dicho aislamiento, y el rey, ya el sucesor de Luis X, Felipe V, también acudió a la presión a base de reducir comida si no había acuerdo. Los bloqueos políticos dificultaron algunas de las propuestas de consenso de los cardenales, por lo que al pasar el tiempo se acudió, por última vez, a la elección por compromiso. Un grupo reducido de compromisarios desbloquearon la cuestión eligiendo el 7 de agosto a Juan XXII con el apoyo de los italianos y los gascones.

El nuevo papa estableció su corte pontificia en Aviñón —para lo que comenzó a construir el imponente palacio fortaleza que se visita hoy en día—, con el apoyo del rey de Francia y el de Nápoles. Su pontificado no gustó a los germanos, con Luis de Baviera a la cabeza del Sacro Imperio, por lo que avalaron la elección de un antipapa franciscano en 1328. En el palacio de Aviñón, a orillas del Ródano, se elegirían los siguientes cinco papas, y será Gregorio XI el que vuelve a Roma, donde ya murió en 1378 habiendo dejado el Cisma de Occidente como una cosa del pasado.

CÓNCLAVES EXPRÉS

Ahora bien, no todos los cónclaves han sido eternos ni tan rápidos como los de los últimos tiempos. Los historiadores han calculado que el promedio de duración de las elecciones papales del siglo XVII fue de 39 días. Sin embargo, en el siglo XVIII, la media se disparó a 94 días. En cambio, desde comienzos del siglo XX no ha habido ningún cónclave que haya durado más de cinco días.

Para quienes vean el cónclave como un ejercicio tan tedioso, nada para combatir esa idea como la elección de Julio II, en 1503, que se despachó en tan solo unas horas. Una elección que no parece fue hecha por su fama de santidad, ya que pasará a la historia como el «Papa Guerrero» o el «Papa Terrible», por la intensa actividad política y militar de su pontificado —y su imponente armadura—. El elegido, Giuliano della Rovere, era ya sobrino de papa, en concreto de Sixto IV, haciendo gala del verdadero origen de la palabra nepotismo que se contagió entre los papas medievales. Della Rovere de joven ya había acumulado hasta ocho obispados a la vez y se curtió en la diplomacia pontificia como legado pontificio en Francia. Antes de llegar al cónclave ya tenía varios hijos ilegítimos. La elección fue breve, ya que el pontificado previo, el de Pío III, apenas duró 26 días, pues una ulceración de una de las piernas acabó con su vida —si no es por envenenamiento de un paisano suyo, el gobernante de Siena—. A pesar de que tenía como gran adversario a Rodrigo Borgia, el cónclave solo duró diez horas entre el 31 de octubre y el 1 de noviembre, convirtiéndose en el más corto de la historia. Las ambiciones del rival se colmaron con la garantía de mantener a su hijo César Borgia al frente del ejército papal, garantizando antes de entrar el apoyo directo de los once cardenales españoles a los que se sumaron una serie de favores a Ascanio Sforza, consiguiendo una votación unánime —realmente hubo la excepción del propio della Rovere— en el primer escrutinio. En dicho cónclave, que se celebró en el Palacio Apostólico, participaron 38 cardenales —las circunstancias impidieron participar a seis purpurados—.

Estos casos son contados hasta los cónclaves posteriores a 1846. En ese año, a Pío IX —el papa que más tiempo ha estado en la sede de Pedro, un total de 26 años, 5 meses y 18 días— lo eligieron 50 electores en tres días, del 14 al 16 de junio. En 1878, a León XIII lo eligieron también en tres días los 61 electores que había —duró tan poco la elección que cuando llegó a Roma el cardenal John McCloskey, arzobispo de Nueva York, el cónclave ya había acabado—. A pesar de que hubo un veto imperial, en 1903 el cónclave duró cinco días, del 31 de julio al 4 de agosto, y los 64 cardenales eligieron al séptimo escrutinio a Pío X. Un día menos, cuatro, duró el que eligió a Benedicto XV en 1914, en el que no les dio tiempo a llegar a dos cardenales estadounidenses y un canadiense. Tampoco llegaron tres cardenales norteamericanos al cónclave de 1922, en el que eligieron a Pío XI al quinto día. Tras estas incidencias con las llegadas de los cardenales de lejos, se establece un plazo de 15 días de sede vacante para que los purpurados puedan llegar a Roma. El cónclave más corto del siglo XX fue el que eligió a Pío XII en 1939; duró dos días, del 1 al 2 de marzo, con tres escrutinios, y reunió a 62 cardenales. No fue un inconveniente con los nuevos plazos la llegada al cónclave por primera vez de cardenales chinos, indios y africanos en 1958, cuando fue elegido Juan XXIII por 51 cardenales, en cuatro días, del 25 al 28 de octubre, con once escrutinios.

En pleno concilio, en 1963, en solo tres días, del 19 al 21 de junio, 80 cardenales eligieron tras seis escrutinios a Pablo VI. Juan Pablo I, ya sin cardenales mayores de 80 años, fue elegido al segundo día, tras cuatro escrutinios, el 29 de agosto de 1978. Un mes después, del 14 al 16 de octubre, en tres días los mismos 111 cardenales eligieron a Juan Pablo II después de ocho escrutinios. Ya en el siglo XXI, en 2013, Benedicto XVI fue elegido en un cónclave que duró dos días, el 12 y el 13 de marzo en el quinto escrutinio, y eso que se alcanzó una cifra récord de cardenales en la Capilla Sixtina: 115.

Un fenómeno que en ocasiones, a lo largo de la historia, ha ayudado a que los cónclaves sean más breves ha sido la existencia también de pontificados muy breves. Y es que de entre todos los papas que ha habido, 42 de ellos han estado menos de un año en la sede de Pedro —solo diez han sido papas durante más de dos décadas—. Por citar solo a los más breves, Urbano VII fue papa durante trece días y murió de malaria. El suyo es el reinado más corto de la lista oficial, ya que hay un pontífice elegido en el año 753 que no llegó a ser nombrado formalmente —no pudo llegar a ser ordenado obispo— y se le ha excluido de la sucesión de obispos de Roma, es el caso de Esteban II —como la numeración se hizo muy posteriormente, en las listas que los consideran quitan su número y le denominan «Esteban el efímero», y llaman Esteban II a su inmediato sucesor, nombre muy común entre los pontífices de los siglos VIII y IX—, que falleció al tercer día como consecuencia de una ataque de apoplejía. En todo el segundo milenio, solo Juan Pablo I entra en un posible podio, pero en undécimo lugar. Antes, en el siglo IX, Bonifacio VI fue papa solo 16 días de abril como consecuencia de la gota que padecía; o Celestino IV, que lo fue durante 17 días en octubre de 1241. Además, este último se suele citar como el primer papa elegido por un cónclave, al ser encerrados los cardenales por orden gubernamental en un palacio desaparecido del Palatino, como se ha comentado más arriba. De hecho, las condiciones y el hambre que pasó en el encierro parecen haberle pasado factura y debilitar tanto su salud que se puede decir que fue el primer papa también muerto como consecuencia de sobrevivir a un cónclave.

FUERA DE ROMA

Más allá de la Capilla Sixtina, los cónclaves se han celebrado en diferentes lugares. El último que no se celebró en la Sixtina fue en 1846 en el Palacio del Quirinal, en el centro de Roma, que era la residencia papal entonces. Fuera del Vaticano el más conocido, como se narra al inicio del capítulo, es el de Viterbo, cuyo palacio papal —junto a la catedral— fue la residencia oficial de los pontífices durante 24 años, de 1257 a 1281. En ese tiempo acogió a nueve papas y allí, por ejemplo, se eligió al único papa portugués de la historia, Juan XXI. La proporción de papas para tan poco tiempo es alta, porque en uno de los años, en 1276, hubo cuatro papas: Inocencio IV, Adriano IV, Gregorio X y el propio Juan XXI —que falleció un año después entre los escombros de su despacho, que se le cayó encima—. Unos pontificados breves que compensan el largo cónclave de Gregorio X. Esto ha hecho que la sala más famosa del palacio sea precisamente la llamada «Sala del Cónclave», cuyas seis ventanas dan a la plaza a la que se asoma también la *logia*, el balcón, usado por los papas para las bendiciones.

En el castillo de Peñíscola, en la provincia de Castellón, se reunieron tres cardenales para elegir al sucesor de Benedicto XIII, el llamado «Papa Luna», antipapa que se retiró de Aviñón a esta localidad costera.

Otro sitio de referencia para los cónclaves es el palacio de los papas de Aviñón, en Francia, en el que se realizaron seis elecciones papales desde Benedicto XII en 1335 hasta Benedicto XIII en 1394. Algunos de los cónclaves se desarrollaron, en concreto, en una de las salas a las que se llega a través del Gran Tinel que acogía las fiestas y banquetes, en la capilla de San Marcial —paisano de Clemente VI, impulsor de la capilla—.

Pero también en España hay algún salón del cónclave, precisamente relacionado con esta época de Aviñón. Está en el castillo de Peñíscola, en la costa norte de la provincia de Castellón, en la comarca del Bajo Maestrazgo, y parece ser que realmente fue el lugar donde se reunieron tres cardenales para elegir al sucesor de Benedicto XIII, a donde había huido el último papa de Aviñón, el llamado «Papa Luna», cuya renuncia nunca aceptó, popularizando el dicho de «mantenerse en sus trece». Pedro Martínez de Luna había sido elegido con 20 votos —sobre 21—, pero Francia se opuso al papado de un cardenal procedente de la Corona de Aragón.

Al no renunciar, Francia bloqueó el palacio papal y finalmente el papa tuvo que huir, conservando el apoyo de cinco cardenales. Había comenzado el Cisma de Occidente que llevará a que haya a la vez tres papas. El Papa Luna acabará siendo condenado por el Concilio de Constanza y sería envenenado en 1418 en su refugio de Peñíscola, un imponente castillo románico construido por los Templarios en la zona más elevada de la ciudad. Allí, en secreto, se celebró en 1423 el cónclave, al parecer el salón que hoy se enseña a los visitantes era la bodega del castillo, del que salió elegido Clemente VIII, que era un cura de Teruel cuyo nombre secular era Gil Sánchez Muñoz y Carbón. Los participantes en aquel cónclave fueron cuatro cardenales nombrados entre los clérigos leales al Papa Luna. De estos cuatro, uno de ellos no pudo acudir por encontrarse en Francia. Fue el galo Bernar Garnier, que en 1425 organizará un cónclave consigo mismo en el que se eligió en secreto —a sí mismo también— como papa, adoptó el nombre de Benedicto XIV y actuará de forma secreta durante dos años. Mientras, el antipapa Clemente VIII abandonó el cargo y pasó a la obediencia del papa aceptado por el concilio, Martín V, quien le recibió en la Iglesia católica en 1429 y le nombró finalmente obispo de Mallorca, en cuya catedral se puede visitar su sepultura a día de hoy. Pensando en más antipapas, también se han desarrollado dos cónclaves particulares —a los primeros dos papas los nombró Jesucristo directamente, siempre según el testimonio de los elegidos— en el pueblo sevillano de El Palmar de Troya, aunque de las asambleas siempre ha resultado elegido el secretario de Estado, cargo de confianza siempre del falso papa difunto siempre.

Otros sitios curiosos donde se han celebrado cónclaves podrían ser la imponente iglesia de la abadía de Cluny (Francia) en 1119, un templo del que en la actualidad solo queda una de las torres. Entonces el papa fallecido, Gelasio II, había sido expulsado por el emperador Enrique V, del Sacro Imperio, por la querella de las investiduras —la pelea entre papas y emperadores por la gestión de los títulos y beneficios económicos y patrimoniales que estaban vinculados a algunos eclesiásticos como eran los obispos o los abades que se nombraban con acuerdo del emperador—. Otro cónclave, en 1417, se celebró en Alemania, en la catedral de Constanza, para cerrar la herida abierta por el Cisma de Occidente con la elección de Martín V y acabar con los papas que surgieron tras la época de Aviñón. Este cónclave tiene además la peculiaridad de que acogió, además de a los cardenales, a seis obispos de las naciones católicas más importantes (con nombres actuales para hacerse una idea: Inglaterra, Francia, Alemania, Italia y, naturalmente, España) a modo de delegados del concilio. Hubo, además, un cónclave en Suiza, en la catedral de Bailes en 1439. También se han desarrollado elecciones en las ciudades italianas de Terracina —fue el primer cónclave fuera de la ciudad de Roma, en 1088—, Velletri, Verona, Ferrara, Pisa, Perugia, Arezzo, Nápoles o en un monasterio de Venecia. En Roma, han sido lugar de elección numerosas iglesias de la ciudad así como diferentes capillas o salas de los palacios papales. El último cónclave celebrado fuera de Roma se llevó a cabo en Venecia, en el monasterio de la isla de San Giorgio Maggiore, fue en marzo de 1800 tras la muerte en Francia del papa Pío VI, ya que Roma estaba ocupada por las tropas de Napoleón.

5.

La vida dentro del cónclave

LA CAPILLA SIXTINA, EPICENTRO DEL MUNDO

No hay en el imaginario colectivo imagen más potente del cónclave que los cardenales reunidos en la Capilla Sixtina. Sin embargo, solo desde finales del siglo XIX se celebran en este icónico espacio; es decir, son 25 los cónclaves que se han celebrado en esta capilla de Miguel Ángel que podría decirse que parece diseñada para la celebración de este momento. Oficialmente es Juan Pablo II en 1996 el que «considerado el carácter sagrado del acto y, por tanto, la conveniencia de que se desarrolle en un lugar apropiado, en el cual, por una parte, las celebraciones litúrgicas se puedan unir con las formalidades jurídicas y, por otra, se facilite a los electores la preparación de los ánimos para acoger las mociones interiores del Espíritu Santo», dispuso oficialmente «que la elección se continúe desarrollando en la Capilla Sixtina, donde todo contribuye a hacer más viva la presencia de Dios, ante el cual cada uno deberá presentarse un día para ser juzgado».

Como hemos visto antes, a lo largo de la historia se han celebrado cónclaves en muchos sitios, aunque desde 1417, tras el cisma de Aviñón, las elecciones se han celebrado en Roma con el paréntesis de 1799-1800, cuyo largo periodo de sede vacante obligó a que la elección se desarrollara en la serenísima Venecia. En 1846 fue el último cónclave que se celebró fuera de la Sixtina, ya que los 62 cardenales que viajaron a la Ciudad Eterna y acabarían eligiendo a Pío IX se reunirían para votar en la capilla del Palacio del Quirinal, hoy sede de la Presidencia de la República de Italia. Pío IX fue el papa que más tiempo estuvo en la cátedra de san Pedro, 31 años y 236 días, hasta su muerte el 7 de febrero de 1878, tras la toma de Roma y la unificación Italiana. En ese año, para elegir a León XIII, los cardenales se reunieron, durante dos días, ya en la Capilla Sixtina bajo los frescos de Miguel Ángel porque el papa ya vivía en el Vaticano, aunque se consideraba que estaba arrinconado como «un prisionero».

Hoy en día apenas es posible ver la Sixtina con su función original de capilla papal. En el último domingo de Navidad, en la fiesta del Bautismo del Señor, Juan Pablo II inició la costumbre de bautizar algunos niños pequeños, lo que se mantiene hasta hoy como gesto del papa a los hijos de trabajadores de la Santa Sede. También se hacen algunos conciertos y actos muy selectos ya que es el espacio que más visitantes recibe, 20.000 cada día, de quienes entran a través de los Museos Vaticanos y que, si eligen el «recorrido corto», los lleva directamente a este espacio único situado dentro del Palacio Apostólico en uno de laterales de la Basílica de San Pedro. Esta joya del Renacimiento surgió dentro del plan para recuperar el esplendor del papado tras el Cisma de Occidente, que se cerró en 1420 con la vuelta del papa de la ciudad francesa de Aviñón. El papa Nicolás V fichó a Fra Angélico para decorar las paredes de la Capilla Nicolina —junto a las estancias papales— y empezó las reformas artísticas. Así comenzará una renovación que llega desde el trazado urbanístico de Roma a los palacios vaticanos, para lo que se proyectó la creación de una Capilla Magna que complementara el oratorio privado del pontífice. Nicolás V no se inspiró en cualquier cosa para este proyecto, pensó en algo como el templo de Salomón en Jerusalén que aparece en el Antiguo Testamento y del que solo queda un muro, el llamado de las Lamentaciones.

La obra llegó hasta su sucesor, el papa Sixto IV, que, siempre en el siglo XV, daría finamente nombre a la capilla —que no hay que confundir con la capilla que cien años después se impulsaría, dedicada a la Natividad, en la basílica romana de Santa María la Mayor—. El franciscano Sixto IV fue también el fundador de la Biblioteca Vaticana o el creador del puente Sixto, en el que hoy en día se reúnen artistas alternativos en Roma para ofrecer sus creaciones a paseantes y turistas. Pero, sobre todo, ha sido el transformador de la Capilla Magna construyendo sobre sus cimientos lo que es la capilla actual aprovechando parte de los muros antiguos. Las obras empezaron en 1477 —la finalización arquitectónica fue en 1481—, y el espacio se diseñó para reflejar la majestad papal que pasaba, desde el proyecto inicial, por las dimensiones clásicas del Templo de Salomón —41 metros de longitud, trece y medio de altura y 20 de anchura— y una verja que separa a los visitantes y peregrinos del espacio celebrativo del papa.

Imagen actual del exterior de la capilla Sixtina desde la cúpula de la basílica de San Pedro. El templo está conectado con el resto del Palacio Apostólico (con su claustro cuadrado) y con el Palacio del Belvedere y las galerías de los Museos Vaticanos (con su gran claustro rectangular). Foto de Jesús G. Feria.

De la decoración destaca el pavimento de mármol que sigue figuras geométricas inspiradas en el arte clásico romano con una serie de círculos que llevan la mirada de quien entra por la puerta principal hacia el altar —y que es el mismo desde que se puso entonces—. Hoy en día, los visitantes entran por una de las puertas traseras y salen a los pies de la capilla hacia una cafetería y la basílica vaticana o continúan su recorrido por otra puerta. Como pasa a la entrada de la Basílica de San Pedro desde el antiguo templo constantiniano, destaca visiblemente el primero de los círculos del centro, en rojo —se conoce como la *rota porphyretica*, literalmente «rueda de la coronación», porque los súbditos se arrodillaban a su vez alrededor del monarca—, porque era el lugar marcado para que se arrodillara el emperador, como hizo Carlomagno en su coronación en la Navidad del año 800. Fuera del gran pasillo central, en el espacio de los asientos de los cardenales, el suelo tiene motivos cuadrados, pensados también para ordenar a la corte pontificia que acudía a las celebraciones papales más solemnes. De mármol son las decoraciones que hay bajo la verja con motivos frutales y el escudo del papa Sixto, y también de este material encontramos un banco que recorre casi todo el perímetro de la capilla, hoy protegido por metacrilato en las horas de visita.

Pero la gran personalidad, podríamos decir, de este espacio sacro viene por los frescos de Miguel Ángel Buonarroti —destacado sobre todo como escultor cuando recibió el encargo— que envuelven a los cardenales durante los parsimoniosos tiempos de la votación y escrutinios posteriores. Cuando Sixto IV consagró la capilla el 15 de agosto de 1483 apenas se veían unos esbozos de los primeros frescos. Estos se organizan en función del espacio arquitectónico estableciendo distintas escenas del Antiguo y del Nuevo Testamento. En las paredes, tras una amplia franja de cortinas amarillas o azules pintadas, se reflejan unas escenas de la vida de Moisés, a un lado, y de Cristo, al otro, obra de artistas como Sandro Botticelli, Domenico Ghirlandio, Cosimo

Rosselli y Perugino. Este último es el autor, entre otro, del fresco de la entrega de las llaves de Jesús a Pedro del que hay una tradición que dice que al cardenal que le toca sentarse debajo es el que parte con más posibilidades de ser elegido, algo que se cumplió en el caso de Julio II —en el cónclave más rápido de la historia—, Clemente VII y Pablo III. Por lo que se ve, esta superstición ha dejado de ser efectiva en los últimos siglos.

Por encima, en una nueva franja, hay imágenes a cuerpo entero de 28 papas en unas hornacinas. En la bóveda, antes de la llegada de Miguel Ángel había pintado un cielo estrellado pintado por Matteo d'Amelia; al incorporarse al proyecto de la Sixtina, donde trabajó entre 1508 y 1512, tuvo que intervenir sobre esta pintura, ya que se abrió una grieta tremenda en el techo, que por otra parte ya estaba plagado de goteras. El artista fue llamado por el papa Julio II, sobrino de Sixto IV, quien le quería para hacer las esculturas de su sepultura —donde se encuentra el célebre Moisés, en la iglesia de San Pietro in Vincoli, cerca del Coliseo—. Sus tareas en la capilla comenzaron por la creación de un andamio que permitiese la decoración de la bóveda mientras seguían las celebraciones litúrgicas. En su proyecto se incluyeron las escenas de la creación tal como se narra en las primeras páginas de la Biblia, en el libro del *Génesis.* Los cardenales, en cuanto miran hacia arriba, casi en el centro, ven cómo casi se tocan los dedos de Dios y Adán en una representación del momento de la creación. En torno a esta imagen, a lo largo del techo, están la separación de la luz de las tinieblas, la creación de los astros y la vegetación, la separación de la tierra y las aguas; y, por la otra parte, la creación de Eva, el momento del pecado original, el sacrificio de Noé, el «arca» con la que este sobrevive al diluvio universal y, en la última de las grandes escenas, se observa a Noé borracho y desnudo encontrado por sus hijos. Sin duda un momento bíblico en el que un cardenal puede dejar volar su imaginación durante el cónclave.

La decoración de la bóveda la completan otras figuras bíblicas que podrían ser una advertencia para los electores y sus deberes sagrados mientras se comprometen en los deberes del cónclave. Así, se puede ver la escena de la viuda judía Judit y el decapitado general asirio Holofernes, que trató de forzarla; la victoria del joven David con su honda de pastor contra el gigante Goliat; la serpiente de bronce que Moisés alza en el desierto para prevenir del veneno de estos animales; y el castigo del rey Amán, que murió en la horca que él mismo construyó.

La residencia Casa Santa Marta, vista desde la cúpula de la basílica de San Pedro fue construida en el pontificado de Juan Pablo II para acoger y aislar a los participantes en el cónclave. Es un edificio moderno y funcional, frente a las antiguas celdas provisionales de madera que se montaban en el Palacio Apostólico. Foto de Jesús G. Feria.

En unos medallones también otras escenas de algunas muertes más que se relatan en la Biblia: Joab matando a Abner, el cadáver del rey Jorán arrojado de un carro por Bidcar, la muerte del general Urías a consecuencia de las órdenes del rey David —también está el arrepentimiento—, la destrucción de la tribu de Ajab… y otras representaciones como la destrucción de la imagen del dios Baal —advertencia contra la idolatría—, el sacrificio frustrado por Dios mismo del hijo de Abraham o Elías en el carro de fuego.

Muy llamativos y evocadores en el contexto del cónclave son también otros personajes que forman parte del muro norte y del muro sur de la Sixtina como son los profetas y las sibilas flanqueados por unos personajes desnudos —los ignudi—, que son una especie de ángeles aunque no sean representaciones aladas. También aparecen otros personajes como los «putti» —literalmente «niños» que suelen aparecer alados y son una especie de cupidos, también llamados amoritos—, algunas ancianas y otros personajes que completan la decoración sobre las ventanas. Los profetas, en la tradición judía, son los encargados de transmitir los oráculos de parte de Dios a la sociedad en la que viven que, en el caso de la Biblia, coincide siempre con los momentos más duros y de vacío existencial del pueblo de Israel. Más que adivinos son portadores de la voluntad de Dios para el mundo como hacen los personajes representados que son profetas de distintas épocas y con insistencias diferentes en función de la situación del pueblo: Joel, Isaías, Ezequiel, Daniel, Zacarías, Jeremías y Jonás. Frente a estos, están las sibilas, las profetisas de las mitologías griega y romana encargadas de transmitir las visiones del dios Apolo. La más importante para los latinos era la de la ciudad Cumas, en Jonia. Esta aparece pintada en la Sixtina junto a la de Delfos —el templo de referencia en adivinación para los griegos con su lema «Conócete a ti mismo»—, la Eritrea, la Pérsica y la Líbica. Esta mezcla de personajes bíblicos y paganos no es extraña en el Renacimiento, pero ofrece al espacio del cónclave una analogía sobre las tensiones, humanas y divinas, en las que el elector se debate interiormente para cumplir la función que está realizando en la elección de un nuevo pontífice, de tener en sus manos el compromiso de elegir al mejor pastor para la

Iglesia del momento mirando la realidad que vive el mundo sin perder el horizonte de la eternidad.

Quizá por lo complejo de esta tarea, Miguel Ángel plasma sobre el altar, en la pared principal, el *Juicio Final.* Buonarroti inicialmente solo fue contratado para las pinturas de la bóveda; es el papa Clemente VII, uno de los Medici, quien, en 1533 le encarga esta tarea, le asigna la temática y aprueba el boceto —implicaba eliminar parte de la decoración previa y tapiar dos ventanas— antes de su fallecimiento en 1534. Miguel Ángel tendrá que concluir algunos encargos en Florencia y Roma antes de ponerse con ello, algo que sucedió en 1536 tras el apoyo expreso del nuevo papa, Pablo III, un Farnesio que ya había intentado antes, en dos ocasiones, ser pontífice. El pintor empieza a pintar con casi 60 años y agobiado por los encargos pendientes que tiene, una situación vital que queda plasmada en los rasgos de algunos de los personajes de este *Juicio Final.* Lo hizo con la ayuda del veneciano Sebastiano del Piombo —que acabaría yéndose por diferencias creativas con un maestro que consideraba inaguantable— y sin renunciar a hacerlo directamente sobre la pared a pesar de la incomodidad que suponía para un anciano. Para Miguel Ángel pintar eso sobre óleo sería «cosa de mujeres» o de «personas acomodadas y holgazanas».

Sobre un fondo azul, que volvió a ver la luz en 1994 tras la imponente última restauración global, aparecen unas doscientas personas en diferentes grupos según son salvadas o condenadas por Jesucristo siento en el centro de la parte superior del espacio. Con una distribución que parece estar inspirada en el relato de la *Divina Comedia* de Dante, Miguel Ángel crea una original sensación de movimiento y fluidez, ya que algunas de las almas parecen desplazarse de un lugar a otro difuminando incluso los límites entre los elegidos y los rechazados por el Cristo Juez sentado en un trono de nubes que levanta su brazo derecho. De arriba hacia abajo nos encontramos con unos grupos de ángeles (sin alas) que llevan los elementos de la Pasión de Cristo —es decir, la cruz, la corona de espinas y la columna de la flagelación... algo típico que vemos por ejemplo en las esculturas del puente frente al Castel de Sant'Angelo, que está conectado con el Vaticano por el «Passetto de Borgo», un pasillo sobre muro de apenas 800 metros que servía como salida de emergencia para los papas—. Debajo, junto al Cristo y la Virgen María se expande una corte celestial formada por los santos, beatos y los mártires. Entre estos se reconoce a Juan el Bautista con una piel de león, al diácono oscense san Lorenzo con la parrilla en la que fue martirizado, o a san Bartolomé, que murió despellejado. De la piel que lleva este san Bartolomé en el brazo como si fuera un abrigo dice la tradición que está el rostro del propio Miguel Ángel. Se reconoce también a Pedro con las llaves, a santa Catalina con la rueda...

Debajo unos ángeles con trompetas van despertando a los muertos, mientras unos arcángeles sostienen un libro con los nombres de los salvados y otro, muchísimo más voluminoso, con que serán reprobados. Así, a la izquierda los elegidos van subiendo al cielo y a la derecha los condenados bajan al infierno. Allí está representada la mitológica figura del barquero Caronte o Minos, el juez infernal que les impondrá el castigo eterno y que, cuentan, tiene la cara de un maestro de ceremonias pontificio que criticó la obra de Miguel Ángel. El fresco fue presentado al papa, ya terminado, el 31 de octubre de 1541. La cantidad de figuras desnudas provocó un sinfín de comentarios y, para las primeras generaciones de protestantes, eran una muestra más de la inmoralidad de la Iglesia, cuando para Miguel Ángel era un intento por retratar más el alma que propiamente el cuerpo a la hora de plasmar la redención. Otros vieron la obra como inmortal y, en cualquier caso, la polémica disparó aún más la fama del autor, que fallecería en 1564, pocas semanas después de que el concilio de Trento ordenó cubrir las «partes obscenas» de los frescos de la Sixtina, tarea que desarrolló Daniele Volterra, que desde entonces sería conocido como el «Braghettone», el «pintor de calzoncillos».

Para la conservación, hoy en día, incluso en tiempo de cónclave la temperatura es de 20 grados en verano, pudiendo llegar a 25 en invierno. Hay que mantener la bóveda con una humedad relativa en torno al 55 %. Además hay 92 sensores —para evitar fallos están colocados por parejas— y 96 kilómetros de cables que toman mediciones continuas, así como un filtro de aire que elimina partículas de hasta 0,1 micras. Juan Pablo II, al completar la restauración en 1994, definió este espacio como «un bien cultural de valor incalculable, un bien que reviste carácter universal». Entonces recordó que «la Capilla Sixtina es un lugar que, para todo papa, encierra el recuerdo de un día particular de su vida. Para mí se trata del 16 de octubre de 1978. Precisamente aquí, en este lugar sagrado, se reúnen los cardenales, esperando la manifestación de la voluntad de Cristo con respecto a la persona del sucesor de san Pedro», algo que hace que este espacio se convierta «ante toda la comunidad católica, en el lugar de la acción del Espíritu Santo que constituye en la Iglesia a los obispos, y constituye de modo particular al que debe ser obispo de Roma y sucesor de Pedro».

LOS PASILLOS DE LA CASA SANTA MARTA

Los cardenales de 1978 vivieron en poco espacio de tiempo dos cónclaves. A la muerte de Pablo VI el 6 de agosto en la villa papal de Castel Gandolfo se convocó el preceptivo cónclave para el 25 de agosto. Solo hicieron falta cuatro votaciones para que los 111 cardenales presentes —hubo tres muy enfermos que no pudieron viajar hasta Roma—, al día siguiente, eligieran como nuevo papa a Albino Luciani, el patriarca de Venecia que adoptaría el nombre de Juan Pablo I, siendo el primer pontífice con nombre compuesto. El nombre trataba de ser un homenaje a los dos papas que llevaron adelante el concilio Vaticano II, Juan XXIII, que lo convocó, y el difunto Pablo VI, que vivió todo el desarrollo de las reformas pedidas por esta asamblea de obispos de todo el mundo. La celebración de un cónclave en el mes de agosto, con ese número de cardenales en el Palacio Apostólico y con las ventanas selladas para impedir las comunicaciones e injerencias exteriores, quedó, sin duda, en la mente de los electores como una de sus experiencias más negativas. Esto no era un problema nuevo, en 1623, los albañiles se pasaron tanto tapiando las ventanas que la ausencia de ventilación provocó que a los pocos días del encierro ya hubiera doce cardenales con unas fiebres tremendas, incluyendo el que sería elegido como el papa Urbano VIII. En otra ocasión el drama fue más allá, ya que en el encierro de 1691 hubo un incendio dentro del cónclave.

En el verano el calor y la humedad de Roma propician la huida de todo aquel que puede a climas más suaves, por eso Pablo VI se encontraba a orillas del lago Albano, a 18 kilómetros al sudeste de Roma, donde los papas cuentan con un palacio con más de cincuenta y cinco hectáreas con granjas, jardines y uno de los telescopios del Observatorio Astronómico del Vaticano. Pablo VI se había trasladado allí el 14 de julio de ese año sin mayores complicaciones, y nada permitía presagiar lo que iba a ocurrir. Cuenta el historiador Giovanni Maria Vian, amigo de la familia Montini y exdirector del diario vaticano *L'Osservatore Romano*, que «durante la tarde del martes 1 de agosto, Montini quiere visitar en los alrededores, en Frattocchie, la tumba del cardenal Giuseppe Pizzardo, fallecido en 1970. Este, que había favorecido en 1921 su entrada al servicio de la Santa Sede, al comienzo de los años 50 fue uno de los eclesiásticos que más se había opuesto a él. La mañana, en cambio, el pontífice la dedicó a preparar y escribir de su propia mano, como de costumbre, el discurso para la audiencia general. Al regresar de Frattocchie, el Papa tenía fiebre alta y es atendido por su médico, Mario Fontana, quien le receta un tratamiento». Luego, en Castel Gandolfo tuvo la audiencia general con todos los peregrinos que acudieron a ver al papa, se reunió con el nuevo presidente italiano Sandro Pertini sin que hubiera dejado de tener fiebre durante días. «Al amanecer del sábado 5, tiene una crisis respiratoria, pero solo se comunica que Pablo VI, debido a la recurrencia de la artrosis que ha estado sufriendo durante algún tiempo, no presidiría el ángelus». Después, sigue relatando Vian, «el sábado por la noche, Montini no tiene la fuerza para trabajar hasta tarde, como solía hacerlo, y le pide al secretario, Pasquale Macchi, que lea el capítulo sobre Jesús del *Mon petit catéchisme* de Jean Guitton, su amigo filósofo que veinte años antes publicó *Diálogos con Pablo VI*. Después de la lectura, el Papa está febril y susurra: "Ahora viene la noche". Las horas nocturnas fueron tortuosas y, al igual que las del domingo 6, la Fiesta de la Transfiguración, se pasaron con preocupación. A última hora de la tarde, hacia el final de la misa celebrada por el secretario, se produjo un edema pulmonar agudo de forma violenta y comienza la breve agonía. Tres horas más tarde, a las 21:40, mientras se disponía a murmurar en latín las primeras palabras del Padrenuestro, Pablo VI se apaga».

Allí falleció en la misma cama en la que murió Pío XII y en la que, entre enero y junio de 1944, durante la II Guerra Mundial, nacieron unos 50 niños, ya que el palacio se transformó en hospital y fueron acogidas unas 10.000 personas donde, se cuenta en la localidad aún hoy, «no les faltó la comida del Papa». Muchos de esos niños se llamarían Eugenio o Pío, en honor del entonces papa Pío XII, Eugenio Pacelli. Y es que esta residencia papal del primer tercio del siglo XVI fue diseñada por Carlo Maderno, el mismo que creó la fachada de la basílica de San Pedro del Vaticano. En ese siglo el papa Alejandro VII fue el primer en veranear en la villa, costumbre que han mantenido quince papas hasta la transformación total en museo, casi al comienzo del pontificado de Francisco.

Los italianos han mantenido el nombre de una antigua fiesta pagana, el «ferragosto» —del latín *Feriae Augusti,* literalmente vacaciones de Augusto—, para describir esta huida de la ciudad debido al calor en torno al 15 de agosto. Mientras muchos se disponían a iniciar sus días de asueto lejos del bochorno de la Ciudad Eterna, en 1978, cardenales de todo el mundo emprendieron viaje para elegir al nuevo papa. Aquel 26 de agosto comienza el papado de Juan

Pablo I, pero su presencia en la cátedra de San Pedro concluye de forma inesperada 33 días después con un infarto que deja la alargada sombra de la conspiración. Estos recelos vienen en parte del cónclave, en el que un clásico de las candidaturas papales de la época, el cardenal Giuseppe Siri, arzobispo de Génova, proponía cierto freno a las reformas conciliares y una mayor recuperación de la tradición.

El fallecimiento de Juan Pablo I el 28 de septiembre supuso la convocatoria de un nuevo cónclave que comenzaría el 14 de octubre y que se prolongará durante dos días, ya que al octavo escrutinio los cardenales optaron por una vía intermedia para deshacer un desempate con el arzobispo de Cracovia, el cardenal polaco Karol Jozef Wojtyła, que adoptaría el nombre de Juan Pablo II. Las elecciones se prolongaron más que en agosto porque uno de los colaboradores de Juan Pablo I, el arzobispo de Florencia Giovanni Benelli no tuvo el apoyo de su mentor y encontró la acostumbrada y persistente oposición de Siri. Por ello, para romper estos dos bloques, los purpurados exploraron otras vías lejos del choque entre dos figuras italianas —el arzobispo de Milán, Giovanni Colombo se retiró por su cuenta de la carrera de la sucesión— a propuesta del arzobispo de Viena, el cardenal Franz König. Esta elección de un nuevo papa completa el año de los dos cónclaves, el año de los tres papas. La *fumata bianca* se produjo a las 18:18 h y muchos en la plaza no entendieron el apellido de un polaco que, en principio, no estaba en las quinielas más populares. Poco después sale al balcón y deja una imagen arrolladora al improvisar en italiano un discurso y no limitarse a la simple bendición apostólica en latín. «¡Alabado sea Jesucristo! Queridos hermanos y hermanas, todavía estamos tristes por la muerte del amado papa Juan Pablo I. Y aquí, los eminentísimos cardenales han nombrado a un nuevo obispo de Roma. Lo llamaron desde un país lejano; muy lejos, pero siempre tan cerca de la comunión en la fe y en la tradición cristiana. Tenía miedo de recibir este nombramiento, pero lo hago con un espíritu de obediencia a nuestro Señor y en total confianza con su madre, la Santísima Virgen. Además, no sé si podría explicarme bien en su idioma italiano; si me equivoco, si me equivoco, ¡corregidme! Así me presento a todos vosotros para confesar nuestra fe común, nuestra esperanza, nuestra confianza en la Madre de Cristo y en la Iglesia, y también para comenzar de nuevo en este camino, ese camino de la historia y de la Iglesia, para comenzar con la ayuda de Dios y con la ayuda de los hombres», alcanzaría a decir entre aplausos.

Este cónclave de octubre duró tres días y dejó claro que las instalaciones provisionales que se montaban en el Palacio Apostólico no eran lo más adecuado para un grupo de personas, muchas de ellas ancianas, con una misión tan sublime realizada en condiciones precarias. El vivir de forma tan seguida dos cónclaves hizo que Juan Pablo II afrontase un cambio necesario. La elección de un papa con 58 años hacía posible replantear y modernizar todo lo relacionado con el cónclave. Por ello, en 1996 se comenzó a construir un edificio específico para alojar a los cardenales durante el cónclave con las comodidades propias de un hotel o, más bien, una comunidad religiosa. Para ello se demolió un edificio que León XIII había mandado construir para atender a los enfermos de la epidemia de cólera que asoló Roma en 1881. Este mismo edificio se utilizó también para acoger durante la II Guerra Mundial a prófugos judíos y representantes diplomáticos que rompieron relaciones diplomáticas con Italia durante el nazismo.

Este nuevo edificio recibe el nombre oficial, en latín, de *Domus Sanctae Marthae* que en español se ha traducido indistintamente como «Casa de Santa Marta» o «Residencia de Santa Marta». Construido en 1996 ya se piensa especialmente en la finalidad del cónclave y en el hecho de que deben cortarse las comunicaciones durante ese periodo. El nombre viene por la vecina residencia de «Santa Marta Vecchia» —del italiano «antigua»—, el edificio que separa la nueva construcción del aula Pablo VI, lugar de las grandes audiencias que se celebran a cubierto. Esta nueva Casa se encuentra también en la Plaza de Santa Marta, tiene acceso directo en línea recta a la sacristía de la Basílica de San Pedro y salida a la ciudad a través de la conocida como puerta del «Perugino».

Interior de una de las habitaciones de los cardenales electores en la Casa Santa Marta del Vaticano. Foto propia.

La residencia, que cuando no hay cónclaves es el hogar de algunos funcionarios vaticanos y varios nuncios jubilados, tiene cuatro plantas organizadas en dos bloques alargados —denominados internamente edificio A (el que da hacia la basílica) y B (en la parte de la muralla)— unidos por dos pasillos laterales que forman un espacio diáfano en el centro —como el peristilo típico de las casas del Imperio romano, aunque sin estanque en el medio— con 129 habitaciones. De estas, 106 son un poco más grandes y cuentan con una zona amplia de despacho con varias estanterías, una parte de dormitorio con un armario empotrado y una cómoda y un baño relativamente amplio. Todas las habitaciones cuentan con un teléfono con el directorio de la Casa, una televisión —electrodomésticos que desaparecen durante el cónclave— y un pequeño frigorífico. También hay 22 habitaciones dobles y un apartamento en la segunda planta ideado para algunos visitantes ilustres. Es aquí donde el papa Francisco fijó sus aposentos. Para la ocupación de las habitaciones por parte de los cardenales, el camarlengo realiza un sorteo.

También hay algunos espacios comunes, en el sótano hay unas máquinas de *vending* y algunas salas para uso de los huéspedes. También en la planta baja hay dos espacios de reunión que se han popularizado porque Francisco realizaba en una de ellas algunas de sus audiencias y la otra, con sus manteles verdes, porque es el lugar de reunión del llamado Consejo de Cardenales que asesoran al papa en la reforma de la Curia. Otros dos espacios importantes de esta planta son el amplio comedor, en el que hay dispuestas algunas mesas redondas y otras cuadradas, y la capilla que se ha construido aprovechando el espacio triangular que quedaba entre el nuevo edificio y la muralla leonina. Aunque se han aprovechado algunos muebles que pueden parecer algo más nobles, la decoración de la casa es eminentemente funcional, algo que se observa sobre todo en lugares como el comedor y la propia capilla. La administración de la Casa fue confiada por Juan Pablo II a las Hijas de la Caridad, la numerosa institución religiosa fundada por san Vicente de Paúl y extendida por medio mundo. Ahora bien, frente a lo que pueda ser creencia popular, las monjas no están sirviendo la mesa o limpiando las habitación de los huéspedes, ni mucho menos son una legión. Es habitual ver a las religiosas en la misa de la mañana y atendiendo la sacristía, pero para otras funciones como el servicio de las mesas o la recepción hay personal laico que realiza este digno trabajo.

Juan Pablo II consolidó este espacio como uno de los propios del cónclave en la Constitución Apostólica *Universi Dominici Gregis* donde se precisa que «en el momento establecido para el comienzo del proceso de la elección del Sumo Pontífice, todos los Cardenales electores deberán haber recibido y tomado una conveniente acomodación en la llamada *Domus Sanctae Marthae*, construida recientemente en la Ciudad del Vaticano», ya que el documento es de 1996 justo el año de la inauguración de la residencia. También se precisa en el texto que toda la residencia junto a otros espacios, como la Capilla Sixtina, «deben estar cerrados a las personas no autorizadas» y las autoridades de la sede vacante, se insiste, deberán cuidar «que nadie se acerque a los Cardenales electores durante el traslado desde la *Domus Sanctae Marthae* al Palacio Apostólico Vaticano». Y es que la contraindicación más evidente de la nueva residencia es que no está precisamente al lado de la Sixtina, lugar de las votaciones. Si en el pasado los cardenales recorrían 60 metros para ir a votar ahora tienen que recorrer poco más de un kilómetro. Y es que, como se sabe, uno no llega a cardenal por su capacidad atlética, aunque hay excepciones como en cónclave de 2005, el primero con esta distancia de separación, contaba con varios purpurados con pasado deportivo, ya que el cardenal Juan Cipriani, arzobispo de Lima, fue jugador de baloncesto convocado por la selección de su país. Por su parte, el cardenal salesiano Óscar Rodríguez Maradiaga, arzobispo de Tegucigalpa (Honduras), además de piloto de helicópteros practicaba marcha. Francisco Javier Errazúriz, arzobispo de Santiago de Chile, compitió en atletismo en los 100 y 400 metros lisos; o el arzobispo de Westminster (Londres), Cormac Murphy O'Connor, fue profesional del rugby.

En cualquier caso, los cardenales hacen este desplazamiento en autobús o andando saliendo desde la Plaza de Santa Marta y rodeando la basílica por la parte trasera y pasando frente al palacio de la Gobernación por la calle de la Fondamenta hasta llegar a la zona de los jardines a los que da la parte trasera de la Capilla Sixtina. El paseo es agradable y por ello, especialmente en el turno de la tarde, algunos cardenales prefieren hacer este recorrido a pie para desentumecer sus articulaciones o para compartir confidencias.

Estos movimientos condicionan también el horario de los cónclaves. En el de 2013, los cardenales desayunaban a las seis y media de la mañana para comenzar a coger quince minutos después los autobuses hacia el Palacio Apostólico; luego la jornada comenzada con la misa en la Capilla Paulina a las ocho y cuarto, para tener a partir de las nueve y media la primera ronda de votaciones en la Sixtina. Tras dos votaciones y la posterior fumata, los cardenales regresaban a Santa Marta a las doce y media para comer a la una. Por la tarde el traslado comenzaba a las cuatro para comenzar el segundo turno de votaciones antes de las cinco. Tras la fumata, estaba previsto realizar la oración de vísperas en la propia Capilla Sixtina a las siete y cuarto, antes de volver a Santa Marta para cenar a las ocho.

Son los traslados en autobús, las comidas y los pasillos —y, por añadidura, los espacios comunes o incluso las propias habitaciones— de la *Domus Sanctae Marthae* un espacio fundamental para el discernimiento del cónclave. Más allá del momento clave de las votaciones, los cardenales —especialmente los que menos tiempo pasan por los mentideros vaticanos— tienen pocas oportunidades para el conocimiento mutuo, por ello los momentos de convivencia son los espacios privilegiados para las primeras impresiones, para desarticular bulos o para confirmar lo que previamente era *vox populi*. Es cierto que físicamente los pasillos de Santa Marta dejan poco espacio para la confidencia, ya que todos están organizados en torno a ese patio central al que convergen los cruces de todas las plantas y, si bien no se oye tanto como parece, puede que sea difícil pasar desapercibidos. Esto no es ni bueno ni malo, es simplemente una realidad. Pero es que la responsabilidad de la elección de un nuevo pontífice requiere también un ejercicio de pasillo, sobre todo cuando se van desmontando o desarticulando las propuestas aupadas por la prensa o precocinadas por los distintos grupos de interés.

Sobre el deber de los cardenales de informarse de los colegas que componen el Colegio Cardenalicio escribía en febrero de 2025 la historiadora italiana Lucetta Scaraffia —buena conocedora de los pasillos vaticanos— que «está claro que los participantes deben estar al día y debatir para tomar una decisión informada. La habitual desconsideración hacia los cardenales y la mala costumbre de llamarlos "cuervos", para convertir la conducta responsable en una muestra de ambiciones fuera de lugar, son desagradables e hipócritas. A menos que pretendamos creer que la elección del papa será dictada por el Espíritu Santo, incluso después de que Ratzinger dijera en 1997 que el Espíritu, en el mejor de los casos, previene errores graves».

EL CÓNCLAVE DESDE LA FLORERÍA

En cuanto comienza el periodo de sede vacante, ya sea por la muerte como por la renuncia del papa, no solo entra en acción el camarlengo, sino que un grupo de unas cuarenta personas se encarga de desempolvar todo lo necesario para los ritos de la reunión más misteriosa del mundo. Son los trabajadores de la llamada Florería de la Ciudad del Vaticano, los encargados de transformar la Capilla Sixtina en la capilla en la que se elegirá al futuro papa, para lo que tienen que cesar las visitas de los peregrinos y turistas que han sacado su entrada para los Museos Vaticanos.

El nombre de «Florería» viene, como sugiere su nombre, de los anteriores encargados de las flores para las celebraciones papales. Ya en el siglo XVI hay registros que se refieren a un almacén de la Florería en el que se depositaban tapices, gobelinos y telas decorativas. Este departamento es el que se encarga de preparar, con la máxima discreción y eficacia, todo lo necesario para las grandes ceremonias vaticanas, tanto en la basílica, en la Plaza de San Pedro o en el Aula Pablo VI, donde el papa tiene sus catequesis cada semana. También se encargan de amueblar el Palacio Apostólico y algunos de los edificios del Vaticano, por eso por sus talleres pasan diferentes muebles antiguos que necesitan algún tipo de tapizado o de restauración.

Este servicio nació vinculado al papa, y a lo largo de la historia ha dependido de la Secretaría de Estado y de la

Prefectura de la Casa Pontificia. Durante mucho el «florero mayor», con un visible uniforme, procesionaba y tenía su lugar específico cada vez que se reunía la corte papal. Ya después del Vaticano II pasó a ser uno de los servicios que coordina la Gobernación de la Ciudad del Vaticano —lo que tradicionalmente se ha identificado como la «alcaldía» de esta pequeña ciudad-Estado—, situada en el organigrama de la Dirección de Infraestructuras y Servicios, junto con el servicio de Jardines y Medio Ambiente y el sector de Infraestructuras. Esta recolocación no quita que se mantengan tradiciones de épocas anteriores, como la misa que hay para su trabajadores el primer viernes de cada mes en el barracón que acoge el taller mecánico. En una audiencia, el papa Francisco, el 17 de enero de 2014, cuando llevaba menos de un año como pontífice, destacó el «cuidado, profesionalidad y disponibilidad» con el que los trabajadores de la Florería hacen su labor, ya que «organizar los ambientes para los distintos encuentros del Papa con los peregrinos y las diversas actividades de la Santa Sede» es un trabajo «indispensable».

Al igual que en sus almacenes se guardan las treinta mil sillas que se colocan cuando hay celebraciones en el exterior de la Plaza, también custodian 115 sillas de cerezo, que son marcadas con el nombre y apellido de cada Cardenal elector, y las doce mesas de madera en bruto que se cubren con una tela beige y satén burdeos que se dispondrán en la Capilla Sixtina para el cónclave. También se coloca una mesa de madera delante del altar donde se sitúan las tres urnas para la elección, que son de color plateado y tienen un diseño vanguardista. Fueron diseñadas durante el pontificado de Juan Pablo II y sustituyeron lo que se había empleado antiguamente: la urna clásica de madera en bruto o un copón con una patena. Una tiene abertura redonda y es cubierta con una bandeja en la que se deposita la papeleta que el propio cardenal introduce vaciando dicha bandeja. Otra es la urna en la que se depositan las papeletas contabilizadas para su posterior destrucción, y la tercera —que cuenta con una ranura y una cerradura, es la destinada a los cardenales enfermos que no votan en la propia Capilla Sixtina, donde se conservará la llave—. También disponen en el centro del espacio un facistol con el Evangelio sobre el cual los cardenales prestan su juramento al inicio del cónclave.

Pero la transformación más fuerte es la colocación de una estructura plana de madera cubierta con una tela beige que eleva toda la parte central de la capilla de 50 a 60 centímetros de alto respecto al suelo original. De esta manera todo el espacio en el que se sitúan las mesas de los purpurados se coloca a la altura del altar, evitando que estos tengan que subir o bajar escaleras. Desaparecidas todas las barreras arquitectónicas, los cardenales caminan sobre este estrado con mayor fluidez, especialmente quienes tienen mayores problemas de movilidad. Además, desde la Florería también dotan al cónclave de una bolsa de terciopelo para retirar las papeletas y las tarjetas con los nombres de los cardenales que indican su puesto. También se le proporciona a cada purpurado una pluma —aunque en el cónclave se sustituyeron las estilográficas por un bolígrafo azul, de la marca Pilot modelo G7—, una carpeta roja para apoyarse al escribir y una papeleta por escrutinio.

Los trabajadores de la Florería se encargan también de detalles tan importantes como la estufa en la que se quemarán las papeletas de los cardenales o de cortar todas las líneas telefónicas durante el tiempo que dure la elección del nuevo pontífice. Hasta no hace tanto —justo después del cónclave que eligió a Juan Pablo II en octubre de 1978— se encargan también de montar de forma provisional unas 500 habitaciones que debían preparar para el alojamiento de los cardenales y su séquito, que se montaban por todos los rincones del Palacio Apostólico y sus aledaños —con sus 500 orinales y sus 500 palanganas incluidos, ya que los cardenales también tienen sus necesidades fisiológicas—. A todo esto se sumaba el hecho de que, para favorecer el aislamiento, se sellaban también todas las ventanas para evitar filtraciones o la llegada de palomas mensajeras.

Como un cónclave se puede presentar en cualquier momento, en la Florería se repasa cada poco su plan de organización para esta reunión. Para ello, de vez en cuando se revisan los cartuchos para el humo blanco y el humo negro, o las tarimas de madera con las que se salvan todas las escaleras de la capilla para que los cardenales con algún problema de movilidad puedan desarrollar su labor con más autonomía. Luego, una vez que se produce el cierre de los Museos Vaticanos, los trabajadores son los encargados de dejar la capilla como una «fotocopia» de los anteriores veinticinco cónclaves que se han celebrado bajo los frescos de Miguel Ángel, para lo que cuentan con una exhaustiva documentación gráfica. El responsable de este organismo y de toda la logística en el cónclave de 2013 fue el ingeniero italiano Paolo Sagretti. En una entrevista en *L'Osservatore Romano* —el periódico vespertino oficial que publica el Vaticano y distribuye en sus quioscos— en 2009 explicaba la existencia de «tres talleres de restauración: uno de tapicería y costura, donde se preparan y reparan salones, sillas, sillones, tapicerías cosidas y los grandes palcos de ceremonias. Un taller de ebanistería y restauración de muebles y un taller de dorado» y hay un tercer «departamento de los montadores, es decir, el personal encargado de trasladar todos los objetos», algo muy importante porque a veces hay que mover todas las sillas de la plaza.

Todo este material está disperso por una serie de almacenes dentro del Vaticano como en la antigua ceca en la que se acuñaban las monedas, en el pasaje del Grottone junto al patio del Belvedere, cerca del solemne patio de San Dámaso en el Palacio Apostólico —por el que entran los jefes de Estado que van a ver al papa— o junto al patio del Pappagallo. Y es que al encargarse también de los mobiliarios de los prelados de todo el mundo que viven en el entorno del Vaticano tienen que adaptarse a las situaciones de cada uno. En la entrevista, el responsable de la Florería comentaba que «los muebles se prestan gratuitamente», pero que «todas las formas de restauración de la parte de madera o retapizado necesarias se cobran». En un mundo en el que se valora tanto seguir la tradición, los operarios son encargados de mantener la distribución de los espacios como siempre se ha hecho. Para ello, explica el responsable, «el progreso, gracias a la introducción de la informática, que en los últimos años ha desarrollado enormemente la fotografía digital y la enorme capacidad de almacenamiento de los modernos sistemas de *hardware*, nos ha dado la gran posibilidad de presentar exposiciones de muebles en papel o, mejor dicho, en vídeo. Todo esto ha aligerado mucho el trabajo del departamento de montaje». Por eso, de un cónclave a otro las variaciones son apenas mínimas. En concreto, en el cónclave, explica, los trabajadores de la Florería son «responsables de parte de la preparación y del mobiliario completo de la Capilla Sixtina, de la Sala de Bendiciones y de la capilla Paulina». «No hay que olvidar que, paralelamente a la preparación de un cónclave, la Florería se implica seriamente en todo lo relacionado con la muerte del papa, desde la preparación y exposición del cuerpo primero en la Sala Clementina y luego en la Basílica de San Pedro, hasta la novena, el gran funeral en la plaza y el entierro en las Grutas Vaticanas, es un aspecto logístico que nos mantiene muy ocupados», advierte. De cara a futuros cónclaves si las sillas de cerezo se hacen escasas, el procedimiento sería la compra o la restauración de alguna otra antigua que esté por los almacenes, aunque a veces el material «está mal apilado, por falta de espacio, se deteriora y, llegado el caso, nos vemos obligados a restaurarlo de nuevo».

Un último detalle laboral. Como se puede apreciar, el cónclave acarrea mucho trabajo y una dedicación intensa en el periodo de sede vacante, por lo que los trabajadores vaticanos —son aproximadamente unos 4000 en total— recibían una prima especial por dichas labores. En el cónclave en el que se eligió a Benedicto XVI la cantidad de esta paga fue de 1500 euros; en cambio en el de 2013 esta prima fue anulada. En aquel momento el encargado de explicar este recorte de una prebenda tradicional fue el portavoz vaticano, el jesuita Federico Lombardi, quien señaló, después de que se filtrara la información por parte de los trabajadores vaticanos, que «las pagas extras son algo que podría ser normal en una situación de abundancia, pero éste no es el mundo en que nos encontramos ahora». Con este agradable clima laboral fue recibido Francisco por sus trabajadores.

EL MUNDO PENDIENTE DE UNA CHIMENEA

Junto a la profunda transformación que hace la Florería en la capilla, otros organismos vaticanos deben encargarse de desactivar las cámaras de videovigilancia que forman parte de los Museos Vaticanos. Precisamente a los visitantes en esos días se les advierte que el recorrido no incluye el acceso a los espacios del cónclave. Pero a todo esto hay que añadirle un elemento que se ha hecho imprescindible desde el cónclave de 1939 en el que salió elegido Pío XII. Y es que, aunque parezca una tradición ancestral, la estufa para quemar las papeletas en la Capilla Sixtina es algo relativamente reciente.

Los cónclaves han dejado su impronta en el imaginario colectivo gracias al sistema de comunicación de su evolución con quienes se encuentran fuera del encierro. Y es que el humo que salga por la chimenea indicará a los peregrinos reunidos en la plaza el resultado de las votaciones, para lo que incluso se han personalizado las expresiones italianas de *fumata nera* (literalmente «humareda negra») o *fumata bianca* («humareda blanca») creando los neologismos «fumata negra» para los casos en que los cardenales no han alcanzado la mayoría requerida o «fumata bianca» para cuando resulta elegido el nuevo Sumo Pontífice.

Actualmente la estufa que se emplea es de hierro fundido, de forma cilíndrica alargada, y mide en torno a un metro de altura. El aparato tiene unos 45 centímetros de diámetro medio y está dotado de una portezuela inferior para encender la llama. A estos hay que añadir 15 metros de chimenea, a la que, tras salir por una ventana de la capilla, se le añaden dos metros más para hacerla más visible desde la plaza. La estufa cuenta con una válvula manual de regulación del tiro y también una portezuela superior para introducir las papeletas y anotaciones de los cardenales que hay que quemar. Como es un elemento tan específico del cónclave, ya que las estancias vaticanas cuentan con el adecuado sistema de climatización, en la tapa superior de la estufa están grabadas, con punzón, las fechas de elección y los nombres de los últimos siete pontífices.

Fumata blanca por la chimenea de la Capilla Sixtina que anuncia la elección del papa Pablo VI el 21 de junio de 1963, después de seis votaciones.

Aunque el misterio más curioso es la técnica para la coloración del humo. Tradicionalmente, las fumatas negras son las ordinarias de quemar simplemente las papeletas y anotaciones de los prelados. Sin embargo, para obtener el humo blanco se añadía paja húmeda a los documentos, algo que se intentó mejorar en el cónclave de 2005, en el que se utilizó por primera vez un aparato auxiliar con sustancias fumígenas químicas especiales para incrementar la visibilidad de las fumatas, según explicaron desde la Florería. En el cónclave de 2013 los químicos añadieron a las papeletas clorato de potasio, lactosa y colofonia para la fumata blanca, y potasio, antraceno y azufre para la fumata negra. Esto se completó con un sistema electrónico que, en el periodo de siete minutos, activaba un dispositivo que desde la estufa auxiliar inyectaba hasta cinco cartuchos con dichas sustancias. Como esto no siempre sale como se esperaba, también para mejorar el tiro, la chimenea se calienta con anterioridad, mediante resistencias eléctricas, e incluso está dotada de un ventilador que se puede usar en caso de necesidad.

Por mucha innovación que haya, a veces el humo no se ve con claridad, y se ha añadido el repique de campanas de bronce de la basílica como complemento a la fumata blanca para que no haya dudas. A esto hay que añadir que la técnica está al servicio de unos cardenales que no tienen por qué ser habilidosos en esos menesteres.

COMIENZA EL CÓNCLAVE

Con todos los cardenales menores de 80 años llegados a Roma, pueden quedar fuera del cónclave aquellos electores que por enfermedad o similar les sea físicamente imposible participar, así como quienes hayan sido «depuestos canónicamente» o que hayan renunciado en su día a recibir el capelo cardenalicio. Un ejemplo de este último caso sucedió a finales de 2024, cuando el papa Francisco aceptó la petición del franciscano indonesio Paskalis Bruno Syukur, obispo de Bogor, de no ser creado cardenal. Para este prelado de la nación musulmana más poblada del mundo, según la explicación oficial del Vaticano, la renuncia estuvo «motivada por su deseo de crecer aún más en la vida sacerdotal, en el servicio a la Iglesia y al pueblo de Dios». Antes, en 2022, el salesiano belga Luc Van Looy, obispo emérito de Gante que contaba ya con los 80 años cumplidos, rechazó el capelo rojo como gesto a las víctimas, ya que había reconocido que «no siempre habría actuado con suficiente decisión contra los abusos». La Conferencia Episcopal de Bélgica explicó entonces que «para evitar que las víctimas de estos abusos se vean perjudicadas una vez más por su cardenalato, Van Looy pidió al papa que le eximiera de aceptar el nombramiento como cardenal».

En cambio, se considera elector a un cardenal que haya sido creado aunque no hubiera podido ir a recoger el anillo y la birreta al respectivo consistorio. Han sido varios los purpurados que han tenido alguna cuestión médica que les ha impedido acudir a Roma para esta celebración. Un caso diferente es cuando un cardenal ha sido anunciado pero finalmente no se celebra el consistorio en el que oficialmente se le proclama —por ejemplo porque hay una pandemia o muerte el papa—. Entonces, no se le considera cardenal y, por lo tanto, no entra en el cónclave.

Aunque haya casos de ausencias por motivos médicos —en 2015 pasó con un mexicano y un filipino o en 2013 con el de Yakarta, ya que el otro ausente, el escocés Keith Michael Patrick O'Brien, estaba acusado de comportamientos inapropiados con adultos, por lo que finalmente acabaría renunciando definitivamente al cardenalato—, la asistencia de los electores al cónclave no es solo un derecho sino un deber. Últimamente, algún cardenal ha sido expulsado del Colegio Cardenalicio, como es el caso del estadounidense Theodore Edgar McCarrick —ya fallecido y mayor de 80 años cuando se le retiraron sus derechos y deberes como purpurado—.

Una vez que el periodo de sede vacante comienza, los cardenales tienen quince días completos antes de que empiece el cónclave y tienen que acudir a Roma lo antes posible. El encierro comienza entre el día 15 y el 20 tras la muerte o renuncia, en el caso del cónclave de 2013 empezó doce días después del inicio de la sede vacante. Si alguno llega más tarde, puede incorporarse incluso con el cónclave empezado siempre que no se haya elegido aún al papa, algo que ha ocurrido varias veces en el siglo pasado. Ahora bien, si uno sale no puede volver a entrar, solamente en casos muy excepcionales por motivos de salud y con un procedimiento determinado establecido, casi de forma inquietante —pero las leyes a veces son así—, por Juan Pablo II para ver si esta dolencia es real o fingida: «si, acaso, algún cardenal que tiene derecho al voto se negase a entrar en la Ciudad del Vaticano para llevar a cabo los trabajos de la elección o, a continuación, después que la misma haya comenzado, se negase a permanecer para cumplir su cometido sin una razón manifiesta de enfermedad reconocida bajo juramento por los médicos y comprobada por la mayor parte de los electores, los otros procederán libremente a los procesos de la elección, sin esperarle ni readmitirlo nuevamente. Por el contrario, si un Cardenal elector debiera salir de la Ciudad del Vaticano por sobrevenirle una enfermedad, se puede proceder a la elección sin pedir su voto; pero si quisiera volver a la citada sede de la elección, después de la curación o incluso antes, debe ser readmitido». Esta readmisión también sería válida para otras salidas de un cardenal por un «motivo grave» reconocido por la mayoría de la asamblea.

Las normas establecen que en la mañana del día de inicio del cónclave se celebre una misa de todos los cardenales. En esta eucaristía que se celebra en la basílica de San Pedro se realizan unas oración propias, la del formulario *Pro eligendo Pontifice* («Para la elección del papa»). Esta celebración, en la que los cardenales entran ya en procesión desde la residencia Santa Marta, la preside el cardenal decano con ornamentos rojos, como en el caso del funeral. Un momento importante es la homilía, en la que el decano suele recoger muchos de los aspectos tratados en los días previos sobre la situación de la Iglesia y el perfil del futuro papa. Es un acto público y abierto, se transmite por los medios de comunicación y los fieles pueden entrar en la basílica; también suele participar el cuerpo diplomático, los embajadores de los distintos países ante la Santa Sede. Para los cardenales supone ya el inicio definitivo del encierro, ya que tras esta celebración ya no pueden ponerse en contacto con personas externas hasta que hayan cumplido su misión de elegir un obispo para la diócesis de Roma. Las operaciones propias están destinadas a pedir por los cardenales y esta delicada tarea de elegir un papa que destaque por su santidad. Por ello se ruega a Dios que conceda a la Iglesia un papa «que te sea siempre agradable con su santidad de vida y se consagre enteramente al servicio de tu pueblo». El Evangelio de san Juan (cf. 14,15-21), un momento en el que Jesús pide el don del Espíritu «que esté siempre con vosotros, el Espíritu de la verdad. El mundo no puede recibirlo, porque no lo ve ni lo conoce; vosotros, en cambio, lo conocéis, porque mora con vosotros y está en vosotros. No os dejaré huérfanos, volveré a vosotros».

En el último cónclave esta misa fue a las diez de la mañana, para estar comiendo a las una y media y comenzar los ritos iniciales del cónclave en el Palacio Apostólico a las 16:30 h. Estos se inician a pocos pasos de la Capilla Sixtina, en la capilla Paulina —por el papa Paulo III que la mandó construir—, conectada con la primera por un imponente salón, la llamada Sala Regia. En ella destacan dos frescos de Miguel Ángel dedicados a los dos grandes apóstoles de Roma: *La conversión de san Pablo* y una inquietante *Crucifixión de San Pedro* que puede servir de mensaje para el futuro papa que se encuentra en ese momento ante su angustiosa (o quizá confiada) mirada. A esta capilla volverán a diario los electores mientras dure el cónclave para tener la misa diaria.

Para asistir al cónclave los cardenales usan como *outfit* la sotana roja —en las reuniones previas van con la negra— con el roquete blanco —la túnica corta blanca que se lleva por encima—, con las que suelen participar en las celebraciones y oraciones en la basílica, ya que las votaciones se desarrollan en un espacio sagrado como es una capilla y con un ritual con muchos componentes litúrgicos.

Una vez concentrados todos los cardenales en el punto de salida, tras unas palabras del decano —o el elector más antiguo del orden de los obispos—, este realiza una oración e invita a los purpurados a ir en procesión hasta la Sixtina. Abren el cortejo la cruz con dos ciriales y el libro de los Evangelios que se situará en el centro de la capilla. También participan los cantores de la Capilla Musical Sixtina, los ceremonieros, el secretario del Colegio Cardenalicio y el eclesiástico al que se le haya designado para dirigir la primera meditación. Ya luego siguen los cardenales diáconos en el orden inverso al que fueron creados; los cardenales presbíteros de la misma forma; y los cardenales obispos en el orden inverso al que fueron creados con el decano (o quien haga sus veces) acompañado del decano de los ceremonieros y el maestro de las Celebraciones Litúrgicas del Romano Pontífice. Mientras se dirigen a sus respectivos sitios se van cantando las Letanías de los santos, ya que en un momento de tal responsabilidad toda ayuda es poca, por eso se repasan nombres de antiguos papas, mártires, confesores, fundadores y fundadoras, vírgenes y tantos hombres y mujeres que han dejado su impronta de vivir el Evangelio a lo largo de la historia del cristianismo.

Una vez que los cardenales llegan a la Capilla Sixtina, los cardenales hacen una reverencia al altar y se van colocando en el sitio nominalmente asignado por precedencia. Al final, cuando todo el mundo está ubicado, se entona un antiguo himno para implorar al Espíritu Santo. Se trata del *Veni Creator*, una composición del siglo IX que se canta entonces a capela y con la que los cardenales le imploran a Dios cosas como: «Aleja de nosotros al enemigo, / danos pronto tu paz, / siendo Tú mismo nuestro guía / evitaremos todo lo que es nocivo». Y es que el Espíritu Santo es uno de los grandes protagonistas a partir de ese momento, por ello es tan importante garantizar la independencia y libertad de los electores. «Soy una víctima del Espíritu Santo…», confesaba el papa

Francisco en una entrevista en 2023 a la revista *Vida Nueva*, al comentar cómo es el ambiente que se vive en el cónclave. «Durante el cónclave hubo varios detalles reveladores, pero realmente no me di cuenta de nada en ese momento. Luego los supe ver, transcurrido el tiempo. Ni siquiera me sentí preocupado cuando tuvo lugar la primera votación y algunos apuntaron mi nombre», añadió Bergoglio.

Tras una oración del decano, se procede con el juramento de los cardenales, todavía con las cámaras presentes. Su texto es el siguiente:

> Todos y cada uno de nosotros Cardenales electores presentes en esta elección del Sumo Pontífice prometemos, nos obligamos y juramos observar fiel y escrupulosamente todas las prescripciones contenidas en la Constitución Apostólica del Sumo Pontífice Juan Pablo II, *Universi Dominici Gregis*, emanada el 22 de febrero de 1996. Igualmente, prometemos, nos obligamos y juramos que quienquiera de nosotros que, por disposición divina, sea elegido Romano Pontífice, se comprometerá a desempeñar fielmente el *munus petrinum* de Pastor de la Iglesia universal y no dejará de afirmar y defender denodadamente los derechos espirituales y temporales, así como la libertad de la Santa Sede. Sobre todo, prometemos y juramos observar con la máxima fidelidad y con todos, tanto clérigos como laicos, el secreto sobre todo lo relacionado de algún modo con la elección del Romano Pontífice y sobre lo que ocurre en el lugar de la elección concerniente directa o indirectamente al escrutinio; no violar de ningún modo este secreto tanto durante como después de la elección del nuevo pontífice, a menos que sea dada autorización explícita por el mismo pontífice; no apoyar o favorecer ninguna interferencia, oposición o cualquier otra forma de intervención con la cual autoridades seculares de cualquier orden o grado, o cualquier grupo de personas o individuos quisieran inmiscuirse en la elección del Romano Pontífice.

Una vez hecha esta parte en común, de uno en uno los cardenales, «según el orden de precedencia», se dirigen al centro de la capilla y con una mano sobre los Evangelios completan el juramento con una parte personal:

> Y yo, [nombre], cardenal [apellido], prometo, me obligo y juro, y poniendo la mano sobre los Evangelios, añadirá: Así Dios me ayude y estos Santos Evangelios que toco con mi mano.

Una vez acabado el juramento se han cumplido todos los requisitos que garantizan la validez para el inicio del cónclave. Por ello, tras el último cardenal, el maestro de las Celebraciones Litúrgicas Pontificias pronuncia las palabras: «*Extra omnes*» («Todos fuera»). Entonces todos los que no sean electores deben salir para que se cierren con llave las puertas de la Capilla Sixtina; solo quedan un rato más el propio maestro y el eclesiástico de la primera meditación. Empieza el secreto del cónclave.

6.
Las guerras de poder

¿HAY FACCIONES DENTRO DE LA IGLESIA?

Dice el refrán romano que «quien entra papa en el cónclave sale cardenal». Un apotegma que se emplea sobre todo cuando el candidato elegido como papa no se corresponde con las principales quinielas de los medios o de la opinión pública. Las expectativas puestas a veces en candidatos de renombre, en ocasiones se dan de bruces con la evolución de los candidatos. Así, cuando se anunció a un tal Wojtyła, sin duda no estaba en las previsiones de nadie que el nuevo pontífice fuera alguien no italiano. En el caso de Francisco un periódico de Buenos Aires, *La Nación*, había apostado por él mientras todos los demás miraban hacia el arzobispo de Milán, Angelo Scola, porque no parecía lógico que de un cónclave de cardenales creados por Juan Pablo II o Benedicto XVI se pudiera dar una vuelta de tuerca.

Y es que el cónclave tiene la peculiaridad de desarrollarse con mucho trabajo de pasillos pero sin plantearse una auténtica campaña electoral por parte del posible interesado. Hablar de papables es algo natural, pero de entrada no es una categoría reconocida formalmente, simplemente es una forma rápida de decir que tal o cual cardenal tiene algunas posibilidades ciertas de ser elegido por sus colegas. Ahora bien, quien los hace públicos no son los propios purpurados, sino los medios de comunicación o la considerada opinión pública, con los posibles desajustes que eso puede generar tanto por una como por otra parte. Las normas y los juramentos se centran en que el cardenal lo que tiene que valorar es que está dando su voto al que considera «más idóneo», ni siquiera al más perfecto, el más diplomático, el más gracioso o, incluso, el más santo. Por eso, Juan Pablo dejó como consejo oficial, en la normativa del cónclaves, que exhortaba «vivamente a los Cardenales electores, en la elección del pontífice, a no dejarse llevar por simpatías o aversiones, ni influenciar por el favor o relaciones personales con alguien, ni moverse por la intervención de personas importantes o grupos de presión o por la instigación de los medios de comunicación social, la violencia, el temor o la búsqueda de popularidad. Antes bien, teniendo presente únicamente la gloria de Dios y el bien de la Iglesia, después de haber implorado el auxilio divino, den su voto a quien, incluso fuera del Colegio cardenalicio, juzguen más idóneo para regir con fruto y beneficio a la Iglesia universal».

Ciertamente muchas veces es difícil de garantizar, especialmente porque no podemos colarnos en la conciencia de cada cardenal y por el interés de fondo que le mueve al optar por un nombre y no por otro. Por ello, es más fácil aplicar etiquetas: si alguien se muestra más dispuesto a subrayar determinados aspectos de la identidad cristiana como respuesta a los problemas de la secularización, suele ser tenido por conservador; si alguien predica mucho sobre la defensa de la vida, los derechos humanos o la justicia social, podría ser desde liberal al progresista. Otro que abogue por una reforma interna en profundidad de la Iglesia estableciendo una amplia eclesiología de comunión podría etiquetarse como reformista o neoconciliarista; si alguno se centra en las formas de evangelización de la Iglesia parece que quiere abandonar el aparato curial, y viceversa. Uno que quiera una Iglesia más presente en la cultura y la sociedad puede ser temido por secularista o excesivamente secularizador, alejándose del misterio de Dios. Lo que pasa es que, en muchos casos, es cuestión de acentos y hay posturas que no se excluyen unas a otras, con lo que la simplificación no sirve. Y es que en el fondo todos los cardenales son cristianos y católicos, lo que no quita que cada uno establezca un orden de prioridades diferente. Por ello, muchas veces, reducir el papado a lo que tiene de política e ideología es injusto a la hora de valorar a un pontífice o su legado.

Esto no quita que un papa sea hijo de su tiempo y que en un determinado momento de la historia se hagan más necesarias unas cualidades y menos otras. La sensibilidad y las necesidades de la Iglesia en el momento presente no son solo un componente externo al cónclave, sino que forman parte del debate y del discernimiento. Y es que, para los cardenales, Dios habla a través de los acontecimientos de la historia y cada cónclave es visto como una oportunidad para que el Espíritu hable y manifieste su impulso.

Eso no oculta el hecho de que los cardenales no son puros ni viven aislados en una burbuja, por ello deben hacer un ejercicio personal de hasta dónde llega la ideología y dónde comienza la voz de Dios a través del tiempo. Y es que, en el fondo, elegir a un papa es elegir a un padre, no a un consejero delegado de una gran empresa multinacional o a quien mejor quede en los cuadros o en las fotos. Esto no quita que haya teorías conspiranoicas, la del último cónclave fue la de la llamada «Mafia de San Galo».

Esta mafia ha sido creada por un grupo de los críticos con Francisco casi desde el inicio de su pontificado. Identifica con prácticas de presión a un pequeño grupo de obispos que tras el Vaticano II se reunió en Suiza, primero en Chur y después en la abadía de San Galo como fueron los prelados Roger Etchegeray (Marsella), Franz König (Viena), Ivo Fürer (obispo anfitrión), Godfried Danneels (Bruselas), Karl Lehmann (Maguncia, Alemania), Audrys Juozas Bačkis (Vilnius, Lituania), Adrianus van Luyn (Rotterdam, Holanda), Walter Kasper (entonces en Stuttgart, Alemania), Basil Hume (Londres), Murphy O'Connors (Londres), Achille Silvestrini (Roma) y Carlo Maria Martini (Milán) junto a alguno más dependiendo de las convocatorias. Este grupo existió y de él surgen, por ejemplo, las bases de la estructura representativa de los obispos europeos —el Consejo de Conferencias Episcopales de Europa, CCEE— y de los pertenecientes a la Unión Europea —la Comisión de Conferencias Episcopales de la Comunidad Europea, COMECE— como parte de su reflexión sobre el diálogo con el mundo y la evangelización de Europa en tiempos de secularización. Una propuesta sensiblemente diferente en su planteamiento que cuestionaban los defensores del «neocristianismo» de Joseph Ratzinger seguido por figuras como Juan Pablo II, Camillo Ruini y Angelo Sodano.

En la abadía suiza de San Galo se reunieron en varias ocasiones distintos arzobispos que buscaban reforzar un proyecto evangelizador para la Europa del postconcilio. Entre sus impulsores estaba el arzobispo de Milán, el jesuita Carlo Maria Martini.

Juan Pablo II inclinaría con su papado la balanza a esta segunda opción anteponiéndose a la de San Galo, que proponía que el cristianismo pudiera habitar la cultura secularizada de Europa desde el testimonio. Frente a esto, el «neocristianismo» de San Galo proponía una vigorosa afirmación de la centralidad de Cristo y someterse, tanto en el plano civil como en el legislativo, a los valores éticos consagrados por la doctrina de la Iglesia. Esta contraposición la han sacado a relucir de nuevo algunos tradicionalistas italianos al presentar a este grupo de obispos, que funcionaba como un «cenáculo», como un poderoso *lobby* de presión casi mafioso, aunque la verdad es que rehuyeron el enfrentamiento con la Curia romana.

En su nacimiento, CCEE surgió con su impulso dialogante, aunque tensiones con los países de reciente historia comunista provocaron la creación de la COMECE —heredera de ese método del diálogo— para salir del círculo de las tensiones continuas. Aunque con un plan institucional y orgánico poco definido se impulsaron orientaciones compartidas sobre el diálogo ecuménico, el sentido de la evangelización en Europa en la modernidad o la búsqueda de la colegialidad episcopal como impulsarán sus presidentes Etchegaray (1971-1979), Hume (1979-1986) o el propio Martini (1986-1993), que sortearon cuestiones como el hecho de que «las Iglesias orientales corrían el peligro de volver a proponer, en una nueva condición, patrones y modelos del pasado pre-soviético, mientras que el gran desafío para la Iglesia, para todas las Iglesias cristianas, era en cambio tener en cuenta los cambios de la sociedad para evitar perseguir ideales imposibles o intentar reconstruir estructuras que ya no son pertinentes», por lo que la Iglesia se proponía «mostrar que es posible vivir en una civilización tecnológica y secularizada, no sólo sin renegar de la fe cristiana, sino experimentando su pertinencia para la situación contemporánea». Hasta aquí, poco que ver con un proyecto que se fue olvidando con el cambio de obispos nombrados por Juan Pablo II en Italia. Cuenta Lorenzo Prezzi que en esta época «mientras que la referencia de Martini a las "raíces" europeas se declinaba en plural, para Wojtyla las "raíces" eran cristianas y, en particular, católicas. Para el primero, el catolicismo podía evangelizar la secularidad; para el segundo, debía sustituirla en un contexto ahora posmoderno. Para la CCEE, era tarea indelegable de las Iglesias de Occidente demostrar la viabilidad del catolicismo (y del cristianismo) en una sociedad ahora más allá de la satisfacción de las necesidades básicas. Para Wojtyla, la victoria sobre el comunismo exigía denunciar las derivas consumistas y antihumanas de una sociedad que ya no sentía la necesidad de Dios». Y como estas se cuentan más cosas... escenificando la derrota total en el sínodo sobre Europa de 1991 donde toda mención a la CCEE se anuló desde la maquinaria curial vaticana. De aquellos polvos, llegaron al cónclave de la elección de Francisco, en 2013, la idea de mafia de presión que realmente ya estaba aplastada y muchos de sus protagonistas anulados para la sucesión papal.

Los críticos de Bergoglio airearon en blogs tradicionalistas que la mafia se había restaurado para el cónclave de 2005 y que fue la encargada incluso de la renuncia de Ratzinger. La realidad es distinta, el presunto mafioso Ruini tuvo un máximo de cinco votos en el primer escrutinio y el jesuita Martini, nueve. No parece que estuvieran cerca de los dos tercios. Se comenta que Bergoglio en la segunda votación no superó los 30 votos antes de comenzar su mecanismo.

NORMAS PREVENTIVAS

Para favorecer la independencia de la elección, hay una serie de prohibiciones fruto también de la experiencia histórica. Ya se ha comentado la forma más expresa de presión en el capítulo primero, el veto que tuvieron algunos gobernantes. Pero hay más. Escribió Juan Pablo II que «si en la elección del Romano Pontífice se perpetrase —Dios nos libre— el crimen de la simonía, determino y declaro que todos aquellos que fueran culpables incurrirán en la excomunión *latae sententiae*, y que, sin embargo, sea quitada la nulidad o no validez de la provisión simoníaca, para que —como ya establecieron mis predecesores— no sea impugnada por este motivo la validez de la elección del Romano Pontífice». La simonía ha sido una constante en las épocas de mayor corrupción y consiste fundamentalmente en la compraventa de beneficios espirituales y el acceso al papado se considera uno de ellos. El nombre proviene de un tal *Simón el Mago*, que era hechicero en Samaría y que aparece en el Nuevo testamento, en los Hechos de los Apóstoles, ofreciendo un dinerillo a san Pedro y san Juan si le transmiten el poder del Espíritu Santo.

Al final de la Edad Media y en el inicio del Renacimiento era una constante que muchos de los que llegaban a un alto cargo eclesiástico lo hicieran tras pagarlo. Pasaba con obispos, abades e, incluso, papas. En esto ha dejado su impronta, la «Marca España», Alejandro VI, el Papa Borgia. Más allá de los datos históricos *fake* de sus detractores y enemigos, lo cierto es que el paso de esta familia por el papado fue de todo menos ejemplar. Procedente de una familia noble y rica valenciana, Rodrigo Lanzol y de Borja —que cambió a Borgia para italianizar su apellido— fue papa a finales del siglo XV. Es un ejemplo clásico de ascenso por nepotismo, era sobrino de Calixto III, quien le nombró cardenal. Su proceso de llegada al papado y el propio pontificado fue un equilibrio de poder entre las intrigas y traiciones con la nobleza italiana y la búsqueda de un mayor poder, sobre todo, empleando su dinero y sus cuatro hijos. Tras la muerte de su tío se las ingenió para convencer a cuatro papas más de la valía de su apoyo, mientras seguía acumulando poder y títulos eclesiásticos, ya que fue durante 35 años vicecanciller de la Iglesia. En este tiempo iba poco a poco minando los apoyos de su némesis, Giuliano della Rovere. Dicen los historiadores que con 27 años, el cardenal Borgia ya se había propuesto llegar a la sede de Pedro, pero lo de ser español jugaba en su contra. Siendo decano del Colegio Cardenalicio, además de obispo de Mallorca y de Valencia —reconvertida en archidiócesis—, llegó al cónclave de 1492 con tres posibles italianos, de 23 presentes, en la rampa de salida. Ya el propio 11 de agosto en que fue elegido había rumores de sobornos y promesas de prebendas; si bien, parece que la maquinación estuvo en convencer a uno de los purpurados más influyentes como era el cardenal Ascanio Sforza, que, casualidad o no, asumiría la vicecancillería que antes tenía Borgia. Hasta aquí el cónclave, luego sigue la leyenda negra.

Otra de las normas que establece Juan Pablo II es la prohibición «a quien sea, aunque tenga la dignidad de cardenal, mientras viva el Pontífice, y sin haberlo consultado, hacer pactos sobre la elección de su Sucesor, prometer votos o tomar decisiones a este respecto en reuniones privadas». La sanción se reduce expresamente al intercambio de promesas o beneficios, no puede llegar al límite de que los cardenales puedan ir cambiando impresiones. Por ello, añade pocos después, que no se pretende «prohibir que durante la Sede vacante pueda haber intercambios de ideas sobre la elección». Para disuadir a quien se sienta encandilado por las promesas de un candidato, Juan Pablo II señala que los electores «se abstendrán, además, de toda forma de pactos, acuerdos, promesas u otros compromisos de cualquier género, que los puedan obligar a dar o negar el voto a uno o a algunos». Es más, para evitar los cantos de sirena, ratifica que «si esto sucediera en realidad, incluso bajo juramento, decreto que tal compromiso sea nulo e inválido y que nadie esté obligado a observarlo». Es decir, no solo la promesa no vale nada, sino que se impone «la excomunión *latae sententiae* a los transgresores de esta prohibición», que es la pena canónica máxima.

La última prohibición se refiere a que los cardenales hagan «capitulaciones antes de la elección», es decir, que no se pueden «tomar compromisos de común acuerdo, obligándose a llevarlos a cabo en el caso de que uno de ellos sea elevado al pontificado. Estas promesas, aun cuando fueran hechas bajo juramento, las declaro también nulas e inválidas», sanciona Juan Pablo II. Es decir, las posibles promesas electorales son totalmente inválidas, por muy serias que parecieses.

Estas normas están curtidas en la historia. Más allá de la elección de un padre de familia como Borgia el valenciano, han sido muchas las formas de presión —internas y externas— a lo largo de la historia de los cónclaves. Por ejemplo, en 1378, cuando comienza el Cisma de Occidente, más allá de que el cónclave empezó sin esperar a los cardenales franceses, la muchedumbre acudió a la Basílica de San Pedro, donde estaban los cardenales, para gritarles *«romano lo volemo»* («romano lo queremos», porque ya estaba en marcha la mudanza a Aviñón) o también *«al manco italiano»* («al menos que sea italiano», para evitar a los franceses), ya que romanos eran dos, uno muy viejo y el otro muy joven. Ante el miedo a la muchedumbre, buscan fuera del cónclave y eligen al napolitano Bartolomeo Prignano, que sería Urbano VI. Mientras iban a buscarlo, en la plaza habían anunciado que había papa, pero sin dar más explicaciones… lo que no tranquilizó a la masa de gente.

Las presiones en otras ocasiones fueron de otro tipo, Julio III fue elegido en el cónclave de 1549-1550 por evitar a un papa inglés, pero lo que lograron fue un pontífice con una relación extraña con el que llamaba su sobrino —futuro cardenal—, un mendigo joven rescatado de las calles de Parma. Con Pío VII el cónclave sentía la presión napoleónica y por eso se celebró en Venecia entre 1799 y 1800. La amenaza totalitaria también se encontraba en 1939 a las puertas de la asamblea que eligió a Pío XII.

MANIOBRAS EN EL CÓNCLAVE

El propio Francisco ha contado con toda franqueza cómo en el cónclave se organizan determinadas «maniobras» en ocasiones para servir a determinados intereses. Repasando el cónclave 2005, relata el libro *El Sucesor* que Ratzinger «era el único que en ese momento podía ser papa. Después de la revolución de Juan Pablo II, que había sido un pontífice dinámico, muy activo, con iniciativa, que viajaba... hacía falta un papa que mantuviera un sano equilibrio, un papa de transición». Sin embargo, confiesa que él mismo llegó a tener 40 de los 115 votos de los cardenales presentes, lo que constituía una «minoría de bloqueo», ya que no iban a crecer ni permitían que cualquier otro llegara a los dos tercios. Algunos cardenales estaban a punto de «negociar un tercer candidato diferente», porque circulaba entre los purpurados que en el cónclave de 1958 salió Angelo Rocalli —luego Juan XXIII— como tercera vía tras el posible bloqueo de Giuseppe Siri y Giovanni Battista Montini, que sería elegido el siguiente cónclave; «maniobra» que se empleó una vez más tras el empate entre Siri y el cardenal Giovanni Benelli, que rompió la candidatura de Karol Wojtyla.

El entonces arzobispo de Buenos Aires puso en marcha su «maniobra», relata que «fue una maniobra en toda regla... Me usaban a mí, pero detrás ya estaban pensando en proponer a otro cardenal. Todavía no estaban de acuerdo sobre quién, pero ya estaban a punto de lanzar un nombre. Me contaron, más tarde, que no querían a un papa "extranjero"». Así acudió al cardenal colombiano Darío Castrillón Hoyos y le dijo: «"No embromen con mi candidatura, porque ahora mismo voy a decir que no voy a aceptar, ¿eh? Dejame ahí". Y ahí ya salió elegido Benedicto». «Si hubieran elegido a uno como yo, que hace mucho lío, no habría podido hacer nada. En aquel momento, no habría sido posible. Yo salí contento. Benedicto XVI fue un hombre que acompañó el nuevo estilo», valoraba Francisco años después. «¿Qué estaba diciendo el Espíritu Santo a la Iglesia con ese nuevo papa? Con la elección de Joseph Ratzinger, estaba diciendo: Aquí mando yo. No hay espacio para maniobras».

El establecimiento de alianzas, a veces para desatascar situaciones de bloqueo, es una constante. Ha trascendido que en el cónclave en el que se eligió Juan Pablo II se formó un bloque de apoyo formado por cardenales, de los considerados conservadores, de Europa y de Estados Unidos frente al bloque Italiano, que tenía el 25 % de los votos del cónclave. Los nombramientos posteriores de muchos purpurados de los países que se encontraban anteriormente tras el «telón de acero» favorecieron que no volviera un italiano a la sede de Pedro y fuera elegido un alemán, Benedicto XVI. Con el encargo de renovar la Curia, el papa tuvo una fuerte oposición interna incluso de sectores que, seguramente, apoyaron su candidatura. La llegada de Francisco hace más complejas las alianzas, ya que es complicado hablar de bloques con los italianos, europeos o norteamericanos e introduciendo más africanos, asiáticos o polinésicos, reunidos en ocasiones en el Vaticano y ampliando su participación en los sínodos universales. Esta nueva radiografía del Colegio Cardenalicio es inédita y es difícil trazar un mapa de posibles alianzas o bloques de cierta presión o incluso de candidatos fuertes más allá de los curiales —algunos de ellos con un rol alejado de lo que tradicionalmente han sido los burócratas vaticanos que siempre ha habido—.

Pero los escenarios completamente nuevos no han sido ajenos a los cónclaves en el pasado. Si en este momento se vive, como dijo Francisco, «no solo una época de cambios, sino un cambio de época», en la historia de los cónclaves ha habido crisis lo suficientemente profundas en las que los cardenales han tenido que dar la talla y salir al paso de todas las cosas que se ponen en contra.

¿UN PAPA PREPARA EL CÓNCLAVE DE SU SUCESOR?

Hay un fenómeno que merece cierta atención porque, en ocasiones, rompe todas las previsiones. Al nuevo papa lo eligen de forma exclusiva los cardenales y la facultad para crear es una potestad que le corresponde únicamente al pontífice; ¿si un papa configura un Colegio Cardenalicio con purpurados con los que comparte cierta sensibilidad, se garantiza la continuidad de sus grandes opciones en un futuro cónclave? Pues no está nada claro. Un papa que permanece mucho tiempo al frente del gobierno de la Iglesia cambia radicalmente la composición del Colegio, pero lo que abundan son pontificados relativamente cortos en los que los papas van renovando a los cardenales pero siempre dentro de los límites de los 120 electores.

Ciertamente los pontífices no se han cortado a la hora de convocar consistorios para la creación de cardenales. Juan Pablo II creó a lo largo de su vida 231 cardenales de 69 nacionalidades distintas en los nueve consistorios que convocó. Francisco ha creado 162 cardenales en diez consistorios; ya luego vendría León XIII a finales del XIX y principios del XX, o Pablo VI, con 143 en seis consistorios. Benedicto XVI creó 90 en los cinco consistorios celebrados.

En uno de los últimos consistorios decía Francisco que «los cardenales, gracias a Dios, son de todas partes del mundo, de las más diversas naciones». Y es que al próximo cónclave entrará el Colegio Cardenalicio más universal de la historia de la Iglesia. Sin embargo, a pesar de este esfuerzo por universalizar el Vaticano, las cifras hablan de cierta desigualdad en esta representación institucional, ya que cuatro de cada diez cardenales aún son europeos, con el 21 % de la población católica del planeta en el Viejo Continente. A esto se han sumado los particulares criterios que empleaba Francisco para su «*casting*» de cardenales de nueva creación que, como escribe el periodista José Beltrán, «nada le importa que el elegido esté al frente de una diócesis histórica con rancio abolengo púrpura. Francisco entrega birreta y anillo a título personal, a aquel que considera que huele a oveja, sea en Madrid, en Ulán Bator o en Hong Kong».

Sobre el papel, los papas, con sus nombramientos, podría pensarse que, como dice el periodista estadounidense John Allen, «si el papa llenaba el tablero de conservadores o liberales, se asegura una sucesión por ese lado; si un papa nombraba más responsables de la curia que obispos residentes, eso inclinaría la balanza hacia un papa con unos antecedentes vaticanos, y así con todo». Ahora bien estos cálculos, llegado el momento del cónclave, pueden saltar por los aires.

En las últimas décadas los cardenales conciliares creados por Juan XXIII y Pablo VI eligieron a la vez a Juan Pablo I y a Juan Pablo II, dos papas que han salido prácticamente de la misma asamblea reunida con algo más de un mes de diferencia, pero con sensibilidades diferentes. Igualmente a Francisco le eligieron los cardenales creados por Juan Pablo II y Benedicto XVI, y muchas de las reformas emprendidas por el argentino es posible que no se hubieran dado en los papas anteriores ni tampoco si el papa elegido fuera quien representara la máxima continuidad de ideas del papa anterior.

Para quienes leen la taxonomía que deja el perfil de los electores se produce en ocasiones el efecto péndulo o, como dice el refrán romano, «tras un papa delgado siempre viene uno gordo». Es decir, como explica Allen, «se elige un tipo diferente para remediar las deficiencias del anterior, o simplemente porque la gente se ha cansado de una forma de dirigir la Iglesia y buscan un cambio». Y puede que esto condicione en ocasiones a los cardenales a romper con las previsiones o la sucesión que se consideraría natural. De los últimos cónclaves se puede considerar que ha salido el favorito —antes de entrar en la Sixtina, se entiende— en el caso de Pablo VI en 1963 y en el de Benedicto XVI en 2005. Ahora bien, contra la mayoría de los pronósticos se produjeron las elecciones de Juan XXIII en 1958, a quien se presentaba como un papado de transición para que la Curia siguiera con su forma de gobernar; Juan Pablo I —alguien que venía de Venecia y no de la maquinaria Vaticana— y Juan Pablo II —la tercera vía para romper las candidaturas sólidas— en 1978; y Francisco —quien ya se había apartado en 2005 de la carrera por la sucesión— en 2013.

Al número de cardenales creados por un papa se une como variable el hecho de que la pluralidad de origen de los purpurados hace difícil asimilar en las categorías clásicas de conservadores o liberales, tradicionales y progresistas a los cardenales. De hecho es posible que en el caso de muchos apenas haya trascendido lo que piensan de determinadas cuestiones o cuál es su proyecto para la Iglesia universal, muchos de ellos alejados en su día a día de las problemáticas teológicas de Europa o Estados Unidos. Francisco, manteniendo el marco de los 120 cardenales de menos de 80 años, ha incorporado al Colegio prelados de quince países que nunca habían tenido un príncipe de la Iglesia. Las nuevas entradas han roto también los equilibrios clásicos del número de italianos o de europeos que ya no tienen plaza fija o los miembros de la Curia ya no son tras previsibles, ya que al frente de algunos dicasterios hay laicos o religiosas que, de entrada, no tienen boleto para el cónclave.

Estos aspectos dejan mucho margen de maniobra al propio cónclave y pueden dejar al descubierto el simplismo con el que a veces los medios de comunión generalista tratan la cuestión de la elección papal. Las quinielas deberán llevar más apuestas combinadas, porque uno de los cardenales de la periferia, incluso de apellido impronunciable, puede dar la sorpresa y situar las prioridades de la Iglesia más allá de los problemas que vive la Iglesia en Europa o en algunos sectores de Estados Unidos.

UNA ELECCIÓN POR AMPLIO CONSENSO

Aunque el imaginario colectivo nos ha dejado impagables imágenes de conspiraciones y venganzas de familias romanas, lo cierto es que la tradición de la elección por una mayoría cualificada es un dato consolidado. Si el primer cónclave moderno fue el de 1118, el Concilio Lateranense de 1179 ya dispuso la obligación de que para la elección de un nuevo papa fueran necesarios dos tercios de los votos de los cardenales presentes. El papa es, ante todo, un elemento de comunión de la Iglesia, por eso no es indiferente que este sea elegido por mayoría cualificada —y no solo por mayoría absoluta—. Así lo intuyó Benedicto XVI al modificar casi inmediatamente el resquicio que introdujo Juan Pablo II si se bloqueaba la situación.

La norma de 1996 —nunca llegada a aplicar hasta este extremo— contemplaba que después del décimo tercer día del cónclave, con 33 o 34 votaciones no había una mayoría cualificada, se pasaba a elegir por mayoría simple entre los dos cardenales más votados. Y es que esta decisión podría minusvalorar el argumento de que el papa se elija con el más amplio consenso posible —sin llegar a la unanimidad de los primeros siglos, pero con un Colegio más reducido—. Benedicto XVI mantuvo los turnos de votaciones y las oportunas pausas para el discernimiento de los electores, pero garantizando los dos tercios incluso en la elección entre los dos más votados si se estanca la situación. Algo que podría darse, ya que para la elección válida se requieren los votos de dos tercios de los presentes, algo complicado si les da por votar en blanco... por ejemplo.

El papa alemán, en su revisión de normas, por otro lado, mantuvo la excomunión si se descubriera alguna compra de votos. Si bien la simonía es incluso pecado, la normativa señala que aunque sean excomulgados los culpables, el voto se tendrá como válido. Aunque ratifica la nulidad de las promesas electorales de los cardenales más pretenciosos.

EL DÍA A DÍA DE *LOBBYS*

Las formas de pensar a veces se comparten en reuniones auspiciadas por grupos de presión. Unas ideas que llevarán al cónclave algunos purpurados que han participado en iniciativas con carácter más reservado como son los que organiza cada año en Portugal el estadounidense «Instituto Acton para el Estudio de la Religión y la Libertad». Esta organización, que es un fuerte *lobby* como se estila en la política del país, fue puesta en marcha, entre otros, por el sacerdote ligado al Partido Republicano Robert Sirico. En la edición celebrada del 14 y el 18 de enero de 2025 participaron al menos 80 cardenales y obispos de todo el mundo en esta cita casi «secreta» organizada en un *resort* de lujo en la localidad portuguesa de Sintra, donde parecen haberse asentado.

Este presbítero, según ha publicado el portal portugués especializado en información religiosa *7Margens*, ha promovido los valores del capitalismo y la «opción preferencial por la libertad» —frente a la opción evangélica por los pobres—. Sintra lleva acogiendo estos encuentros desde 2018 —con el paréntesis de la pandemia— y las reuniones se celebran con confidencialidad y no se busca la repercusión mediática. Sin embargo, alguno ha mostrado su satisfacción por participar en esta cita, como el neerlandés Johannes Hendriks, obispo de Haarlem-Ámsterdam, que en su blog defiende la «confidencialidad» por la «espontaneidad» de la participación.

Mientras, los organizadores de Acton no han dudado en cuestionar propuestas económicas del papa Francisco —alguno de sus líderes le califica como «peronista»— o la encíclica ecologista *Laudato Si* a pesar de que tenga «buenas intenciones». Entre los temas que han trascendido en algunas de las ediciones de este *think tank* están la familia, el crecimiento demográfico, la lucha contra la corrupción, la libertad religiosa, la libertad económica o la filantropía.

En la edición de 2025, ha participado, por ejemplo el obispo tradicionalista brasileño Fernando Arêas Rifan, perfil similar a otros prelados que han trascendido en documentos de ediciones anteriores fundamentalmente procedentes de África, Asia o América Latina. El número de eminencias y purpurados de esta ocasión se ha conocido gracias al Gabinete de Comunicación del Santuario de Fátima, que ha confirmado a la web portuguesa que los participantes han tenido una jornada de peregrinación con una misa en la Basílica de la Santísima Trinidad y el rezo del rosario en la Capilla de las Apariciones: el total, 80 obispos y cardenales.

Para quienes les resulta chocante que tantos purpurados de países pobres se alojen en un hotel en el que la noche en temporada baja está a 1 040 euros, el arzobispo nigeriano Ignatius Ayau Kaigama justificaba en su día que el *resort*, en el pasado, fue un convento capuchino del siglo XIV hasta su desamortización. Aunque parece que quedan pocos rastros o al menos en su estilo de vida.

Más allá de este encuentro, hay una corriente de fondo en estos movimientos que parece tener fortuna en muchos de los *lobbies* católicos de Estados Unidos que son los que más han hecho notar su influencia en los últimos tiempos. Los observatorios más rigurosos de los fenómenos religiosos de Norteamérica llevan unas décadas certificando el crecimiento de una corriente muy particular, entre pentecostales y otras iglesias protestantes. Es la «teología de la prosperidad» o «evangelio de la prosperidad». Este crecimiento no se da precisamente entre los humildes y sencillos que descubren a Dios en las dificultades y esfuerzos de cada día, sino en quienes se vanaglorian de ser personas hechas a sí mismas en lo que a los negocios se refiere. Toda una generación de obispos, de forma más o menos consciente, ha amparado algunos de los postulados de esta corriente que impregna la ideología y la política patriótica que se decide en Washington, D. C.

El pasado inmediato de este movimiento lo encontramos en la América de los años cincuenta y sesenta, en los que cristaliza un lectura concreta de algunas doctrinas lanzadas en el siglo XIX dentro del llamado «Nuevo Pensamiento» (conocido por su nombre en inglés como el *New Thought*). Las iglesias protestantes pentecostales tuvieron, gracias a los teóricos de este movimiento, un impulso de todo lo que suponía hacer experiencia directa de Dios, considerada como el principio de la «ciencia mental» o «ciencia divina».

Muchos escritores del momento se sumaron a este planteamiento lanzado por Phineas Parkhurst Quimby (1802-1866). Es el caso, entre otros, de Emmet Foz (1886-1951) que influirá definitivamente en el método de «Alcohólicos Anónimos», la filósofa Emma Curtis Hopkins (1853-1925) o Wallace Wattles (1860-1911), autor de un libro que puede servir de base para entender lo que es en nuestros días la teología de la prosperidad: *La ciencia de hacerse rico.* Este libro, publicado en 1910, ha tenido una segunda vida en las estanterías de autoayuda, ya que es la inspiración principal de la película convertida en libro: *El secreto.* Figuras mediáticas estadounidenses, que de entrada no parecen tener estrecheces económicas, como Oprah Winfrey, Ellen DeGeneres o Larry King, han alabado la obra. Pero esta presentación adaptable al *coaching* emocional se fundamenta siempre en el trasfondo teísta —o creacionista, entendido al estilo estadounidense— con el que nace y al que sirve.

Una tesis doctoral titulada *Bendecido, una historia del evangelio de la prosperidad* (Kate Bowler, 2013) calcula que el movimiento afecta actualmente al 66 % de las iglesias evangélicas. La autora es concluyente: en dos tercios de los cultos evangélicos del mundo se predica esta doctrina, aunque solo el 17 % de los evangélicos se identifica directa y específicamente con la corriente. Los telepredicadores y la adopción de estos postulados por parte de pastores influyentes americanos es clave en la difusión de la actuación de este movimiento, que se configura en su forma moderna a partir de los años cincuenta. El discurso inicial centrado en la «prosperidad de Dios» se ha traducido reinterpretando el «sueño americano» o impulsando la voluntad y la perseverancia para que todos puedan llegar a ser ricos.

El dejarse ser bendecido es la base de la propuesta espiritual que la teología de la prosperidad hace a sus fieles. Y qué mejor manera de sentirse bendecido que gozar de la prosperidad económica. Algunos predicadores de referencia son Benny Hinn, Pat Robertson, Robert Tilton, T. D. Jakes, Joel Osteen, Kenneth Copeland, Nasir Saddiki, Paul Crouch o Peter Popoff. Y para muestra, una cita, en este caso de Robert Tilton: «Creo que es la voluntad de Dios que todos prosperen, porque así lo veo en la Palabra, y no porque lo haya visto funcionar poderosamente en otra persona. No pongo mis ojos en los hombres, sino en Dios, que me da el poder para hacer riquezas».

Muchos han establecido relaciones entre algunos de los pastores que abanderan esta ecléctica forma de entender la religión del presidente estadounidense Donald Trump, al que también se le ha adjudicado otro movimiento protestante afín, el pensamiento positivo de Norman Vicent Peale. Esto, sobre todo en los círculos norteamericanos, también está muy presente en las comunidades católicas de las zonas más enriquecidas. Como alerta la teóloga española Cristina Inogés en la revista *Vida Nueva* en 2025 analizando un discurso de, dice ella, «un católico converso llamado James David Vance, vicepresidente del país»: «La desunión de Estados Unidos, del país y de su Iglesia —algunos obispos han tenido mucho que ver en esta deriva—, puede ser más contagiosa de lo que nos imaginamos. Construir cuesta una vida. Destruir, unos minutos. Y, mientras, los fanatismos crecen, las intolerancias se hacen más fuertes, los ricos son más ricos y los pobres cada vez más pobres. Ni los primeros son más buenos y mejores seguidores de Dios, ni los segundos más malos y peores creyentes en Dios».

Aunque esta «teología» nació en EE. UU. y durante décadas fue difundida con grandes campañas mediáticas de los neocarismáticos, también se difundió por África, Asia, India, Corea del Sur y China. En América Latina, ya lo advertían en 2018, en un artículo conjunto, Antonio Spadaro, director entonces de *La Civiltà Cattolica*, y Marcelo Figueroa, responsable de la edición argentina de *L'Osservatore Romano*, «este fenómeno religioso se traduce en el uso de la televisión por parte de figuras muy carismáticas de algunos pastores, que lanzan un mensaje simple y directo montado en torno a un espectáculo de música y de testimonios y a una lectura fundamentalista y pragmática de la Biblia». Mientras que «en América Central, Guatemala y Costa Rica se han convertido probablemente en los dos bastiones principales de esta corriente religiosa». Han pasado unos años y la evolución ha sido más compleja de lo esperado. También hay que tener en cuenta, de cara a un futuro cónclave, que la universalidad del Colegio hace que muchas de estas naciones cuentan con su respectiva cuota en la Sixtina al haberse ampliado las sedes cardenalicias de las naciones que en el pasado se consideraban periféricas.

Ahora bien, ¿cuáles son las enseñanzas de esta teología de la prosperidad que se pueden colar en el cónclave? Desde luego, no se puede confundir ni con la rigurosa propuesta que Calvino hace en su momento de la santificación a través de la dedicación al trabajo, el ahorro y la inversión. Ni mucho menos con el reconocimiento que el Vaticano II hace de la autonomía de las cosas creadas... Esta propuesta conecta con un psicologicismo de manual al presentar el bienestar físico y financiero como una bendición que expresa la voluntad de Dios. Y la respuesta a esa bendición se debe de traducir en la fe que se expresa en la donación a la propia Iglesia, para que el patrimonio personal siga siendo permanentemente bendecido. Como recalca la teología protestante, la clave está en la fe como respuesta a Dios. Y la gracia de Dios se transmite al fiel a través de la seguridad y la prosperidad.

La autoayuda o el empoderamiento encuentra en esta propuesta espiritualista el mejor caldo de cultivo y por eso es fácil que se extienda en determinados círculos de católicos. La enfermedad o las situaciones de pobreza, ante crisis o malas inversiones, son ocasiones para la expiación de los propios pecados. Es, en el fondo, la maldición de quien ha roto la relación de fe establecida con la continua bendición de Dios. El maniqueísmo está, como no podía ser de otra manera, a la orden del día.

Y, por otra parte, el espiritualismo se funda en la compensación material o física. La paradoja no puede ser más fuerte. La salvación, elemento clave de la fe —de católicos y luteranos sin distinción—, se queda como mera satisfacción de las necesidades económicas. «La verdadera prosperidad es la capacidad de utilizar el poder de Dios para satisfacer las necesidades de la humanidad en cualquier ámbito de la vida», escribió Robert Tilton, quien hablaba de una «ley de la compensación» de la que se deduce que la fe es una fuerza espiritual autogenerada que conduce a la prosperidad.

Las consecuencias de esta propuesta no pueden ser más terribles para la relación entre la persona y Dios, reduciendo la oración a la situación caricaturesca de un niño caprichoso que presiona a sus padres hasta que consigue de ellos que le compren cualquier cosa que ha visto y le apetece… y esto podría colarse en las homilías e intervenciones de un futuro papa. Todo esto haciendo referencia a un Evangelio en el que se lee aquello de que «es más fácil que un camello pase por el ojo de una aguja que el que un rico entre en el Reino de los Cielos» (Mt 19,24) o la oración de María que dice que Dios «dispersa a los soberbios de corazón, derriba del trono a los poderosos y enaltece a los humildes, a los hambrientos los colma de bienes y a los ricos los despide vacíos…» (cf. Lc 1,46-55).

7.

Habemus Papam!

CUANDO LAS PUERTAS SE CIERRAN

Las cámaras de televisión salen de la Capilla Sixtina cuando el maestro de las Celebraciones Litúrgicas Pontificias pronuncia el mandato: «*Extra omnes*» («Todos fuera»). El propio ceremoniero papal cierra la puerta y lo hace desde dentro,ñlo99 ya que se queda para el primer momento en el que está establecido que antes de empezar a realizar la primera vocación, haya un eclesiástico «de clara doctrina, sabiduría y autoridad moral» que dirija una meditación «sobre el gravísimo deber que les incumbe y, por tanto, sobre la necesidad de proceder con recta intención por el bien de la Iglesia universal *solum Deum prae oculis habentes*» («teniendo solo a Dios en mente»). En el cónclave de 2013, el encargado de esta reflexión fue el cardenal Prosper Grech, un agustino que al tener 87 años no estaba entre los electores. Esto se ha convertido casi en costumbre, que sea uno de los cardenales veteranos quien dirija este momento. El texto de su intervención fue publicado en latín en el boletín oficial del Vaticano, *Acta Apostolicae Sedis.* «No tengo ninguna intención de hacer el identikit del nuevo Papa, y mucho menos presentar un plan de trabajo al futuro pontífice», señaló Grech, quien repasó las Escrituras y lamentó que «hoy mucha gente no llega a creer en Cristo porque su rostro está oscurecido o escondido detrás de una institución que carece de transparencia», por lo que pedía «curar bien el resfriado para que no se convierta en una pulmonía». También ese momento alertó el riesgo de cisma entre «los extremistas ultra-tradicionalistas y los extremistas ultra-progresistas, entre los sacerdotes rebeldes a la obediencia y los que no reconocen los signos de los tiempos». Apuntando al *Juicio Final* de Miguel Ángel interpeló, finalmente, a los cardenales: «Ustedes se encuentran en esta Capilla, bajo la figura de ese Cristo, con la mano alzada, no para aplastar sino para iluminar el voto de ustedes, para que sea *secundum Spiritum* (según el Espíritu), no *secundum carnem* (según la carne)».

Acabada la meditación, que no es breve, el predicador sale con el ceremoniero, siendo los únicos no electores que quedaban dentro. Tras esto, está previsto que el primer día solo se haga una votación que sirva de sondeo para pulsar los pareceres de la asamblea. Antes de procedes, los cardenales realizan las oraciones y el decano (o quien haga las veces), dice la norma, «somete al Colegio de los electores» a «la cuestión de si se puede ya proceder a iniciar el proceso de la elección, o si fuera preciso aún aclarar dudas sobre las normas y las modalidades establecidas» en las normas, eso sí, «sin que a nadie le esté permitido poder modificar o sustituir alguna de ellas, referente sustancialmente a los actos de la elección misma, aunque se diera la unanimidad de los electores, y esto bajo pena de nulidad de la misma deliberación». Si no hay objeciones, se pasa a proceder a la elección.

Actualmente, el papa es elegido exclusivamente con el método de «escrutinio secreto», siendo necesario el apoyo de, al menos, dos terceras partes de los presentes, redondeando siempre el número hacia arriba en caso de que los electores presentes no sean múltiplo de tres. Ya se ha explicado que no se ha llegado a emplear nunca la elección por mayoría absoluta aprobada por Juan Pablo II.

Para proceder a la votación, a cada cardenal se le entregan tres papeletas. En los últimos siglos estas han ido simplificando su diseño hasta el momento actual, que son blancas, rectangulares, con un grosor similar al de una cartulina, y frente a los adornos barrocos que tenían a principios del siglo XX, ahora solo tienen escrito en medio de la mitad superior «*Eligo in Summum Pontificem*» («Elijo como Sumo Pontífice»), dejando el resto de la superficie disponible para escribir los candidatos. Las papeletas las reparten los ocho ceremonieros seleccionados para el cónclave y, una vez hecho, junto al secretario del Colegio Cardenalicio y el maestro de las Celebraciones salen ya, cerrando la puerta —siempre desde dentro— el último cardenal diácono por fecha de inicio de su cardenalato. Las normas parece que están presuponiendo que estaría entre las personas más ágiles. Por el otro lado, dos guardias suizos custodian la puerta principal de la Sixtina.

Antes de la votación, en una bolsa, se colocan unos papeles o unas bolas con los nombres de todos los cardenales, de ahí el último de los cardenales diáconos extrae tres papeletas que son las de los encargados de ser los escrutadores de las papeletas; luego se sacan otras tres que serán los *infirmarii* (los que procuran el voto de los enfermos); y también otros tres, que serán los revisores. Si alguno de los elegidos no podría desempeñar la tarea, se extrae un nuevo nombre.

Repartidas estas encomiendas, cada cardenal procede a escribir su candidato en la papeleta y luego la doblan dos veces. Para el momento de rellenar la papeleta, las normas establecen que «debe hacerse de modo secreto por cada cardenal elector, el cual escribirá claramente, con caligrafía lo más irreconocible posible, el nombre del que elige, evitando escribir más nombres, ya que en ese caso el voto sería nulo».

Una vez escrito el nombre, sigue la introducción de las papeletas en la urna. Es lo que en la normativa se llama «escrutinio verdadero y propio». Para ello, cada uno de los cardenales, por orden de precedencia, llevan su papeleta bien visible en la mano hasta el altar, donde está situada la urna de las votaciones. Esta tiene una especie de patena —o un pequeño plato plano redondo— sobre la apertura que es donde el cardenal dejará la papeleta tras pronunciar en voz alta un juramento específico para este momento: «Pongo por testigo a Cristo Señor, el cual me juzgará, de que doy mi voto a quien, en presencia de Dios, creo que debe ser elegido». Una vez en la patena, la coge y la introduce; después, se inclina ante el altar y vuelve a su sitio.

Si alguno de los electores, por encontrarse enfermo, está en su habitación en Santa Marta, los elegidos como *infirmarii* toman una caja y la enseñan a todos los presentes para que vean que está vacía y con ella van hasta la residencia donde el purpurado indispuesto escribe su candidato en la papeleta que le llevan, escribe en secreto y la introduce en la urna empleando la misma fórmula que los demás. Luego vuelven a la Sixtina, abren la caja, cuentan las papeletas que hay y si el número corresponde con el de los enfermos, las ponen una a una en la patena sobre la urna y luego las introducen todas juntas en la urna. Está previsto también que los *infirmarii* se puedan saltar la cola de precedencia para votar de los primeros e ir mientras a por los votos a Santa Marta, en caso de ser necesario.

También puede darse el caso de que alguno de los presentes en la capilla tenga algún problema de movilidad y no pueda acercarse hasta la zona del altar. Entonces, el tercer escrutador se acerca a este elector que, tras el juramento, entrega la papeleta doblada al escrutador, que la lleva de manera visible hasta la patena para introducirla en la urna. Completado este proceso, se coloca una mesa frente al altar y el primero de los elegidos como escrutador remueve las papeletas para mezclarlas y luego las va extrayendo de una a una y las coloca en otra de las urnas a la vez que se van contando, de tal manera que si el número de papeletas no corresponde con los electores, se retiran para quemar y se procede inmediatamente a una nueva votación.

En cambio, si están todas las papeletas, los escrutadores se sientan en la mesa frente al altar y comienza el escrutinio: el primero abre la papeleta y mira el nombre, el segundo la toma y revisa también el nombre y se lo pasa al tercero, que la lee en voz alta y toma nota del nombre. Tras apuntarlo, perfora la papeleta con una aguja en la altura de la palabra

«Eligo» y la incorpora a un hilo donde se van situando todas las del escrutinio. Cuando se han leído todas, se atan los dos extremos del hilo con un nudo para conservarlas con seguridad. Este «rosario» de papeletas se deja al lado de la mesa.

En esta tarea, el escrutador se puede llevar algún que otro sofoco. En el cónclave que fue elegido Pío IX, en ese momento el entonces cardenal Giovanni María Mastai-Ferreti era el tercer escrutador, y a medida que iba leyendo los votos iba viendo que su nombre estaba apareciendo demasiado, poniéndose tan nervioso que pidió ser sustituido, algo que los cardenales rechazaron por no estar contemplado en las normas. Así tuvo que seguir leyendo las papeletas hasta el final dándose cuenta el primero que pasaba ampliamente la mayoría suficiente para su elección.

Cuando se leen todos los votos llega el momento del «post-escrutinio», en el que los escrutadores suman los votos y los apuntan en una hoja aparte. Lo normal es que el primer día hay una dispersión máxima, pero en los siguientes ya se van notando las tendencias. En cualquier caso, al final de cada votación, si ninguno ha alcanzado los dos tercios de los votos, no hay elección. De llegar a este número, se tiene por canónicamente válida la elección del nuevo papa. Los revisores tendrán que en este momento controlar tanto las papeletas y las anotaciones de los escrutadores como verificar su labor. Entre las incidencias más habituales —y ante las que la normativa tiene criterios establecidos— está el que haya dos papeletas dobladas juntas y que parezcan rellenadas por el mismo elector; si tienen el mismo nombre se computa como un voto, y si son diferentes, se considera ese voto nulo, pero no se anula la votación entera. Ante una papeleta en blanco, se toma nota pero no cambia el umbral para alcanzar la mayoría de dos tercios. Ya es costumbre que entre el material que se entrega a los cardenales hay unas hojas en horizontal con los nombres de todos los cardenales. La del cónclave de 2013, escrita en latín, estaba organizada en tres columnas, con los ordenados siempre por la precedencia y contaba con un espacio para consignar también los nombres de los escrutadores y algunos detalles más.

Tras la revisión, el último cardenal diácono llama al secretario del Colegio Cardenalicio y a los ceremonieros, que proceden a quemar las papeletas que han sido depositadas todas en la tercera urna y las anotaciones de los electores. Esto se hace en la estufa según el procedimiento preparado por los empleados de la Florería para informar así a los fieles de la Plaza de San Pedro del resultado positivo o negativo del escrutinio. El contemplar una chimenea en espera de resultados es una costumbre anterior a la Sixtina; en 1823 los romanos estaban pendientes de la chimenea del Palacio del Quirinal, donde estaba teniendo lugar el cónclave, cuyos organizadores habían convenido con el cuerpo de guardia el uso de la chimenea como método de aviso para que disparasen las salvas que anunciaran a toda la Ciudad Eterna la elección de un nuevo pontífice. La distinción entre el humo blanco y el humo negro ya es de 1914, así como la chimenea que se emplea actualmente.

Además de seguir el cónclave en el mismo Vaticano o a través de la televisión o las redes sociales, toda la Iglesia, decía Juan Pablo II «está unida de modo particular con los pastores y especialmente con los cardenales electores del Sumo Pontífice y pide a Dios un nuevo papa como don de su bondad y providencia», como los primeros cristianos, la Iglesia «debe perseverar unánimemente en la oración; de esta manera, la elección del nuevo pontífice no será un hecho aislado del Pueblo de Dios que atañe sólo al Colegio de los electores, sino que en cierto sentido, será una acción de toda la Iglesia». Por eso invita a que haya celebraciones por todo el mundo para recordar al papa si este ha fallecido y «para que ilumine a los electores y los haga tan concordes en su cometido que se alcance una pronta, unánime y fructuosa elección, como requiere la salvación de las almas y el bien de todo el Pueblo de Dios». Algo a lo que invita especialmente a los cardenales mayores de 80 años, «para que con la oración asidua e intensa, sobre todo mientras se desarrolla la elección, se alcance del Dios Omnipotente la asistencia y la luz del Espíritu Santo necesarias para los hermanos electores, participando así eficaz y realmente en la ardua misión de proveer a la Iglesia universal de su pastor».

Aunque se quemen todas las anotaciones con los resultados, la normativa establece que «al finalizar la elección, el cardenal camarlengo de la Santa Iglesia Romana redacte un escrito, que debe ser aprobado también por los tres cardenales asistentes, en el cual declare el resultado de las votaciones de cada sesión. Este escrito será entregado al papa y después se conservará en el archivo correspondiente, cerrado en un sobre sellado, que no podrá ser abierto por nadie, a no ser que el Sumo Pontífice lo permitiera explícitamente». Es decir, en el archivo vaticano se conservan estas particulares actas oficiales de los cónclaves.

Concluida esa única votación del primer día, tras la quema de las papeletas, la jornada en la Sixtina se termina con el canto de *Sub tuum praesidium* («Bajo tu amparo»), que está considerado el himno más antiguo conservado actualmente dedicado a la Virgen María y que está muy extendido tanto en la Iglesia oriental como en la occidental. En el cónclave de 2013, la primera fumata, negra, fue a las 19.42 h (hora de Roma), 23 minutos antes que la de 2005 y pasadas dos horas y siete minutos desde el cierre de las puertas.

Aunque el mecanismo de votación se repite siempre de la misma manera, a partir del segundo día la organización de la jornada es diferente. Juan Pablo II, en sintonía con las normas anteriores de Pío X, Pío XII y Pablo VI ordena «que —exceptuada la tarde de la entrada en el Cónclave—, sea por la mañana como por la tarde, inmediatamente después de una votación en la cual no haya tenido lugar la elección, los cardenales electores procedan inmediatamente a una segunda en la que darán de nuevo su voto. En este segundo escrutinio deben observarse todas las modalidades del primero, con la diferencia de que los electores no están obligados a hacer un nuevo juramento ni a elegir nuevos escrutadores, *infirmarii* ni revisores, siendo válido también para el segundo escrutinio lo que se ha hecho en el primero, sin repetir nada». Es decir, desde el segundo día, hay dos votaciones por la mañana y dos por la tarde. Las fumatas en este caso se producen al final de las dos votaciones de la mañana en torno al mediodía —en 2013 fue a las 11:40 h, con humo negro—; y al final de la tarde. En el cónclave de 2013, que tuvo cinco votaciones, la fumata blanca fue a las 19:05 h; con una votación menos, en 2005 la fumata blanca fue a las 16:50 h, confirmado por las campanas del Vaticano a las 17:04 h.

Además de las votaciones, que en los últimos cónclaves están durando en torno a una hora cada una para completar todo el proceso, los cardenales tienen juntos la misa de la mañana en la citada capilla Paulina, y ya en sus sitios en la Sixtina hacen las oraciones previstas en el ritual tanto al principio como al final de cada sesión.

En principio todo sigue el mismo proceso hasta que, dice la norma, « después de tres días de escrutinios sin resultado positivo» entonces las votaciones «se suspenden al máximo por un día, para una pausa de oración, de libre coloquio entre los votantes y de una breve exhortación espiritual hecha por el primer cardenal del orden de los diáconos». Pasado ese medio día o día entero, según decidan los cardenales, se vuelve al procedimiento habitual durante siete escrutinios más, tras lo que, de seguir el proceso de bloqueo, hay que hacer «otra pausa de oración, de coloquio y de exhortación, hecha por el primer cardenal del orden de los presbíteros». Tras una nueva serie de siete escrutinios, de no haber elección, «se hace una nueva pausa de oración, de coloquio y de exhortación, hecha por el primer cardenal del orden de los obispos» a la que siguen siete votaciones más.

El método de desbloqueo que proponen las últimas normas —las reformadas por Benedicto XVI—, es que agotados estos ciclos, los electores dedicarían «un día a la oración, a la reflexión y al diálogo», pero en la siguiente votación solo serían elegibles «los dos nombres que en el precedente escrutinio hayan obtenido el mayor número de votos», teniendo que salir respaldado un candidato, para que haya validez, con «la mayoría cualificada de al menos dos tercios de los sufragios de los cardenales presentes y votantes» y de esta votación se excluiría a los dos candidatos. En las pausas de votación no hay tampoco las esperadas fumatas.

LA ELECCIÓN

Ahora bien, ¿qué se hace cuando sí que un candidato llega a la cantidad necesaria de votos para ser elegido? Ante todo, el escrutinio tiene que completarse hasta el final del recuento de todas las votaciones. Una vez que se verifica que realmente hay un nombre que ha alcanzado la mayoría de los dos tercios de los votos, hay un segundo requisito necesario: la aceptación de esa persona. Para eso, el «último de los cardenales diáconos llama al aula de la elección al secretario del Colegio de los cardenales, al Maestro de las Celebraciones Litúrgicas Pontificias y a dos ceremonieros» que se incorporan todos a ese momento y se convierten en testigos de la proposición formal al elegido.

La normativa dice que es el decano o el primero de los cardenales con el orden habitual el que «en nombre de todo el Colegio de los electores, pide el consentimiento del elegido con las siguientes palabras: ¿Aceptas tu elección canónica para Sumo Pontífice? Y, una vez recibido el consentimiento, le pregunta: ¿Cómo quieres ser llamado?». Al mismo tiempo, «el Maestro de las Celebraciones Litúrgicas Pontificias, actuando como notario y teniendo como testigos a dos ceremonieros, levanta acta de la aceptación del nuevo pontífice y del nombre que ha tomado». El orden de precedencia se toma no solo para elegir a la persona que haga las preguntas, sino también cuando ocurre lo que pasó en el cónclave que eligió a Benedicto XVI que era él mismo el decano y no podía preguntarse a sí mismo. En ese caso, al estar presente el vicedecano, hizo las preguntas el cardenal italiano Angelo Sodano, que en ese mismo momento ascendió a decano, ya que el cargo quedó libre al aceptar Ratzinger.

El momento de responder a la pregunta por la aceptación es delicado. Puede pasar de todo por la mente del elegido. Por eso, dejó escrito Juan Pablo II en *Universi Dominici Gregis* algo que es mucho más que una pía recomendación espiritual: «Ruego, también, al que sea elegido que no renuncie al ministerio al que es llamado por temor a su carga, sino que se someta humildemente al designio de la voluntad divina. En efecto, Dios, al imponerle esta carga, lo sostendrá con su mano para que pueda llevarla; al conferirle un encargo tan gravoso, le dará también la ayuda para desempeñarlo y, al darle la dignidad, le concederá la fuerza para que no desfallezca bajo el peso del ministerio». Con razón cada cardenal tiene en su mesa un ejemplar de este volumen.

Francisco ha repasado en sus memorias estos momentos, el desarrollo de los escrutinios de la tarde que fue elegido papa: «En el recuento, el escrutador comenzó como siempre a leer los nombres, diciendo cada uno de ellos en voz alta. Para seguir el resultado de las votaciones recibes una hoja donde anotas los números, con los nombres de todos los cardenales, un documento que al final has de devolver. Tanto si está en blanco o anotado, se quema, y es con el humo de esas hojas y las fichas con lo que se hace la fumata. Pero yo no lo rellené, tampoco lo había hecho en el cónclave anterior. Rezaba el rosario, tranquilo. El escrutinio resulta aburrido de seguir, parece un canto gregoriano, pero con mucha menos armonía. Empecé a escuchar Bergoglio, Bergoglio, Bergoglio, Bergoglio... El cardenal Cláudio Hummes, brasileño, prefecto emérito de la Congregación para el Clero, que estaba sentado a mi izquierda, me dio una palmada en el hombro: "No te preocupes, así actúa el Espíritu Santo". Llegué a sesenta y nueve votos, creo, y comprendí. La mayoría a la que se debía llegar era de setenta y siete sobre ciento quince, las dos terceras partes. Así pues, se procedió a la quinta votación, la segunda de esa tarde. Pero cuando se contaron las fichas, antes de comenzar el recuento, resultó que había una de más: había acabado encima de otra, durante la votación a alguien se le habían pegado dos cartones. "¿Qué hacemos?", preguntó Giovanni Battista Re, el prefecto emérito de la Congregación para los Obispos. Se repite. Aunque esa ficha estuviera en blanco, había que repetir todo el procedimiento. Sin siquiera abrirlas, se quemó todo y se volvió a hacer inmediatamente la votación. De nuevo, los conclavistas fueron dejando su mesa para votar, de uno en uno», y yendo ya al desarrollo, prosigue: «Cuando mi nombre se dijo la septuagésima séptima vez fue cuando sonó un aplauso, mientras la lectura de los votos continuaba. Ignoro cuántos votos hubo exactamente al final, ya no escuchaba, el ruido se sobreponía a la voz del escrutador». En cuanto acabó el repaso a las votaciones, Bergoglio fue a abrazar al cardenal Angelo Scola —«se merecía ese abrazo», apunta—, que fue el candidato que quedó en segundo lugar.

Sobre la cuestión del nombre, no fue algo inmediato. Los papas de los primeros siglos, comenzando por el apóstol Pedro, empleaban su nombre de pila hasta que en el año 533 fue elegido como papa alguien con un nombre demasiado pagano: Mercurio, como el dios romano del comercio. Debió de pensar que los chistes saldrían solos y, como fue el sucesor del mártir papa Juan, adoptó el nombre de Juan II. Si bien no se convirtió en costumbre inmediatamente, sino que los papas siguieron empleando su nombre, empezando a cambiarlo, ya en el siglo X, los originarios de Francia y Alemania que asumieron nombres más tradicionales que los suyos más locales. Entonces pasará a normalizarse, aunque el último papa que mantiene su nombre, de forma casi excepcional, fue Marcelo II en el año 1555.

No hay una norma o tradición, hay ciclos en que varios papas encadenan el nombre de su predecesor, otros lo hacen movidos por una devoción más personal o para enviar un signo de quién inspira alguna insistencia de su pontificado... En 1978, con Juan Pablo I, por primera vez un cardenal se puso un nombre compuesto, para recoger la herencia de los papas del concilio, Juan XXIII y Pablo VI. También fue el primero, como luego pasaría con Francisco —nombre que ninguno se había atrevido antes, por la fuerza del mensaje del santo patrón de Italia—, en estrenar un nuevo nombre, algo que no sucedía desde el año 913, más de mil años atrás. Los nombres favoritos, los más usados en la historia, han sido, por este orden: Juan —congrega a los devotos del Bautista y del evangelista, a partes iguales—, Gregorio —el llamado Magno fue el primero de los dieciséis que ha habido—, Benedicto, Clemente, León, Inocencio, Pío, Esteban, Urbano, Alejandro, Adriano, Pablo, Sixto, Martín, Nicolás, Celestino, Anastasio y Honorio. Hay otra curiosidad al respecto, y es que nadie ha repetido el nombre del primer papa, no hay ningún Pedro II en la lista; a pesar de que el nombre de bautismo de Juan XIV y de Sergio IV era precisamente Pedro. Esto puede ser un signo de humildad o incluso de superstición, ya que en las crípticas profecías «Profecía de los papas» de san Malaquías (1595), atribuidas a un arzobispo irlandés que sentencia algunas predicciones sobre más de cien papas —y cuya lista ya se está agotando—, señala que el último pontífice que gobernará la Iglesia católica es el papa «Pedro Romano», quien dejará paso a la destrucción de Roma y el Juicio Final.

Volviendo a las memorias del papa Francisco, relata cómo fue el proceso de la elección del nombre: «Pero en ese momento, mientras los cardenales seguían aplaudiendo y proseguía el escrutinio, el cardenal Hummes, que había estudiado en el seminario franciscano de Taquari, en Río Grande del Sur, se levantó y se acercó para abrazarme: "No te olvides de los pobres», me dijo. Su frase me marcó, la sentí en las carnes. Allí fue donde surgió el nombre de Francisco. Si nunca me había imaginado que el resultado de ese cónclave podía tocarme directamente, aún menos podía haber pensado en un nombre de pontífice. En San Pedro, en los días del cónclave, un mendigo daba vueltas por la plaza con un cartel colgado del cuello que decía: "Papa Francesco I". Pero me acordé de esa imagen solo muchos días después, cuando varios diarios publicaron la fotografía». Francisco cuenta que cuando le hicieron la pregunta de la aceptación, «la pregunta trascendental», se sintió sereno: «Me sentí en paz, tranquilo». El nuevo papa recibió un nuevo aplauso tras responder «*Vocabor Franciscus.* Me llamaré Francisco».

Hay un rito muy visual del cónclave que se ha perdido con la ampliación del Colegio Cardenalicio. Hasta el cónclave de 1978, como el número era más reducido, los cardenales se sentaban en unos tronos con dosel sobre cada uno de los asientos que representaban el gobierno colectivo que en ese momento, sin papa, asumía el propio Colegio; por eso, tras la elección y aceptación del nuevo papa, los cardenales, en lugar del aplauso, tiraban de una cuerda de tela que había en el lateral para hacer bajar su dosel quedando solo alzado el del asiento del nuevo papa. Tras la muerte de Pablo VI se desecharon para poner doce mesas a fin de que los 111 cardenales presentes pudieran sentarse más cómodamente. En el último cónclave con estos tronos los cardenales eran ochenta y hubo ya que disponerlos en dos filas, con lo que los de atrás no veían nada delante.

LAS LÁGRIMAS

Desde la aceptación realmente ya es el nuevo papa el elegido y la sede deja de estar vacante. Ahora tiene que parecerlo. Para eso pasa a la sacristía de la Capilla Sixtina que, por lo vivido en los cónclaves, es conocida precisamente como la «sala de las lágrimas», que se encuentra en una de las puertas que hay bajo el *Juicio Final*, en uno de los laterales del altar —justo en el lado opuesto a la que usan habitualmente los visitantes que llegan a la capilla dentro del recorrido de los Museos Vaticanos—. El hecho de que muchos papas recién elegidos rompieran a llorar en este pequeño lugar, ya sin la presión de todos los cardenales mirando, por la carga que se le viene encima, es lo que ha dado el sobrenombre de la «sala de las lágrimas» a esa sacristía. Allí el nuevo pontífice se quita la sotana roja que llevaba y se pone las vestiduras papales.

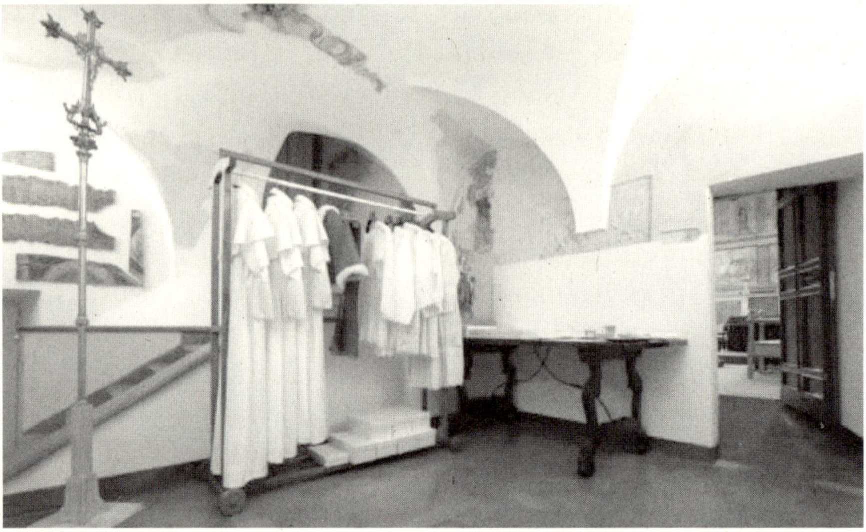

Sacristía de la capilla Sixtina que, por lo vivido en los cónclaves, es conocida como la «sala de las lágrimas» ya que es el lugar donde se preparan las vestiduras para el futuro pontífice una vez es elegido. Aquí deja la sonata roja cardenalicia y se pone la blanca papal antes de recibir el saludo de los cardenales y dirigirse a saludar a los fieles de la Plaza de San Pedro.

Los papas usan una sotana blanca que se ciñen con una faja blanca —tras la renuncia, Benedicto XVI mantuvo la sotana blanca pero retiró la faja para establecer cierta diferencia, pero es posible que este protocolo sea modificado en el futuro—. El color blanco para los papas fue introducido por un papa dominico, que tienen el hábito de dicho color. Inocencio V, en el siglo XIII, fue el primer papa de la Orden de los Predicadores y decidió mantener su hábito para expresar la espiritualidad dominica, si bien, tras su fallecimiento tras seis meses como papa, se le enterró vestido con la ropa habitual de un obispo. Esto se repetiría con dos dominicos más hasta la llegada de Pío V en el siglo XVI, que quien establece la vestidura blanca propia de su orden como color propio de los papas —también excomulgó a todo el que acuda a una corrida de toros—. Tras él todos los demás emplearían la sotana blanca durante todo el pontificado.

Además llevan el solideo, el casquete plano ceñido a la cabeza, blanco también, una cruz colgada —como va sobre el pecho se llama «cruz pectoral» y la llevan también todos los obispos— y una pequeña capa corta que llega hasta los codos y que se llama esclavina —también abandonada por Benedicto XVI tras la renuncia—. Además, hasta Francisco, para los primeros actos se pone un roquete, la muceta —una capa roja que se empleaba para los actos más solemnes— y una estola para las bendiciones —de hecho, Francisco solo usaría la estola para ese momento en el balcón ante los fieles—. Además, el papa lleva un anillo que como todos los obispos llevan también, al del papa se le conoce como «anillo del Pescador». Este anillo antiguamente se fundía para preparar un nuevo modelo para los sucesores, aunque últimamente se suelen exponer en una de las zonas de los Museos Vaticanos. Este anillo se elige entre varios preparados por la Oficina de las Celebraciones Litúrgicas.

Este departamento prepara también varias tallas para el momento de la vestición. Para las vestiduras papales el Vaticano acude o bien a la sastrería Gammarelli, situada en el centro de Roma, tras el Panteón, que incluso en su escaparate expone tres sotanas de tres tallas diferentes; o bien, más cerca de la Sixtina, a Mancinelli, en el vecino barrio del Borgo. Allí está también la muceta de raso de color rojo vinoso y varios pares de zapatos.

Francisco también ofreció detalles de lo ocurrido en esta sala y de cómo dejó de lado algunas costumbres. Escribe en sus memorias: «Después fui hacia la sacristía, la que llaman "habitación de las lágrimas", para la vestición. Tenía en un dedo el anillo de cardenal y me lo quité, pero en el bolsillo guardaba el anillo de la ordenación episcopal, así que me lo puse. Querían darme otro: no, no, me quedo con este, gracias. Me propusieron una cruz hermosa, de oro, y dije: tengo la de alpaca de la ordenación episcopal, la llevo desde hace veinte años. Tampoco para el Consistorio de 2001 quise un hábito nuevo: el de mi predecesor, el cardenal Quarracino, podía valerme: un arreglo, un par de ajustes aquí y ahí y punto. ¿Los zapatos rojos? No, yo uso ortopédicos. Tengo los pies un poco planos. Pero no hubo nada preparado. Era sencillamente lo que sentía, con espontaneidad. Así que no me puse la muceta de terciopelo ni el roquete de lino… No eran para mí. Dos días después me dijeron que tendría que haberme cambiado de pantalones, ponerme unos blancos. Me hicieron sonreír. Dije: no me gusta hacer de heladero. Y me quedé con los míos».

Más atento al protocolo era Benedicto XVI, sin embargo, en la vestición hubo un detalle que pasó por alto. Su eterno secretario Georg Gänswein ha relatado en sus propias memorias que el día de su elección, Ratzinger había pasado frío en la Sixtina por la mañana y por eso se había puesto un jersey negro debajo de la sotana y el roquete. Gänswein estaba en el cónclave como asistente del entonces decano del Colegio Cardenalicio y seguía las votaciones desde fuera. Oyó un aplauso breve a las 17:15 h y otro veinte minutos después en lo que interpretaron que había sido la confirmación de la mayoría producida en el primer momento de exaltación cardenalicia. Cuando salieron a buscar al personal, el secretario acudió al ceremoniero encargado de la vestición pensando en el jersey negro y le dijo: «Si Ratzinger es el nuevo Papa, por favor, asegúrense de que el Maestro de las Celebraciones Litúrgicas Papales (el arzobispo Piero Marini) le haga quitarse el jersey o al menos arremangárselo por dentro». Y sigue relatando: «Me aseguró que lo haría, pero desgraciadamente, en la emoción de los momentos siguientes, se olvidó. Y así, más tarde, durante la bendición del nuevo Pontífice desde la Loggia, aparecieron esas mangas negras bajo sus vestiduras que, en directo por televisión, dieron la vuelta al mundo». Ese jersey quedaría inmortalizado en las primeras estampas y carteles que fueron a la imprenta con la imagen del nuevo papa vestido de blanco (y negro).

Tras la vestición, la norma sigue diciendo que «entre tanto, cumplidas las otras formalidades previstas en el *Ordo rituum Conclavis,* los Cardenales electores, según las formas establecidas, se acercan para expresar un gesto de respeto y obediencia al neoelegido Sumo Pontífice». Esas otras formalidades, ya con la fumata a toda marcha y las seis campanas de San Pedro sonando, sonando, son unas oraciones para presentar al nuevo papa ya revestido que se sienta frente al altar. Entonces se pronuncia una oración por parte del decano: «Beatísimo Padre, en esta hora solemne, en que por un arcano designio de la Providencia, has sido elegido a la Cátedra de Pedro, antes de felicitarte por tu elección y elevar unánimes nuestra plegaria a Dios, junto con la beata siempre Virgen María, Madre de Dios, y de todos los santos, conviene recordarte las palabras con las que nuestro Señor Jesucristo prometió a San Pedro y a sus sucesores el primado del ministerio apostólico y del amor». Entonces se lee una de las escenas del Evangelio en las que Pedro tiene mayor presencia, ya sea el momento en el que Jesús le da las llaves a Pedro (Mt 16, 13-19) o el pasaje en el que le pide a Pedro que apaciente a sus ovejas (Jn 21. 15-17). Una vez proclamada la Palabra de Dios, el primero de los cardenales presbíteros hace una oración por el nuevo papa y luego todos, uno a uno, en el orden de precedencia, se acercan al nuevo papa y le presentan su respeto y obediencia.

También en este momento, Francisco recuerda lo que ocurrió al salir de la sacristía tras vestirse de blanco y cómo se saltó este ordenado ritual: «Tras la vestición, salí y fui enseguida hacia el cardenal Ivan Dias, que estaba en silla de ruedas, y, quizá porque todavía no estaba acostumbrado a mi nueva indumentaria, me tropecé en un escalón. El primer acto del papa… fue un tropiezo. Pero no me caí. Lo abracé. Luego volví sobre mis pasos, sin sentarme en ningún momento en el trono preparado delante del altar. Juan Pablo II había hecho lo mismo: permanecí de pie, para abrazar a cada uno. Es medieval que alguien se arrodille delante de ti y te bese la mano. En cambio, fue algo sencillo, entre hermanos. Rezamos todos juntos en la capilla Paulina».

El saludo de los cardenales se cierra con un antiguo himno de acción de gracias, el *Te Deum.* Esta antigua oración, documentada ya en el siglo IV, la leyenda la ha atribuido, como obra colectiva, a san Ambrosio y san Agustín y refleja la alabanza de toda la Iglesia por la acción de Dios con su pueblo. Los papas presiden una solemne oración con este himno en la tarde de cada 31 de diciembre para dar gracias a Dios por el año que termina.

Placa conmemorativa que se encuentra a la entrada de la sacristía mayor de la basílica de San Pedro, en el Vaticano, con la lista de los papas sepultados en ella —desde san Pedro a Benedicto XVI— y el año de su deceso. Foto de Jesús G. Feria.

Más allá de las normas, hay una tradición de estos momentos previos en la Sixtina antes de que el nuevo pontífice salude por primera vez a los fieles. Tiene que ver con los ornamentos de cardenal que el nuevo papa ha dejado para ponerse los de papa. En ocasiones algunos papas, en lugar de guardárselo en el bolsillo, entregan su solideo rojo al secretario del cónclave, una entrega que se confirma con su creación como cardenal en el primer consistorio que anuncie el nuevo papa. Así fue hecho frecuentemente hasta la elección de Juan XXIII con el secretario Alberto di Jorio. Tras una pausa, el papa Francisco, según informaría Radio Vaticano, hizo lo mismo con el arzobispo Lorenzo Baldisseri, que pasa en ese momento a la Sixtina, algo que se confirmó al publicarse la primera lista de cardenales creados por Francisco.

EL BALCÓN

Mientras se produce todo este ceremonial el tiempo va pasando y la Plaza de San Pedro se inquieta ya que la fumata se ha iniciado antes de la vestición casi. La norma recoge que, tras los saludos de los cardenales y la acción de gracias, «el primero de los cardenales diáconos anuncia al pueblo, que está esperando, la elección y el nombre del nuevo pontífice, el cual inmediatamente después imparte la Bendición Apostólica *Urbi et Orbi* desde el balcón de la Basílica Vaticana». Por lo tanto se incluyen varios elementos en esta parte en la que se hace pública la elección.

Saliendo de la Capilla Sixtina, la Sala Regia sirve como un gran distribuidor que conecta con diferentes espacios del Palacio Apostólico como la ya mencionada Capilla Paulina u otras salas de recepción como la Sala Regia, la Sala Ducal o la de los Paramentos. Pero también conecta, en una de sus esquinas, con la llamada Aula de las Bendiciones, donde se encuentra el balcón principal de la fachada de la basílica de San Pedro. Durante los últimos años la sala apenas se utilizaba como acceso al balcón central y para las transmisiones de las celebraciones gracias a unas cabinas montadas en una especie de andamio provisional que permaneció en el tiempo en la parte final tras una gran cortina. La completa restauración ha devuelto su brillo a este espacio y se emplea en algunas recepciones como las felicitaciones de Navidad del papa a la Curia romana. En el centro, bajando unos escalones, se encuentra el balcón empleado por el papa en Navidad, Pascua y el día de la elección.

En este día se abren también las demás ventanas y el resto de cardenales se asoman también a la plaza. Entonces, el cardenal protodiácono anuncia en latín la elección del nuevo pontífice con una fórmula que ya se ha consolidado: «*Annuntio vobis gaudium magnum: Habemus Papam. Eminentissimum ac reverendissimum Dominum, Dominum* (nombre), *Sanctæ Romanæ Ecclesiæ Cardinalem* (apellido), *qui sibi nomen imposuit* (nuevo nombre)». La traducción de esta fórmula es: «Os anuncio un gran gozo: Tenemos papa. El eminentísimo y reverendísimo señor, señor (nombre), Cardenal de la Santa Iglesia Romana (apellido), quien se ha impuesto el nombre de (nombre papal)».

Entonces, en dicho balcón se pone un tapiz para señalar que el periodo de sede vacante ha terminado, y antes de aparecer el nuevo papa, un ceremoniero lleva delante de él la cruz procesional y se coloca a la derecha. Luego sale el elegido acompañado por los cardenales primero en el orden de los obispos, en el orden de los presbíteros y en el orden de los diáconos. Con Francisco este detalle también fue dejado de lado. «No conocía el protocolo, de manera que le dije al vicario de Roma, el cardenal Agostino Vallini, y a mi amigo Hummes: ¡acompañadme! Tendrían que haberlo hecho Re y otros, conforme al ceremonial, pero yo lo ignoraba», explica en sus memorias. Lo de Vallini tiene cierto sentido porque Francisco, antes de dar la bendición, en su mensaje previo, subrayó especialmente el aspecto de que el papa es el obispo de Roma. «Y así salí a la plaza, al balcón. No sabía qué iba a decir. Había empezado a pensar en ello solo durante la oración en la capilla Paulina. Pero estaba en paz. Sereno. Un sentimiento que nunca me ha vuelto a dejar. Y en el balcón ocurrió lo que todo el mundo vio. Pedí la bendición del pueblo, el santo pueblo fiel de Dios, para su obispo. Empezamos juntos este camino de la Iglesia de Roma, que es la que preside en la caridad a todas las Iglesias», relata Francisco en sus memorias.

Hasta Juan Pablo II, los papas simplemente daban la bendición, él introdujo la costumbre permitiendo también que los fieles pudieran conocerle algo mejor. Desde entonces, todos los predecesores han hecho una pequeña intervención en italiano antes de la bendición papal. Antes de esta, el cardenal protodiácono indica que se puede recibir siguiendo el acto no solo desde la Plaza, sino a través de los medios de comunicación y que incluso se puede obtener una indulgencia plenaria especial —esta consiste en una ayuda espiritual para compensar la pena producida por los pecados—.

Para este momento los últimos papas utilizan la llamada «estola de los Cuatro Evangelistas», una estola de las llamadas «pastorales» —porque no se pone ninguna prenda litúrgica sobre ella— y que está a buen recaudo en la sacristía papal. Elaborada a principios del siglo XX para el papa Benedicto XV, ha sido una constante, aunque con Juan Pablo II se elaboró una réplica para frenar el deterioro que estaban sufriendo los bordados.

La bendición *Urbi et Orbi* es la más solemne de cuantas imparten los pontífices, y su nombre viene de que va dirigida a la urbe de Roma y a todo el orbe entero. Es un antiguo texto en latín que destaca los efectos de la indulgencia. Aunque Pablo VI la sustituyó por la bendición ordinaria, Juan Pablo II la fijó para este momento. Por su parte, Francisco la impartió de forma extraordinaria en la lluviosa tarde del 27 de marzo de 2020 desde el atrio de la basílica de San Pedro en pleno confinamiento por la pandemia del coronavirus.

Tras la bendición *Urbi et Orbi*, el papa se retira del balcón y vuelve a Santa Marta. Francisco cuenta que «al volver a entrar desde el balcón tras la bendición, aquella noche del 13 de marzo, bajé con todos los cardenales, y fuera había una limusina muy iluminada esperándome. Pero dije tranquilamente: no, no, voy con los cardenales. Subimos a la furgoneta todos juntos y regresamos a Santa Marta. Esa limusina no he vuelto a verla».

Cumplidas todas estas formalidades, *Universi Dominici Gregis* establece que «el cónclave se concluirá inmediatamente después de que el nuevo Sumo Pontífice elegido haya dado el consentimiento a su elección, salvo que él mismo disponga otra cosa. Desde ese momento podrán acercarse al nuevo pontífice el Sustituto de la Secretaría de Estado, el secretario para las Relaciones con los Estados, el prefecto de la Casa Pontificia y cualquier otro que tenga que tratar con el pontífice elegido cosas que sean necesarias en ese momento». En el caso de Francisco, algunos asuntos pendientes se los trasladó el propio Benedicto XVI en Castel Gandolfo, donde se hizo entrega de una «gran caja blanca llena de documentos», a quien había intentado llamar al ser elegido, pero el papa emérito no oyó el teléfono porque estaba pendiente de la televisión para ver saber quién era el nuevo papa que saldría a saludar al balcón.

¿UN PAPA POR ZOOM?

Hay algunas cuestiones previstas que, de producirse, serían una verdadera sorpresa. Una de ellas es que se elija a alguien que no esté en la Sixtina en ese momento, o incluso, ni siquiera en el Vaticano. La normativa simplemente dice que «si el elegido reside fuera de la Ciudad del Vaticano, deben observarse las normas del mencionado *Ordo rituum Conclavis*». Y es que los requisitos para ser papa incluyen a muchas más personas de las que se reúnen en la Sixtina. El Derecho eclesiástico establece que tiene que ser una persona bautizada en la Iglesia católica, ser un hombre y que no esté casado, por lo que se puede elegir casi a cualquier cardenal, obispo, sacerdote, diácono o un laico católico que tenga más de 35 años y algunos estudios teológicos. Los requisitos de ser varón y célibe vienen por el hecho de el papa es un obispo, el obispo de Roma.

En este sentido, la constitución *Universi Dominici Gregis* sí que prevé —y es tradición documentada en la historia— que «después de la aceptación, el elegido que ya haya recibido la ordenación episcopal es inmediatamente obispo de la Iglesia romana, verdadero papa y Cabeza del Colegio Episcopal; el mismo adquiere de hecho la plena y suprema potestad sobre la Iglesia universal y puede ejercerla», pero, en cambio, «si el elegido no tiene el carácter episcopal, será ordenado obispo inmediatamente». Por ello, especifica Juan Pablo II, antes de la ordenación por parte del decano —o, en su ausencia, el vicedecano o, si este está impedido, el más antiguo de los cardenales obispos—, «si el elegido no tiene el carácter episcopal, sólo después de que haya sido ordenado Obispo solemnemente se le rinde homenaje y se da el anuncio». Por lo que se retrasaría la salida al balcón de la basílica.

Volviendo al hecho de que el elegido esté fuera del Vaticano, el ritual establece que la aceptación tiene que hacerse en persona y delante de los demás cardenales. No se contempla una primera aceptación por vía telefónica o videollamada, ni siquiera a través de una plataforma de comunicación codificada. En lugar de iniciar una reunión de Zoom, Meet o Skype —por citar algunas de las aplicaciones más extendidas—... el decano y dos cardenales que se eligen para ello, se ponen en contacto con el sustituto de la Secretaría de Estado, quien es el encargado de desarrollar la logística para que la persona electa se traslade al Vaticano de la forma más sigilosa y rápida posible. Durante este tiempo ni hay fumata ni nuevos escrutinios. Ya una vez en el Vaticano, el sustituto avisará a los cardenales, quienes en la Capilla Sixtina cumplen el requisito de preguntar al elegido si acepta y, en caso afirmativo, qué nombre elige, igual que si se hubiera desarrollado normalmente. Ahí se le ordenaría obispo si no lo fuera previamente. Ni que decir tiene que hacer una previsión horaria con este escenario es algo muy complejo y lleno de variables.

¿Y AHORA, QUÉ?

Con un aplauso y una bendición en el balcón empieza un pontificado. En Santa Marta puede haber comida especial, o no, como en el caso de Benedicto XVI, cuya cena tras la elección fue sopa de alubias, entremeses variados, ensalada y fruta, según contó el cardenal alemán Joachim Paul Meisner, que aseguró entonces que la Hijas de la Caridad «no tuvieron tiempo para planificar un menú especial», y que para salvar la situación añadieron al menú ordinario dos «exquisiteces»: helado y vino espumoso.

Pero en la agenda, el principal acto es la Misa de inicio del ministerio petrino del Obispo de Roma, que es la celebración equivalente al antiguo rito de coronación con la tiara —la corona triple papal que se empleó hasta el Vaticano II y que Pablo VI subastó para la caridad ganando la puja un grupo de católicos estadounidenses, que la enviaron a la Basílica del Santuario Nacional de la Inmaculada Concepción en Washington D. C.—. La fecha de esta celebración es una de las primeras decisiones del nuevo papa. En ella se siguen las normas contenidas en el *Ordo rituum pro ministerii Petrini initio Romae episcopi* («Ordinario del Rito del Inicio de Ministerio Petrino como Obispo de Roma»), el misal de la celebración que ha sido continuamente adaptado por los papas. No es que sea su primera misa como papa, ya que al día siguiente de la elección es habitual que se organice una con los cardenales en la Capilla Sixtina en la que el papa todavía usa su anillo episcopal aunque porte la férula papal (el báculo a modo de cayado).

Benedicto XVI fue elegido el 19 de abril y la misa se celebró en la Plaza de San Pedro el domingo 24 de abril de 2005. Por su parte, Francisco tuvo la suya el 19 de marzo de 2013, en el día de san José, después de haber sido elegido el día 13. Aunque ahora toda este celebración se desarrolla en la Plaza, mientras en el interior de la basílica se organiza tras la celebración un saludo formal del nuevo papa a las delegaciones internacionales presentes, en el pasado comenzaba en torno a la tumba de Pedro, en el Altar de la Confesión, donde los cardenales se reunían mientras el papa acudía a las grutas vaticanas acompañado de los patriarcas de las Iglesias orientales a recibir de unos diáconos el anillo del Pescador y el palio —una tira de lana con unas cruces que se coloca en torno al cuello—. Luego, ya con todas sus insignias, iba en procesión hasta la plaza mientras el coro cantaba los Laudes Regiae, unas «alabanzas regias» que son similares a las letanías de los santos pero están inspiradas en las alabanzas divinas que los romanos dirigían a sus emperadores y cuya letra se adaptó para proclamar el poder temporal y espiritual del papa.

La Basílica de San Juan de Letrán es la catedral del papa como obispo de Roma. En el palacio anexo han vivido algunos pontífices, se han celebrado cónclaves e incluso se firmaron los llamados Pactos de Letrán con los que se formó el Estado Ciudad del Vaticano.

El rito del anillo y el palio pasó a hacerse en la mitad de la misa, pero Benedicto reformó el ritual para que se hiciera en la plaza, pero antes del comienzo de la misa. Así, un diácono lleva el palio que se impone junto a tres alfileres en forma de clavo como recuerdo de los empleados en la cruz de Cristo con una oración en la que se le recuerda al nuevo pontífice:

«El Buen Pastor te ha ordenado apacentar a sus corderos y ovejas, hoy que suceden a Pedro en el episcopado de esta iglesia que fundó en la fe junto con el apóstol Pablo», por eso pide a Dios que «dé la inspiración y el discernimiento a tu ministerio para confirmar a tus hermanos en la unidad de la fe». En lugar de la coronación, el papa recibe la mitra, y el primero de los cardenales de la orden de los presbíteros pide la bendición para el nuevo papa y que Dios le dé la fortaleza necesaria para desarrollar este «alto ministerio». Luego el decano entrega el anillo del Pescador, en recuerdo del apóstol Pedro como primer obispo de Roma y del apóstol Pablo como una de las columnas de esa primera comunidad cristiana.

Una vez que ha recibido todos los elementos recibe el saludo y la obediencia de una representación de los cardenales, dos de cada orden. Tras esto sigue la misa de la forma habitual con la diferencia de que el Evangelio se canta tanto en latín como en griego.

Tras esta cita, en la agenda del papa hay que fijar una nueva celebración. Como recuerda *Universi Dominici Gregis* «el pontífice, después de la solemne ceremonia de inauguración del pontificado y dentro de un tiempo conveniente, tomará posesión de la Patriarcal Archibasílica Lateranense, según el rito establecido». Y es que San Juan de Letrán es la sede catedralicia del obispo de Roma. En torno a esta basílica no solo están las oficinas principales de la diócesis, sino que Francisco en muchos de sus mensajes y escritos ha hecho referencia a que los firmaba y enviaba desde el Laterano. Antes, Juan XXIII había dispuesto instalarse en el palacio de esta basílica en lugar de en el Vaticano, algo que no llegó a completar, pero muchas de las adaptaciones que promovió —incluso con habitaciones amuebladas— pueden visitarse hoy en día.

8.
Un cónclave en el siglo XXI

LA IRRUPCIÓN DE LA TECNOLOGÍA

Si bien es cierto que el funcionamiento del cónclave tiene una arraigada trayectoria, tanto los electores como los fieles no pueden escapar al momento que viven. Los frescos de Miguel Ángel son los mismos, simplemente restaurados para recuperar su brillo original. Las fórmulas en latín que se emplean en determinados momentos son históricas, pero ahora se pronuncian con acento inglés o con una fonética más propia del tagalo según sea el purpurado que la dice. Por lo tanto, a pesar del encierro, el cónclave tiene un aislamiento del mundo cada vez más peculiar, configurado en función del tiempo presente. Esto no es ni bueno ni malo, es solo una realidad que favorece unas cosas a la vez que dificulta otras. Los cardenales tienen en sus manos herramientas que antes no tenían para llegar, en conciencia, a escribir un nombre sobre una papeleta; esto, que es lo esencial, no cambia.

Lo que sí que ha impactado, aunque en menor medida que en la sociedad, es la irrupción de la tecnología. A la vez que los sistemas de comunicación por telefonía móvil se desarrollan, en el cónclave también se tienen que poner las pilas quienes diseñan los inhibidores de frecuencias para aislar realmente a quien se sienta tentado, ya sea un funcionario o un cardenal, a romper la barrera del secreto que han jurado mantener. En este sentido, la Residencia Santa Marta fue diseñada teniendo en cuenta la cuestión tecnológica. Y si bien se retiran los teléfonos que hay en las múltiples estancias y los muros están reforzados, las medidas pensadas en los años 90 del siglo pasado, por sí solas, no bastan. Es verdad que el presupuesto fundamental con el que se trabaja es la buena fe de los purpurados y del personal que atiende a las labores del cónclave, pero la medicina ha trasladado a la sociedad el valor de la prevención, también en las cuestiones tecnológicas. Por lo tanto, el control de la comunicación es un punto importante.

El Vaticano recurre para el cónclave a expertos en espionaje e ingenieros de microtecnología para revisar la ausencia de cualquier tipo de dispositivo de escucha haciendo una rastreo específico de cualquier aparato que pueda emitir frecuencias energéticas. Y es que, hoy en día, en el mercado se pueden encontrar dispositivos tan ultrasensibles que tienen una capacidad de escucha incluso a 10 kilómetros, como es el caso de los micrófonos láser de tecnología militar, que son totalmente imperceptibles. Así, los expertos deben comprobar en Santa Marta y en la Sixtina cada puerta, ventana, cuadro, lámparas, enchufes, fotocopiadoras o teléfonos, más allá de los que se retiran tanto en las habitaciones como a los cardenales que entran a este encierro. Un experto en seguridad de la empresa estadounidense Kroll, comentaba en 2005 que desde fuera se podrían escuchar los recuentos de las votaciones a través de un micrófono láser situado incluso a medio kilómetro. «Si se centra el láser en una ventana o en un objeto duro en la sala, como el cristal de un cuadro, cuando la gente esté hablando el material vibrará con el sonido de la voz y se podrá recuperar el audio», explicaba.

La tecnología llega a lugares como la Capilla Sixtina, donde no solo hay un sistema para el control de la temperatura para disminuir en lo posible la incidencia de los visitantes que pasan por ella cada día. También es necesario aislar el sistema de cámaras de vigilancia que está conectado con el resto del circuito que supervisa las actividades de los Museos Vaticanos. Durante el cónclave los museos intentan seguir con su vida, aunque se excluya del recorrido la joya de la corona que es la Sixtina. Cerrar los museos un periodo indeterminado de tiempo sería letal para las finanzas del Vaticano, como demostró la pandemia del coronavirus. El camarlengo, entre sus funciones, tiene que encargarse no solo de que las cámaras estén desactivadas, sino también de que ningún sistema auxiliar pueda *hackear* el circuito y acceder a cualquier posible imagen o grabación del cónclave. Y es que en la Sixtina ni siquiera hay un teléfono. Si ocurre una incidencia, por ejemplo que un cardenal se pone enfermo o cualquier otra cosa similar, lo establecido es que se interrumpa la votación y el más joven de los cardenales diáconos salga a avisar al personal del cónclave que no son electores pero permanecen en el exterior cerca de la capilla. Ya, a partir de ahí, se gestionaría la solución de la incidencia.

Otro aspecto en el que se nota la ayuda de la tecnología, que ya se ha comentado, es la estufa. Aunque ha cumplido cien años el modelo empleado, la electrónica y la química son elementos auxiliares que hacen que se cumpla con mayor eficacia su función, que no es calentar a los purpurados, sino generar una humareda tal que toda la plaza se entere de que han concluido los distintos escrutinios previstos.

UN CÓNCLAVE EN LA WIKIPEDIA

Más difícil es tener una claridad de juicio y una libertad total de decisión escapando a los mecanismos de la actual situación de la información. El cónclave y las congregaciones de cardenales de los días previos son para los canales generalistas un claro ejemplo del conocido como «Efecto CNN». Algo que se multiplica en lo que se refiere a medios y portales de noticias religiosas de todas las tendencias. Este efecto, que algunos estudiosos de los medios de comunicación relativizan, surge a principios de los años 90 cuando la operación estadounidense (con una colación internacional) «Tormenta del desierto» para obligar a Irak a retirarse de Kuwait es el primer gran conflicto internacional que se vive en directo gracias a las transmisiones de esta cadena. Los canales de información 24 horas como fue la CNN en este caso, y más cuando se centran en grandes monotemáticas como fue este conflicto, tienen un gran poder para unificar la opinión pública en uno u otro sentido. Este modelo de información continua con el tiempo ha saltado de estas cadenas temáticas informativas a los portones de internet y, en cierto modo, a los informadores que abundan en las redes sociales. Con la Guerra del Golfo pasó, además, que la información de la CNN —y de otras emisoras— se pasaba de unas televisiones a otras constituyendo, en la práctica, un único relato.

El efecto CNN ha pasado a otros conflictos —mientras otros quedan ensombrecidos en función del interés informativo—, pero también a catástrofes naturales de todo tipo o a otros centros de interés que puedan estimular una movilización de la opinión pública que presione en torno a una determinada causa. Ante la proliferación actual de canales de información o el desgaste de los medios clásicos, la potencialidad de tal efecto está configurándose a los nuevos usos de los consumidores de la información e incluso a la misma polarización social. Ahora bien, los medios todavía son un gran factor a la hora de marcar la agenda social y, por lo tanto, no es indiferente que se opte por realizar o no realizar la cobertura de un evento.

En estos momentos, el cónclave es un efecto global al que afecta el poder de este efecto. Las terrazas de los edificios cercanos a la Plaza de San Pedro se llenan de cámaras y presentadores de informativos de un sinfín de países. Los corresponsales estables se convierten en imprescindibles en las parrillas de la programación —incluso en los espacios de entretenimiento— y desembarcan en Roma unos cuantos enviados especiales. Los días previos al cónclave ya suponen en la práctica una emisión continua en la que hay que ofrecer y crear contenido nuevo. En este sentido es muy importante la percepción que los medios transmitan de los posibles candidatos y de cómo estos mensajes calen en la opinión pública. Es difícil informar en una crónica de cada uno de los hasta 120 electores que se sentarán en la Sixtina, por eso los medios —a partir de su complejo abanico de fuentes vaticanas— pueden ser también un poderoso elemento de influencia en los propios cardenales durante los días previos.

Muchos purpurados comentan la gran distancia que hay entre lo ocurrido a puertas cerradas en las congregaciones y determinadas informaciones que salen a la luz y que no reconocen quienes han participado en estas reuniones. Pero este ejercicio de tomar distancia no siempre es fácil de hacer, sobre todo, cuando a la información le acompañan determinados elementos de intoxicación en un sentido o en otro. A todo esto se suma el hecho de que los cardenales tienen la responsabilidad de estar informados para poder votar al mejor y puede que las reuniones o encuentros fugaces en pasillos o en celebraciones no sean suficientes. Por eso, a los cardenales se les exige un plus de análisis crítico con las informaciones respecto a la tarea que realizan. Estar sumergido, todo el periodo de sede vacante, en esta atmósfera envolvente de informaciones es, sin duda, una dura prueba a la independencia y al criterio de cada cardenal. Y este tipo de influencia puede tener consecuencias más fuertes que aquellos cónclaves del pasado en los que se sentían las presiones de los monarcas o de las familias romanas.

Desde el otro lado, desde los medios de comunicación, esto se sabe, y algunos invierten mucho para, precisamente, influir directamente en los electores. Algunas de estas campañas de influencia son manifiestas cuando hay cosas de un determinado papa que no gustan a algunos sectores. Por ejemplo, en los últimos tiempos están surgiendo propuestas comunicativas inéditas dirigidas expresamente para los cardenales. La primera de las iniciativas más visibles podría considerar el lanzamiento, en 2022, de una revista para formar la opinión de los cardenales y que así influya en las búsquedas de internet que puedan hacer los informadores durante el futuro cónclave, ya que la revista se envía directamente por correo a los cardenales y su contenido se cuelga íntegramente en la web. El título de esta revista es *Cardinalis* y se edita en francés. Se articula en torno a cuatro secciones: Vaticano, Iglesia universal, Actualidad y Retratos. Esta última es la más destacada, en ella se selecciona un purpurado que se presenta en profundidad en cada número. Este análisis se hace fundamentalmente desde la sintonía que pueda tener (o no) a las posturas más tradicionales. Por ello, la publicación se vende como «una revista especializada en cardenales de la Iglesia y dirigida principalmente a cardenales» que «busca ser una fuente de comunión, pues los cardenales no se conocen entre sí y a menudo son mal informados por los medios de comunicación, que no están al tanto de las sutilezas eclesiásticas o lo están muy poco». Para los impulsores, «es vital que tengan acceso a una información de calidad» ya que, añaden, «los príncipes de la Iglesia necesitan estar bien informados por un periódico fiel al Magisterio y que les permita conocerse para tomar las decisiones correctas en los momentos importantes de la vida de la Iglesia», es decir, llegado el próximo cónclave. Se ha anunciado que la revista estará disponible en inglés, italiano, francés y español.

Los autores de este proyecto —y de un portal web que ha surgido poco después— se presentan como «un equipo internacional e independiente de periodistas e investigadores católicos que nos hemos unido para ayudar a los miembros del Colegio cardenalicio dotándolos de perfiles en profundidad de los cardenales que serían papas». Algo que hacen con el apoyo financiero del “Sophia Institute Press” y bajo la dirección del periodista estadounidense Edward Pentin —asociado a medios del universo de la conservadora y, por lo tanto, crítica con papas como Francisco emisora EWTN, como el National Catholic Register— y la vaticanista estadounidense Diane Montagna como directora ejecutiva del proyecto —que últimamente ha estado vinculada también al NCR, a *LifeSite News* o ha publicado un libro entrevista con el obispo kazajo Athanasius Schneider—. Todos estos medios citados en torno a estos comunicadores son de la misma órbita y replican noticias sobre los mismos temas con enfoques conservadores mezclados con historias de grandes conversiones o de asociaciones que defienden cuestiones como la liturgia tradicional, la batalla cultural, el papel de la mujer o el concepto de familia cristiana.

La revista ha evolucionado en diciembre de 2024 a una página que se presenta como una especie de «¿Quién es quién?» de cada uno de los cardenales que sirva a purpurados y fieles para detectar la «heterodoxia» de cada uno. Esta base de datos incluye un termómetro de pureza en torno a las opiniones de cada cardenal analizado en torno a cuestiones como el diaconado femenino, la bendición a parejas del mismo sexo, el celibato opcional de los sacerdotes, la misa tridentina, el cambio climático o la Iglesia sinodal. A estos se añaden otros ítems sobre la calidad doctrinal de cada cardenal en cuestiones como el acuerdo entre China y el Vaticano, la encíclica *Humanae Vitae* de Pablo VI —el documento en el que afrontan cuestiones como el control de natalidad o el uso de métodos anticonceptivos—, la comunión de los divorciados y el Camino Sinodal alemán —una asamblea que ha buscado, con desiguales resultados, modernizar las estructuras eclesiales y descentralizar el poder que tradicionalmente se ha otorgado al obispo mediante mecanismos de control—. Esta ingente base de datos, además, ofrece una biografía concreta de cada cardenal con sus elementos más destacados y las polémicas más o menos profundas en las que se haya visto salpicado. Del mismo equipo que la revista, la web, que lleva el título en latín de «*Cardinalium Collegii Recensio*», según sus impulsores, «presenta informes en profundidad sobre todos los papables —cualquiera de los cuales podría ser elegido papa algún día— permitiendo a los usuarios saber quiénes son y qué cargos ocupan». Por lo tanto, no se esconde que su incidencia busca llegar hasta dentro de los muros de la Sixtina.

Sus autores aseguran que la web «responde a las peticiones de cardenales y otras muchas personas de todo el mundo que desean saber más sobre los príncipes de la Iglesia» entre los que está el próximo papa. En este sentido, se presenta como «guía fiable» de candidatos, de hecho, se emplea la etiqueta de papable en 22 cardenales de los 40 primeros cardenales que se estaban diseccionados en la página de internet en el momento de su lanzamiento. Entre los cardenales con más posibilidades consideran a Pietro Parolin, secretario de Estado; Matteo Zuppi, enviado de paz del papa a Ucrania y Gaza; o el canonista Péter Erdö, de Budapest. A estos se añaden nombres de purpurados más jóvenes como Pierbattista Pizzaballa, patriarca latino de Jerusalén; José Tolentino de Mendonça, del que dicen es un «poeta progresista portugués»; o Jean-Marc Aveline, presentado como «experto en temas de emigración y presunto "favorito" del papa Francisco». Desde África, la figura más destacada, por citar alguna, es el congoleño Fridolin Ambongo Besungu.

De todos estos nombres se señala si están a favor, en contra, o si por el contrario tienen una postura ambigua o se desconoce lo que piensan de cada uno de los temas. Así, por ejemplo, del cardenal limosnero Konrad Krajewski, los 10 ítems de pureza doctrinal aparecen como desconocidos. Por otro lado, el estadounidense Raymond L. Burke —crítico con Francisco y simpatizante de los movimientos más ultramontanos— está en contra de cualquier posible reforma en estos 10 temas. El «favorito», según la web, Aveline estaría a favor del modelo de Iglesia sinodal y de combatir el cambio climático; tiene una postura ambigua sobre el diaconado femenino y el celibato opcional; está en contra de la bendición de parejas del mismo sexo y de prohibir la misa tradicional —ya que en su diócesis de Marsella se celebra—; y se desconoce lo que piensa del acuerdo con China, de reevaluar la *Humanae Vitae*, de la comunión de los divorciados o de la asamblea alemana. Por otro lado, el italiano Zuppi está a favor de todo menos del diaconado femenino, que está en contra, o del Camino Sinodal alemán, del que no se sabe nada. Así se va configurando la guía de voto para los participantes del próximo cónclave, de momento sin casi presencia española o de América Latina. Ya que, como la revista, la base de datos se va enriqueciendo paulatinamente.

La corresponsal vaticana Diane Montagna anunció el mismo día de la presentación la versión italiana que complemente a la actual en inglés, porque, para los promotores, es increíble que «en la era de la información y la globalización, los cardenales sepan tan poco unos de otros, y sin embargo un proyecto así tiene precedentes: hace siglos, diplomáticos y otros escribas de confianza compilaban biografías exhaustivas y fiables de cardenales y las distribuían a los interesados». Por ello presentan su proyecto como un servicio que espera influir en los purpurados o en los periodistas y que, a la vez, podrían permear en otros recursos más globales de internet, ya que la visión de esta web puede ser una referencia —nada neutral— en la Wikipedia, por ejemplo.

Junto a estos proyectos elaborados de forma más profesional, crecen también canales de vídeos o de informaciones sobre las andanzas de los cardenales, la mayor parte impulsados desde los críticos a Francisco. Y es que hay un grupo de presión que trabaja desde antes que surgiera esta revista o esta web para hacer penetrar su visión de la Iglesia y de determinados purpurados tanto a los cardenales como a la opinión pública a través de los informadores a los que se les puedan colar algunos datos determinados. Así, en 2020, un libro del vaticanista Nicolas Senèze, elaborado cuando era corresponsal del diario católico francés *La Croix*, en el que destapa un proyecto muy peculiar. En su imprescindible análisis en el libro *Cómo EE.UU. quiere cambiar de papa*, en el que se analiza por ejemplo el apoyo católico en la primera victoria presidencial de Donald Trump, recoge en el capítulo «amenazas sobre el cónclave» la existencia de un *Red Hat Report* —Informe Sombrero Rojo, en referencia al solideo o al capelo rojo que llevan como tocado los cardenales— coordinado por el exdirector de investigación del Centro para el Catolicismo Evangélico, Philip Nielsen. En un *mail* a posibles donantes explica que uno de sus objetivos de este proyecto es precisamente introducir modificaciones en las páginas de Wikipedia de los cardenales. Cita Senèze que en dicho correo se lee: «Es bien sabido que, en el último cónclave, muchos secretarios de los cardenales utilizaron estas páginas para ayudar a los cardenales a conocerse mejor mutuamente» y señala como ejemplo la del cardenal Parolin, de quien escribe que «la página de Wikipedia del muy corrupto secretario de Estado del Vaticano es actualmente muy indulgente, sin enlaces hacia ningún escándalo, a pesar de que ha sido repetidamente asociado con escándalos bancarios y ha sido citado en la carta de Viganò». Por ello, reivindica Nielsen: «Podemos cambiar eso». Ahora, con la existencia de una revista y una web como la comentada, es más fácil pasar los filtros de fiabilidad de una web tan popular y extendida entre periodistas y gente corriente como es la Wikipedia.

Han sido varios los frentes de acción y las campañas orquestadas desde Estados Unidos por *lobbies* financieros, medios de comunicación y ciertos cardenales que pretenden derrocar al papa Francisco por sus críticas al capitalismo neoliberal, su condena de la pena de muerte o su respeto a los homosexuales. Este fenómeno lo presentan observadores de todo tipo. Por ejemplo, el cardenal (del Opus Dei) Julián Herranz escribe en un momento de sus memorias sobre su trabajo con los «dos Papas»: «El arco cultural donde antes se manifestó y creció esta actitud de rechazo del pontificado de Bergoglio no fue Italia o Europa, sino algunos sectores político-económicos y religiosos de Estados Unidos fuertemente ideologizados. Un curioso frente que quizás —desde el punto de vista histórico— respondía en gran parte a una aparente línea de creciente contaminación política del mundo católico y de parte del episcopado. Esto me sorprendió, no terminaba de explicármelo y me dolió por tantos motivos de afecto a personas e instituciones culturales y religiosas de esa gran nación». Esto, por lo tanto, entrará en el cónclave.

LA UNIVERSALIDAD DEL COLEGIO CARDENALICIO

Ha ido quedando de manifiesto que una de las mayores dificultades que tiene un cardenal a la hora de ejercer su voto con responsabilidad es el conocimiento profundo de sus colegas. Cada vez más el Colegio es más universal y se multiplican los cardenales de países diferentes y muy lejanos entre sí, con elementos culturales muy variopintos. A la universalidad, que comenzó ya hace más de un siglo, se une también el hecho de que, a la vez, se ha ido reduciendo poco a poco el número de cardenales de la Curia romana, que son los que mayor grado de convivencia podrían tener entre sí.

Hasta Francisco, los papas mantuvieron muchas sedes de ciudades italianas y europeas que, casi automáticamente, llevaban añadido el capelo cardenalicio para su titular, lo que suponía que la ampliación de las fronteras del origen de los cardenales era más limitada, por ajustarse al número de los 120 electores menores de 80 años. La convivencia entre cardenales, más allá de los consistorios, tiene su traducción más inmediata en la colaboración de estos, a pesar de que se encuentren en tierras remotas, en algunas de las instituciones de la Curia romana a las que se les inscribe y con la que colaboran, al menos una vez al año cuando se celebra la asamblea plenaria de dicho organismo. Así, el prefecto apostólico —la realidad anterior a la creación de una diócesis— de Ulán Bator, la capital de Mongolia, el cardenal Giorgio Marengo, antiguo deportista de esgrima, forma también parte del Dicasterio para la Evangelización. El papa Francisco ha dejado fijadas en su reforma de la curia reuniones plenarias cada dos años en las que tratar «los asuntos y las cuestiones que, por la naturaleza misma del dicasterio, son de mayor importancia». En estas, se pide expresamente «que en la planificación de los trabajos de las sesiones, especialmente de las plenarias que requieran la presencia de todos los miembros, se procure racionalizar los viajes, utilizando también videoconferencias y otros medios de comunicación suficientemente confidenciales y seguros, que permitan un eficaz trabajo conjunto, independientemente de la efectiva presencia física en el mismo lugar», se establece en la constitución *Praedicate Evangelium*.

Como ya se señaló anteriormente, la cuestión de la universalidad de los candidatos por una parte hace más valiosas las congregaciones generales previas al cónclave y la convivencia en la Casa Santa Marta. Por la contra, los purpurados deberán ser capaces de superar los prejuicios creados por partes interesadas que llenan el desconocimiento de los miembros del Colegio con presentaciones de los perfiles basadas en categorías simplistas como liberales y conservadores, tradicionales y progresistas... En esto se juega la madurez de los cardenales del siglo XXI, que no tienen otras injerencias externas del pasado como los vetos imperiales o las presiones de las familias de la aristocracia romana.

9.

Los cónclaves que jamás existieron

EL ARTE A PARTIR DE LOS CÓNCLAVES

La despedida de un papa, la elección del nuevo y la posterior entronización han desarrollado algunas piezas artísticas específicas. Una de las piezas históricas más antigua relacionada con los ritos es la llamada Cátedra de San Pedro, símbolo del primado y del magisterio del papa. Físicamente esta cátedra es un trono de madera antiguo que se guarda en el interior de un imponente retablo de bronce precisamente en forma de silla, a modo de relicario, obra de Bernini situado detrás del altar de la Confesión —el principal, que se encuentra en el centro bajo el baldaquino— en la basílica de San Pedro. Esta cátedra, que ha sido profundamente restaurada y expuesta en 2024, remite al trono empleado por el apóstol Pedro como primer obispo de la comunidad romana.

Conocido como el «trono de la predicación de Pedro», realmente la pieza llegó a Roma en el siglo IX como regalo del rey franco Carlos II el Calvo al papa Juan VIII. Es un asiento de madera de castaño, pino carrasco y fresno decorado con una serie de placas de marfil, más antiguas que el trono, que representan los Trabajos de Hércules. También cuenta con cuatro anillas metálicas que se utilizaban para el transporte durante las procesiones solemnes del pontífice.

Aunque otras decoraciones se han perdido, también se conservan algunos adornos de roble que estaban recubiertos con una lámina de cobre y plata dorados que decoran cada uno de los lados de la silla con motivos geométricos y vegetales, figuras simbólicas y escenas figurativas de inspiración clásica.

Esta silla se utilizó durante siglos para la entronización del nuevo papa, como atestigua una bula de Benedicto IX de noviembre de 1037. Esta silla carolingia sufrió varios cambios a lo largo del tiempo, siendo colocada en diferentes lugares de la basílica hasta la creación del altar específico por Bernini entre 1657 y 1666. El trono de bronce que recubre la catedral histórica pesa 74 toneladas y mide 14,74 metros. Cada año, con ocasión de la solemne fiesta de la Cátedra de San Pedro, el 22 de febrero, el monumento se ilumina con más de cien velas. En este altar se hicieron las celebraciones solemnes del papa Francisco durante la pandemia del coronavirus.

Aunque, debido a lo secreto de la asamblea, no hay muchos cuadros o relieves sobre los cónclaves, hay toda una serie de utensilios artísticos que se han creado en torno a esta reunión de los cardenales. En los almacenes del Vaticano hay juegos de llaves empleadas en el pasado para cerrar el propio Palacio Apostólico, los martillos de plata con los que se confirmaba la muerte del pontífice, los planos de los encargados de diseñar en madera las celdas de los cardenales cuando se reconvertían casi totalmente una o dos plantas del palacio, o los baldaquinos móviles de tela verde que se ponían en el pasado en la Sixtina sobre los cardenales electores. También hay piezas como la pequeña campanilla que se ponía con una cuerda en la capilla para avisar a los ceremonieros que esperaban fuera —ya que en un tiempo se cerraba doblemente, por dentro y por fuera—.

Más allá de estos objetos artísticos, el cine y la literatura son las artes que mejor han reflejado lo que implica el cónclave en los últimos tiempos. Algunas imágenes y relatos han captado la atención de la opinión pública, por eso es interesante hacer un repaso.

ANTHONY QUINN LLEVANDO *LAS SANDALIAS DEL PESCADOR*

La película italiana *Habemus Papam* (2011), una comedia dramática en la que el actor Michel Piccoli interpreta a un cardenal que es elegido papa sin quererlo.

El cónclave ha sido reflejado también en ocasiones en la ficción. En las plataformas encontramos, por ejemplo, la película italiana de 2011 *Habemus Papam*, que los bolivianos han traducido de forma libre como *Un Papa en apuros* —para mayor confusión de la serie cómica estadounidense *Un papá en apuros*—. En esta comedia dramática el actor Michel Piccoli interpreta a un cardenal que es elegido papa sin quererlo. Tanto es así que tiene que recurrir a un psiquiatra ante un repentino ataque de pánico que le impide presentarse en el balcón de San Pedro para bendecir a los presentes. La visita del psicoanalista al cónclave expectante acabará con el nuevo papa escapando del Vaticano y paseando junto al río o subiéndose al autobús. Hasta aquí el planteamiento.

La película *Las sandalias del pescador* (1968), protagonizada por Anthony Quinn como el sacerdote ucraniano Kiril Lakota, es una adaptación de la novela del mismo nombre escrita por el australiano Morris West publicada en 1963.

Pero sin duda la primera película de masas fue *Las sandalias del pescador*, un drama de 1968 protagonizado magistralmente por el actor Anthony Quinn con el papel del sacerdote ucraniano Kiril Lakota. La película es una adaptación de la novela del mismo nombre escrita por el australiano Morris West —quien parece haber encontrado un gran filón con las novelas ambientadas en el Vaticano o similar— y que había sido publicada en 1963, convirtiéndose poco después en un éxito mundial. Lakota es un presbítero católico que fue detenido y trasladado a un campo de trabajos forzados de Siberia por el régimen comunista soviético. Tras su liberación —casi por casualidad con el ascenso a la presidencia de Piotr Ilyich Kamenev (interpretado por Laurence Olivier), quien había sido el carcelero del sacerdote dos décadas atrás—, para su mayor protección, es acogido en el Vaticano, donde pronto es creado, a pesar de su resistencia, como cardenal por el ficticio Pío XIII. Este nombramiento le dará acceso al cónclave tras la muerte del papa, donde ejercerá un papel de mediación entre los dos grandes bloques separados por el «telón de acero», las grandes potencias capitalistas y las marxistas. Lakota se impondrá como vía intermedia entre los favoritos el cardenal Leone (Leo McKern) y el cardenal Rinaldi (Vittorio De Sica). Cansados de fumatas negras, tras una elección por aclamación, Kiril es elegido como papa mientras en el mundo se recrudece la Guerra Fría. Como ocurre en *Habemus Papam*, el nuevo obispo de Roma hace una salida de incógnito del Vaticano y recorre las calles de Roma para escuchar los lamentos de un mundo dividido y al que el nuevo pontífice ofrece una mirada desde el Este, desde la periferia con una Santa Sede más descentralizada.

Aunque la película recibió críticas de algunos sectores más conversadores, para otros reflejaba muy bien los temas que preocupaban al mundo —y por tanto a la Iglesia— del momento. A esto se suma la lectura profética de que ese papa venido del otro lado del «telón de acero» se haría realidad más tarde con la elección del polaco Karol Wojtyła, quien tuvo un papel muy importante con su propuesta de Doctrina

Social, que supondría la caída del comunismo soviético en Polonia, y más allá. También fue profética la película al vislumbrar una Iglesia que no quiere encerrarse en sí misma con gestos que se harán realidad en la historia como la renuncia de la tiara papal. Aunque deja flecos pendientes en la agenda de la diplomacia vaticana como es la visita de un papa a China, con quien no hay relaciones diplomáticas oficiales desde 1951.

Actualmente, el avance más significativo de este entendimiento con el gigante asiático es un acuerdo provisional sobre el nombramiento de los obispos, que ya se ha renovado en dos ocasiones tras la valoración positiva tanto de la Santa Sede como de Pekín. Este acuerdo se firmó en 2018 y se renovó en 2020 y 2022, esta última vez por cuatro años. En esta última ocasión el Vaticano —que ha cedido para no perjudicar a los 12 millones de católicos chinos— se mostró «decidido a continuar el diálogo respetuoso y constructivo con el Partido Chino, para el desarrollo de las relaciones bilaterales con miras al bien de la Iglesia católica en el país y de todo el pueblo chino». Por la parte china, el portavoz del Ministerio de Exteriores de China, Lia Jian, destacó que «el acuerdo ha sido evaluado de forma positiva por ambos Estados, que seguirán manteniendo conversaciones constructivas». El país asiático vería con buenos ojos que el Vaticano se una a los diez países que reconocen a Taiwán como parte de China, algo que no está próximo a suceder. Si el cardenal Lakota fue profético al ser un papa del Este como Juan Pablo II, lo ha sido también en el acercamiento con China de Francisco.

EL CAMARLENGO *SUPERSTAR* DE DAN BROWN

Volviendo al cine o a la literatura, puede que el cónclave más espectacular sea el retratado, con amplios márgenes de licencias creativas, por Dan Brown. Este autor estadounidense de *best seller* publicó en el año 2000 la novela *Ángeles y demonios*, algo que forma parte de la serie formada por títulos como *La fortaleza digital*, *El código Da Vinci*, *El símbolo perdido*, *Inferno* y *Origen*, historias todas ellas que comparten al profesor de simbología religiosa Robert Langdon. En concreto, *Ángeles y demonios* se desarrolla con el cónclave como telón de fondo. Para la película de 2009 el actor Tom Hanks vuelve a interpretar al profesor, como ocurriera en la versión cinematográfica de *El código Da Vinci*.

El autor estadounidense de *best seller* Dan Brown publicó en el año 2000 la novela *Ángeles y demonios*, que sería llevada al cine en 2009 con el actor Tom Hanks repitiendo como protagonista tras *El código Da Vinci*.

La historia comienza en el CERN de Suiza y se traslada al Vaticano, sobre el que pesa la amenaza de la antigua orden de los *Illuminati*, una sociedad secreta de origen bávaro que en el siglo XVIII, a rebufo de las ideas de la Revolución francesa, combatían los abusos de poder del Estado y la injerencia de la religión en la vida de los ciudadanos. Los herederos contemporáneos de la secta amenazan con hacer explotar un cuarto de gramo de antimateria en el Vaticano, para lo que deberán visitar los supuestos «altares de la ciencia» que el *Illuminati* Bernini —aliado de Galileo en estas lides— habría camuflado en algunas de las obras de arte repartidas por la ciudad de Roma. Así, el profesor, con la religiosa científica Vittoria Vetra, emprenderá una carrera contrarreloj, ya que la explosión se produce en un momento de gran afluencia de fieles y curiosos al Vaticano, durante el cónclave. Por ello, en esos altares de la ciencia se irán sacrificando «*i preferiti*», como dice Dan Brown, que identifica como los grandes electores proclamados oficialmente para el cónclave —así de evidente, no como líderes de opinión— para que el resto de cardenales los sigan cual marionetas, suponemos. Estos purpurados aparecerán dispersados por la ciudad de Roma, que cobra una importancia máxima en la trama: en una capilla de Santa María del Popolo —y los agustinos que viven allí ni se enteran— tras errar con el Panteón, en una fuente de la Plaza de San Pedro, en el magistral *Extásis de Santa Teresa* de la iglesia de Santa María della Vittoria y en la céntrica Fuente de los Cuatro Ríos de la Piazza Navona. Brown conecta estos lugares berninianos con los elementos básicos (fuego, tierra, agua, aire) para exaltar la ciencia frente a la religión. Como ocurre en otros libros del autor, los *Illuminati* siempre subcontratan la cuestión de los asesinatos: si en *El código Da Vinci* ficha a un extraño numerario albino del Opus Dei, en este caso acude a otra antigua orden secreta, la de los Assassins —grupo musulmán que, incluso mediante el uso de drogas, se especializaron en asesinatos públicos cometidos de forma eminentemente discreta y que algunos historiadores han vinculado con las eficaces técnicas militares de los ismaelitas nizaríes—, que parece haber inspirado un videojuego de los más vendidos, el de *Assassin's Creed*, o incluso el *modus operandi* de Al Qaeda.

Mientras ocurre todo esto, el cónclave está en un sinvivir. Sin querer destripar el final, Brown crea otras reglas y elementos extraños al cónclave que ni siquiera tienen reflejo histórico. Por ejemplo, más allá de los errores advertidos por los italianos o los científicos —algunos se han corregido en ediciones posteriores del libro—, por lo que se refiere al cónclave no solo se inventa esa oficialidad de los «*preferiti*», sino también que hay otros elementos que extrañan —y más cuando se ha llegado a las alturas de este libro—. Así, por ejemplo, se inventa que un requisito no escrito siempre es que el papa tenga que dominar el italiano, inglés y español —algo que ayudaría al pontífice en su labor, pero no es ni una costumbre ya que, por ejemplo, la diplomacia vaticana emplea tradicionalmente el francés—.

Aunque la fantasía máxima para Brown está en la figura del camarlengo Carlo Ventresca —rebautizado en la película como Patrick McKenna, interpretado por Ewan McGregor—, que copa todo el final de la trama concentrando la figura de un *superstar* embaucador que tiene su puesto entre los villanos de la literatura. Browm mezcla en el camarlengo funciones propias con otras como las del decano o los ceremonieros. Por poner un ejemplo, en un momento de la novela, se narra: «Según la tradición, los cardenales se reunían aquí dos horas antes del cónclave para departir con sus amigos e intercambiar opiniones de última hora. A las siete de la tarde llegaría el camarlengo del finado Papa, pronunciaría la oración de apertura y se marcharía. Entonces, la Guardia Suiza sellaría las puertas. Sería en ese momento cuando daría inicio el ritual político más antiguo y secreto del mundo. Los cardenales no obtendrían la libertad hasta decidir quién de entre ellos sería el nuevo Papa». Varias inexactitudes saltan a la vista: el camarlengo no reza al inicio del cónclave, no es un sacerdote que se vaya para las elecciones —es un cardenal, aunque no en el caso de esta ficción— ni la Guardia Suiza sella nada, se usa una llave.

Para Brown, McKenna —por usar el nombre de la película que esconde una historia un poco más rocambolesca— es un auténtico papa en funciones en parte por las preferencias del difunto pontífice, que lo tuvo como su secretario personal tras adoptarlo legalmente a los 9 años cuando el papa era un arzobispo que visitó los disturbios del Ulster en la que murieron los padres. McKenna alienta la investigación del profesor y reivindica una apertura de la Iglesia, rompiendo incluso el aislamiento del cónclave tras un dramático descubrimiento que incluso lo hará el objetivo más preciado de los *Illuminati,* algo que le lleva incluso hasta la aparente inmolación que causa la fascinación de todos. Este hecho no lo desarrollamos, pero genera un debate. Vayamos a la novela, cuando un estudioso de los cónclaves el profesor Glick explica a los cardenales: «Antes debería explicar que he dedicado mi vida a estudiar las leyes de la elección papal. La judicatura del cónclave es extremadamente compleja, y gran parte está olvidada u obsoleta. Es probable que ni el Gran Elector sepa lo que voy a revelar. No obstante, según las antiguas leyes olvidadas aplicadas en el *Romano Pontifici Eligendo,* número sesenta y tres, la votación no es el único método mediante el cual puede elegirse un Papa. Existe otro método, más divino. Se llama "Elección por Adoración". —Hizo una pausa—. Y anoche ocurrió». Y sigue más adelante con este diálogo con esa figura inventada por Brown que es el «Gran Elector», una especie de decano:

> «—Como tal vez recuerde —continuó el estudioso—, anoche, cuando el camarlengo Carlo Ventresca apareció en el tejado de la basílica, todos los cardenales empezaron a gritar su nombre al unísono.
> —Sí, me acuerdo.
> —Con aquella imagen en mente, permítame que lea las antiguas leyes electorales. — El hombre sacó unos papeles del bolsillo, carraspeó y empezó a leer—. "La Elección

> por Adoración tiene lugar cuando… todos los cardenales, como por inspiración del Espíritu Santo, libre y espontáneamente, con unanimidad y en voz alta, proclaman el nombre de un individuo".
>
> Glick sonrió.
>
> —¿Está diciendo que anoche, cuando los cardenales corearon al unísono el nombre de Carlo Ventresca, le eligieron Papa?
>
> —En efecto. Más aún, la ley dicta que la Elección por Adoración anula los requerimientos para que un cardenal sea elegido y permite que cualquier clérigo, sacerdote, obispo o cardenal, sea elegido. Como ven, el camarlengo estaba perfectamente cualificado para la elección papal mediante este procedimiento».

En este pasaje de los capítulos finales de *Ángeles y demonios* se acude a la legislación pasada, ya que no está vigente esa elección por «adoración» o aclamación. Ni que decir tiene que la normativa prevé soluciones en el caso de que se elija a alguien que no sea del Colegio Cardenalicio, además de otras cuestiones que se le pasan por alto a ese experto poco fiable de apellido Glick. Aunque ni la novela ni la película alcanzó la fama de *El código Da Vinci*, lo cierto es que hay nociones y vocablos de la ficción que se han instalado en muchos de los que se han visto atrapados por la trama de este frenético *thriller* que rescata para los turistas algunos lugares de Roma; aunque no tanto del Vaticano, donde también Bernini dejó más que su impronta.

DOS PAPAS REINTERPRETAN EL CÓNCLAVE

Netflix entró en el mundo Vaticano con una deliciosa recreación fabulada a partir de un acontecimiento real: la presencia de dos papas viviendo en el Vaticano. La plataforma estrenó —en línea y antes en cuatro cines estadounidenses con motivo del día de Acción de Gracias— en abril de 2019 el largometraje *Los dos papas*, una película dirigida por el brasileño Fernando Meirelles a partir de un libro del guionista de la cinta, el escritor neozelandés Anthony McCarten. No es una película sobre el cónclave pero a este remite y a lo que en este sobrevuela en muchos de los diálogos entre Anthony Hopkins, que hace de un campechano Benedicto XVI, y Jonathan Pryce, que interpreta a un simpático Francisco. Juntos pasarán del antagonismo a la confluencia de visiones y decisiones de futuro.

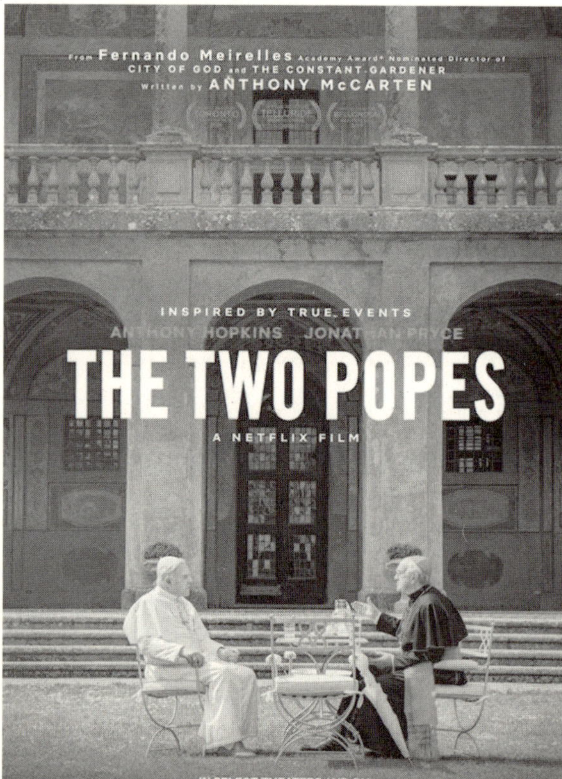

El largometraje *Los dos papas* (2019) es una película dirigida por el brasileño Fernando Meirelles a partir de un libro del guionista de la cinta, el escritor neozelandés Anthony McCarten.

De hecho, de los nueve capítulos que forman el libro, tres llevan por título «Cónclave». La película comienza de hecho con el fallecimiento de Juan Pablo II y recrea en la Sixtina la elección de Benedicto XVI. La producción ha hecho un espectacular trabajo en recrear con mucha fidelidad espacios como el comedor de la Casa Santa Marta, así como elementos propios del cónclave como la estufa, las urnas de votación, las mismas vestiduras litúrgicas y un sinfín de detalles menores pero que son totalmente ciertos —como que la bebida favorita del papa alemán era la Fanta naranja o que en la televisión se distraía viendo la serie austriaca *Rex, un policía diferente* en la que un pastor alemán colaboraba en los casos de la Brigada de Homicidios—, aunque se aderece de vez en cuando con alguna que otra fabulación. En la pantalla el relato en sí del cónclave es fugaz aunque visualmente cuidado, incluyendo incluso algunas imágenes auténticas de los ritos previos o posteriores.

El título, se explica en el prólogo del libro de la película, se remonta al hecho de que, tras la renuncia de Benedicto XVI y como «al cabo de unas semanas, las enormes puertas de la Capilla Sixtina, en el Vaticano, quedaron selladas, y los cardenales, reunidos en cónclave por segunda vez en menos de una década, tuvieron que elegir a un nuevo líder espiritual para los 1,28 mil millones de seguidores de la Iglesia católica. Cuando se abrieron de nuevo las puertas, unos días después, fue elegido papa el carismático argentino Jorge Bergoglio, que tomaría el nombre de Francisco. El mundo, por primera vez desde el año 1415, tenía dos papas vivos». Algo que en la película se ilustra con un cónclave que empieza con *Dancing Queen* de Abba, tarareado por Bergoglio en el baño y trasladado a banda sonora del juramento de los cardenales en la Sixtina. Y es que la historia de fondo, a través de un ficticio encuentro entre Benedicto XVI y el arzobispo de Buenos Aires, explora la biografía del argentino que acabará siendo sucesor del papa alemán. En paralelo, no sin una buena dosis de clichés y lugares comunes con unos cuantos golpes de humor, se repasan los posibles motivos que llevan a Benedicto a presentar su renuncia.

El análisis del autor, que presenta todo el material como «basado en hechos reales», trata de meterse en las guerras de poder del cónclave. Así, por ejemplo, relata cómo llegaba Ratzinger a la asamblea que le elegirá como papa: «Como había hecho en el funeral, Ratzinger sorprendió a sus colegas con una exhibición deslumbrante de autoridad, imparcialidad y diplomacia. No solo conocía por su nombre a cada uno de los cardenales, una hazaña que Juan Pablo nunca llegó a dominar del todo, sino que gracias a su facilidad para las lenguas, podía ser entendido por los muchos cardenales que no hablaban italiano, y no digamos latín. Pero lo impresionante no era solo su exhibición de memoria y facilidad lingüística; los cardenales sentían que le importaba de verdad lo que le decían. En diversas ocasiones, durante los procedimientos, se dice que "intervino para pedir a aquellos que no habían hablado aún que lo hicieran", y "cuando tenía que resumir la discusión, siempre parecía muy justo con los diversos puntos de vista que se habían expresado". Algunos incluso salieron de esas discusiones teniendo la sensación de que había actuado mucho mejor que el difunto y gran pontífice, diciendo que "Ratzinger los había escuchado de una manera que Juan Pablo II no siempre era capaz de hacer"». A quienes han conocido de cerca al alemán les extrañaría contemplar en vivo esta manera de actuar en alguien tan tímido y delicado en las formas.

Más adelante, al explorar el cónclave siguiente, el de 2013, el autor presenta a los purpurados como del «Viejo Mundo» y del «Nuevo Mundo» de donde procederá Bergoglio. Así, relata el dramaturgo el momento de la elección:

> «Todo había terminado. Se habían contado los 115 votos y Bergoglio había obtenido noventa. El decano del Colegio Cardenalicio, el cardenal Giovanni Battista Re, se acercó y le preguntó en latín: "¿Aceptas tu elección canónica como Supremo Pontífice?", a lo cual Bergoglio respondió: "Soy un

> pecador, pero confío en la infinita misericordia y paciencia de Nuestro Señor Jesucristo". Cuando se le preguntó qué nombre quería adoptar, y con las palabras que momentos antes le había dicho el cardenal Hummes todavía en su mente, Bergoglio replicó: "Elijo el nombre de Francisco, en honor de san Francisco de Asís". Y con eso, un pecador se convirtió en papa. Pero la pregunta sigue siendo: ¿qué pecados eran esos que arrojaban una sombra tan larga sobre su alma?», concluye el capítulo para presentar en el siguiente «un sucio secreto».

Este secreto es una actuación de Jorge Mario Bergoglio cuando, siendo joven sacerdote, fue nombrado superior provincial de los jesuitas argentinos en una época convulsa. Y es que el 23 de mayo de 1976, en un barrio de las afueras —en las llamadas «villas miseria»— de Buenos Aires, fueron secuestrados por el régimen militar imperante, con Jorge Videla al frente, los jesuitas Orlando Yorio y el húngaro Franz Jalics, sospechosos por su difusión de la Teología de la Liberación. Desde entonces mucho se ha escrito sobre la actuación del provincial, un joven Bergoglio que había llegado al cargo con 37 años, acusado en su momento incluso por los propios secuestrados de haber sido el delator. Durante 5 meses permanecieron atados y con los ojos vendados en una prisión clandestina. Con Videla muchos jesuitas estaban bajo sospecha por su compromiso social. Tras la elección de Francisco muchos acusaron de tibieza y colaboracionista al nuevo papa al recordar su época de provincial. Una noticia *fake* difundida en múltiples ambientes, a pesar de que el propio Jalics se mostró claro tras la elección: «Lo cierto es que Orlando Yorio y yo no fuimos denunciados por el padre Bergoglio», afirmó en una declaración. Por su parte, el papa en su autobiografía *El jesuita* (2010) explicaba abiertamente: «A mi edad y con las pocas conexiones que tenía, hice lo que pude en mi intercesión por los secuestrados». En su autobiografía de 2025 reiteró que hizo «de todo» por los jesuitas, «Incluso celebrar una misa por Videla». Él mismo llegó a relatar incluso un encuentro formal con el dictador y los cauces que trató de establecer por otras vías. A la defensa del superior jesuita se sumó en su día Adolfo Pérez Esquivel, también de la corriente de la Teología de la Liberación como los secuestrados. Incluso en el año 2000 Jalics visitó al entonces arzobispo de Buenos Aires y juntos celebraron la misa y se abrazaron «de forma solemne» dejando atrás cualquier posible rencor por la actuación del inexperto provincial Bergoglio —algo que recoge *Los dos papas*—. Lo cierto es que esta responsabilidad le pasó factura. «Fueron años terribles, y, para mí, también de enorme tensión: transportar gente a escondidas a través de los puestos de control de la zona de Campo de Mayo, tener en mis manos sus vidas y la responsabilidad de nuestra salvación, y preparar la fuga de un joven que me confió un sacerdote uruguayo, porque en su país corría peligro», relató ya como papa al recordar estos años. Por eso, tras la tensión de este tiempo, en marzo de 1986 Bergoglio toma distancia y se traslada a Frankfurt, en Alemania, para ultimar la tesis doctoral. «Fue un destierro voluntario porque fui a perfeccionar el alemán y buscar material para mi tesis, pero me sentí como sapo de otro pozo», rememorara Francisco en *Soñemos juntos* (2020), su libro tras la pandemia del COVID.

EL CÓNCLAVE ORQUESTADO POR RALPH FIENNES E ISABELLA ROSSELLINI

El último gran bombazo en cuanto a hacer de los cónclaves objeto de conversación ha sido la película *Cónclave*, estrenada a final de 2024 y que ha sido la más laureada de los premios Bafta y, con ocho nominaciones a los Oscar, se llevó el de mejor guion adaptado. Y es que la película toma el argumento de la novela homónima del escritor y periodista británico Robert Harris que vio la luz en 2016. Especialista en novela de ficción histórica ha recreado, durante varios años, momentos claves de la Antigua Roma para, desde 2007, evolucionar a la ficción política contemporánea, como es el caso de *Cónclave*, escrita tras explorar otros escenarios de la política británica y estadounidense.

La película *Cónclave* (2024) toma el argumento de la novela homónima del escritor y periodista británico Robert Harris (2016). Ha recibido el óscar a Mejor guion adaptado.

La película ha dado una segunda vida a la novela de Harris y ha tenido el empujón de la crítica y de la coincidencia con la hospitalización por una neumonía bilateral del papa Francisco. Tanto es así que al recoger algunos premios, los actores han enviado mensajes al pontífice que parecía que les había alargado la campaña de promoción, algo que generó muchos memes en las redes sociales. La película sigue bastante al detalle la novela haciendo algunos ajustes en las nacionalidades de los cardenales y lleva a la pantalla el trasfondo de los juegos de poder tras la elección papal que constituyen el argumento fundamental de la novela. Así, el crítico de cine de la revista especializada en información religiosa *Vida Nueva* José Luis Celada, titulaba con un curioso juego de palabras su valoración de la cinta: «Sed(e) de poder». Para Celada, «Cónclave» es «una ficción no exenta de giros —ora previsibles, ora sorprendentes, ora forzados— ni de reflexiones más que aprovechables para la vida (real) de la Iglesia hoy; en especial, la que comparte el decano durante su primera homilía acerca del pecado más temido: la certeza, principal enemigo de la unidad y la tolerancia, porque sin ella no habría misterio y, por tanto, no se necesitaría la fe». Idea esta que retomaremos en breve.

Es cierto que la película tiene inexactitudes. Como se ha presentado aquí, los pasillos de Santa Marta son diáfanos, la misa previa a la elección del papa se hace en San Pedro —o cuando menos hay un altar—, también hay confusión con el vestuario litúrgico y coral de cardenales... pero refleja con intensidad las tensiones y ambiciones de los cardenales que se mueven poco entre lo divino y más en cierto trasfondo ideológico que ha sido muy manifiesto en las polarizaciones que han sido tan ruidosas durante el pontificado de Francisco. La situación de la salud del papa también hacía imposible no ver la película sin este componente de la actualidad.

Los actores elegidos son uno de los grandes valores de la película porque hacen muy creíble las intrigas en torno a un cónclave para elegir el sucesor de un papa tenido como reformador. Tanto es así que, antes de la novela, el autor advierte que «a pesar de cierta semejanza superficial, el difunto Santo Padre descrito en *Cónclave* no pretende ser un reflejo del actual papa».

Van a continuación una retahíla de *spoilers* siguiendo los datos de la película. Ralph Fiennes es el cardenal Lawrence, el decano, responsable del cónclave y de desentrañar algunos cabos sueltos con la muerte del papa. Asimilado a los purpurados que quieren que continúen las reformas del pontífice difunto, ejerce también un papel de árbitro y mediador dejando pasar el cáliz amargo del papado por vivir una crisis de fe. Enseguida señalamos su momento estelar. Stanley Tucci hace de cardenal Bellini, italiano que, tras ser la mano derecha del pontífice fallecido, se presenta como candidato continuista, algo que —en parte por caer en la tentación del poder frente a una integridad de la que siempre ha hecho gala— se va desinflando. Como contrapesos están el cardenal africano Adeyemi —del que se descubre con toda intención un escándalo del pasado—, interpretado de forma muy creíble por Lucian Msamati, y el canadiense cardenal Tremblay, interpretado por John Arthur Lithgow, que moverá los hilos a base de dinero. A estos purpurados sin más ideología que la búsqueda de poder se contrapone el defensor de la tradición, en el sentido más tradicionalista del término, el cardenal italiano Goffredo Tedesco, dispuesto a paralizar cualquier gesto que suponga apertura. A eso se suma un cardenal que se presenta en el último momento y que parece mantenerse al margen de cualquier lucha de poder, y una monja, sor Agnes, una de las muchísimas religiosas que pueblan Santa Marta en la película, interpretada por Isabella Rossellini, que colaborará con el cardenal Lawrence para arrojar luz ante maquinaciones que van más allá del periodo de sede vacante.

La introducción de este personaje femenino no es meramente accidental. No es habitual encontrar esta relación tan directa de una mujer en el cónclave. Con razón, la crítica que hace de la película Alessandra Comazzi en la revista femenina *Donne Chiesa Mondo* editada por el Vaticano es tan certera. Señala la periodista, que es crítica televisiva en el periódico *La Stampa*, el principal de los editados en Turín, que en la película *Cónclave* «son todos hombres. Hay un pequeño ejército de monjas que tienen que preparar las comidas y mantener las habitaciones limpias durante el aislamiento de los purpurados. Como es habitual, la mujer tiene un papel secundario. No es lo que parece. La generala del pequeño ejército, Sor Agnes, interpretada por Isabella Rossellini, será la piedra angular de la historia. Es bonito que ella resista con obstinada dignidad al desconfiado cardenal Fiennes. Y que defiende con fervor a una hermana catapultada contra su voluntad al centro de una intriga. Que pronuncie esta frase memorable: "Nos creéis ciegas, sordas y mudas. Pero oímos, vemos y hablamos". Dice la verdad. El sentido de la historia se atribuye a la mujer, a la hermana, a su valentía, a la intensa interpretación de Rossellini. Será ella quien permitirá a esos cardenales seguir adelante».

En la película, la música y la fotografía siguen los pasos del director —o, más bien, creador de universos visuales— napolitano Paolo Sorrentino y sus series *The Young Pope* y la gemela *The New Pope*. Los diálogos siguen de forma bastante fiel la novela y hay un monólogo que resume muy bien el espíritu de este cónclave ficcionado. Se trata de la homilía que el decano pronuncia en la misa previa al encierro en la Sixtina, en la eucaristía votiva *Pro eligendo Papa*. El cardenal Lawrence —Lomeli en la novela—, desde los primeros contactos con sus colegas y desde la propia situación vital, invita a sus colegas a reflexionar sobre la responsabilidad que tienen, hasta que deja de lado los papeles y decide «hablar desde el corazón». Entonces en su sermón acude a san Pablo para hacer una radiografía de la variedad que poblaba la comunidad cristiana de Éfeso y terminar haciendo una confesión personal:

> «Hermanos y hermanas míos, en el transcurso de una larga vida al servicio de nuestra madre Iglesia, permitidme deciros que el pecado que más he llegado a temer de todos es la certeza. La certeza es el gran enemigo de la unidad. La certeza es el enemigo mortífero de la tolerancia. Incluso Cristo titubeó al final. "*¡Elí, Elí! ¿lemá sabachtaní?*", gritó en Su agonía cuando llevaba nueve horas en la cruz. "¡Dios mío, Dios mío!, ¿por qué me has abandonado?". Nuestra fe es una entidad viviente por el preciso motivo de que camina de la mano de la duda. Si solo conociéramos la certeza y no

hubiera lugar para la duda, no existiría el misterio y, por lo tanto, no necesitaríamos la fe. Recemos por que el Señor nos conceda a un papa que dude y que, por medio de sus dudas, siga haciendo de la fe católica una entidad viviente que inspire al mundo entero. Que Dios nos conceda a un papa que peque, y que pida perdón, y que siga adelante. Esto le pedimos al Señor, a través de María Santísima, reina de los apóstoles y de todos los mártires y santos, quienes han defendido la gloria de la Iglesia de Roma durante el transcurso de los siglos. Amén».

A veces, la ficción y la realidad se solapan.

Conclusión

Este libro se ha terminado de escribir casi a la vez que el Vaticano daba a conocer que el papa Francisco acababa de fallecer en la Casa Santa Marta del Vaticano. Tras superar una hospitalización, cuando parecía que había cierta mejora en su salud, el pontífice argentino se despedía de este mundo después de haber felicitado la Pascua un día antes en la Plaza de San Pedro desde el mismo balcón en que se presentó al mundo tras el cónclave de 2013.

Llegados a este punto no nos queda más que preguntarnos: ¿qué podemos esperar del próximo cónclave? Desde luego Francisco no ha repetido la situación de su predecesor, que presentó la renuncia e inició la experiencia de convivencia entre un papa en ejercicio y otro emérito, situación que el futuro irá puliendo y delineando mejor. El argentino nos deja un Colegio Cardenalicio más plural, en mentalidad, de lo que se piensa, y más universal que nunca, en un tiempo en que la sociedad rehúye este talante de universalidad para rescatar todo lo que suene a localismos o patriotismos excluyentes. El cónclave seguirá teniendo, en cualquier caso, la regla del amplio consenso y el empeño de buscar al mejor papa posible, con los mimbres que hay, para el momento presente.

Más allá de la azorada historia de esta auténtica institución en la que se mezclan estufas, rumores de pasillos y fajas de seda rojas, el cónclave se ha ido decantando hasta ser una herramienta más espiritual que material depositada en la mano de unos cualificados —aunque imperfectos— electores. Cada uno de los pontífices ha dejado un legado que se va complementando entre todos, las sensibilidades y acentos de quienes han ocupado esa cátedra antes sirven de base estable sobre la que el nuevo papa puede construir algo nuevo. Con razón la Biblia se cierra con el libro del Apocalipsis y una visión de «un cielo nuevo y una tierra nueva» (21, 1) y una voz que desde un trono dice: «Mira, hago nuevas todas las cosas» (21, 5). Es lo que se espera de quien salga del cónclave, del nuevo papa que se siente en el trono de Pedro.

Así, el nuevo pontífice tendrá que confirmar en la fe a quienes han hecho una largo trecho personal de búsqueda de un sentido trascendente y no se han limitado a conservar las creencias recibidas de sus mayores. El nuevo papa tendrá que estar atento a los «signos de los tiempos» y seguir impulsando algunas de las causas que han hecho de Francisco un referente: la preocupación ecológica —que implica el cuidado de las personas—, la defensa de la fraternidad universal y el diálogo interreligioso, la diplomacia del encuentro frente a la polarización y el odio al diferente, la apertura de nuevos caminos para llevar a la Iglesia a los márgenes e instalar su «tienda de campaña» en las periferias geográficas y existenciales... Esto es lo que implica ser papa y no gestor, ser obispo de Roma y no solo un jefe de una teocracia, ser pontífice —puente entre el cielo y la tierra— y no constructor de muros o puertas angostas para que a la Iglesia solo lleguen los que se tienen por perfectos...

La historia de los cónclaves y, especialmente, la sana evolución a la que llegan en los siglos XX y XXI son algo más que un foco de atención mediática o unos rituales misteriosos del pasado. El recorrido de este libro es una búsqueda de la independencia y la comunión como herramientas para que Dios pueda actuar a través de la fe y el compromiso de los cardenales, llamados a la delicada tarea de elegir a quien ha de pastorear la Iglesia hacia nuevos pastos, en busca de mejores dehesas. Si se quita el componente religioso, el cónclave se reduce a las componendas políticas o ideológicas;

si el rito —en su sentido más profundo— se reduce a costumbre, la elección papal se queda en un mero teatro para el mundo. En cambio, cuando el cónclave se abre a la novedad o a la sorpresa, aunque a veces previsible, está preparado para escuchar la voz de Dios. O al menos para acallar los ruidos de quienes tratan de anteponer sus propios intereses.

Esperemos que cada cardenal que se siente en la Capilla Sixtina para cumplir su función más irrenunciable, sea instrumento de Espíritu en la elección del nuevo papa. Y como la historia está llena de tropiezos, cada nuevo cónclave puede ser un soplo de esperanza.

Agradecimientos

Brevemente, pero no por ello de forma más intensa, se cierra este libro con algunos agradecimientos. Ante todo, vaya mi más sentida gratitud a la editorial *Almuzara,* impulsora de este proyecto literario y de esta colección tan amena y variada. Ha sido un camino intenso en el que he contado con Ángeles López como editora y acompañante y el buen hacer de cuantos forman parte de este auténtico universo editorial.

Aquí he llegado gracias al buen hacer de muchos periodistas, especialmente a los que tengo más cercanos en la revista *Vida Nueva* y en otros medios en los que he podido colaborar hasta este momentos. Por el tema que se trata en este libro, es de justicia que mencione a quienes me han invitado a acompañarlos en alguna retransmisión vaticana tanto en la cadena Cope —con su corresponsal vaticana Eva Fernández como punta de lanza—, Vatican News y Radio Vaticana o Trece TV. En todos estos canales, y por alguno más, he podido informar y formar sobre Francisco, el Vaticano o la Iglesia… y llegar a personas y lugares insospechados. Más allá de quienes han sido compañeros, otros muchos periodistas me han enseñado a valorar el trabajo bien hecho y la capacidad de hacer comprensible lo complejo —que de eso hay mucho también en este libro—.

Puede que mi formación me estuviera lanzando de forma profética a este trabajo, ya que en mis estudios de Periodismo analicé en profundidad la figura de los corresponsales vaticanos de los medios generalistas españoles y, en el caso de los de Humanidades, presenté las Catacumbas de San Calixto, donde se enterraron unos cuantos papas de los primeros siglos... por lo que el interés fue haciendo que recopilara recortes y anécdotas que ahora aparecen aquí. Desde luego que eso ha facilitado este proceso en el que puede que haya restado tiempo a mis compañeros de vocación educativa y de vocación religiosa. Por ello, vaya también mi gratitud a quienes día a día comparten tareas en el colegio, en la parroquia o en el centro juvenil. De ellos me he traído aquí algunas de las dudas y fantasías de los alumnos de 2.º de ESO que también han estimulado algunas de las historias que se cuentan en este libro. Por no citar a mi familia y amigos que, en la distancia, han acompañado la evolución de la escritura de este libro.

Es característico de los salesianos su afecto e, incluso su devoción, al papa. Espero que este cariño se haya mostrado en estas páginas, desde las más oscuras a las más luminosas. Y es que estas líneas, más allá del componente de divulgación, están escritas siempre desde el respeto. A quien pueda ofender o molestar cualquier cosa, no puedo más que pedirle y ofrecerle mis más sinceras disculpas. Y es que la escritura de los periodistas puede ser tan ágil como precipitada en ocasiones. Por ello espero contar con la indulgencia de los lectores.

Listado oficial de papas

El listado oficial de los pontífices se publica anualmente en el *Anuario Pontificio.* En los últimos siglos se consignan dos fechas como inicio del pontificado: la de elección en el cónclave y la de la misa oficial en la que antiguamente se coronaba al pontífice y actualmente inaugura solamente su ministerio petrino.

	NOMBRE	INICIO DEL PONTIFICADO	FIN DEL PONTIFICADO	NOMBRE SECULAR
1	Pedro		64 o 67	
2	Lino	68	79	
3	Anacleto	80	92	
4	Clemente	92	99	
5	Evaristo	99 o 96	108	
6	Alejandro I	108 o 109	116 o 119	
7	Sixto I	117 o 119	126 o 128	
8	Telesforo	127 o 128	137 o 138	
9	Higinio	138	142 o 149	
10	Pío I	142 o 146	157 o 161	
11	Aniceto	150 o 157	153 o 168	

	NOMBRE	INICIO DEL PONTIFICADO	FIN DEL PONTIFICADO	NOMBRE SECULAR
12	Sotero	162 o 168	170 o 177	
13	Eleuterio	171 o 177	185 o 193	
14	Víctor I	186 o 189	197 o 201	
15	Ceferino	198	217 o 218	
16	Calixto I	218	222	
17	Urbano I	222	230	
18	Ponciano	21.VII.230	28.IX.235	
19	Antero	21.XI.235	3.I.236	
20	Fabián	... 236	20.I.250	
21	Cornelio	6 o 13.III.251	... VI.253	
22	Lucio I	... VI o VII.253	5.III.254	
23	Esteban I	12.III.254	2.VIII.257	
24	Sixto II	30.VIII.257	6.VIII.258	
25	Dionisio	22.VII.259	26.XII.268	
26	Félix I	5.I.269	30.XII.274	
27	Eutiquiano	4.I.275	7.XII.283	
28	Cayo	17.XII.283	22.IV.296	
29	Marcelino	30.VI.296	25.X.304	
30	Marcelo I	306	16.I.309	
31	Eusebio	18.IV.309	17.VIII.309	
32	Melquíades	2.VII.311	10.I.314	
33	Silvestre I	31.I.314	31.XII.335	

	NOMBRE	INICIO DEL PONTIFICADO	FIN DEL PONTIFICADO	NOMBRE SECULAR
34	Marcos	18.I.336	7.X.336	
35	Julio I	6.II.337	12.IV.352	
36	Liberio	17.V.352	24.IX.366	
37	Dámaso I	1.X.366	11.XII.384	
38	Siricio	15 o 22 o 29.XII.384	26.XI.399	
39	Anastasio I	27.XI.399	19.XII.401	
40	Inocencio I	22.XII.401	12.III.417	
41	Cósimo	18.III.417	26.XII.418	
42	Bonifacio I	28,29.XII.418	4.IX.422	
43	Celestino I	10.IX.422	27.VII.432	
44	Sixto III	31.VII.432	19.VIII.440	
45	León I	29.IX.440	10.XI.461	
46	Hilario	19.XI.461	29.II.468	
47	Simplicio	3.III.468	10.III.483	
48	Félix III	13.III.483	25.II o 1.III.492	
49	Gelasio I	1.III.492	21.XI.496	
50	Atanasio II	24.XI.496	19.XI.498	
51	Símaco	22.XI.498	19.VII.514	
52	Hormisdas	20.VII.514	6.VIII.523	
53	Juan I	13.VIII.523	18.V.526	
54	Félix IV	12.VII.526	20 o 22.IX.530	
55	Bonifacio II	20 o 22.IX.530	17.X.532	

	NOMBRE	INICIO DEL PONTIFICADO	FIN DEL PONTIFICADO	NOMBRE SECULAR
56	Juan II	31.XII.532, 2.I.533	8.V.535	Mercurio
57	Agapito I	13.V.535	22.IV.536	
58	Silverio	8.VI.536	... 537	
59	Vigilio	29.III.537	7.VI.555	
60	Pelagio I	16.IV.556	4.III.561	
61	Juan III	17.VII.561	13.VII.574	Catalino
62	Benedicto I	2.VI.575	30.VII.579	
63	Pelagio II	26.XI.579	7.II.590	
64	Gregorio	3.IX.590	12.III.604	
65	Sabiniano	... III, 13.IX.604	22.II.606	
66	Bonifacio III	19.II.607	10.XI.607	
67	Bonifacio IV	25.VIII.608	8.V.615	
68	Adeodato I	19.X.615	8.XI.618	
69	Bonifacio V	23.XII.619	23.X.625	
70	Honorio I	27.X.625	12.X.638	
71	Severino	... X.638, 28.V.640	2.VIII.640	
72	Juan IV	... VIII, 24.XII.640	12.X.642	
73	Teodoro I	12.X, 24.XI.642	14.V.649	
74	Martín I	5.VII.649	16.IX.655	
75	Eugenio I	10.VIII.654	2.VI.657	
76	Vitaliano	30.VII.657	27.I.672	
77	Adeodato II	11.IV.672	16.VI.676	

	NOMBRE	INICIO DEL PONTIFICADO	FIN DEL PONTIFICADO	NOMBRE SECULAR
78	Dono	2.XI.676	11.IV.678	
79	Agatón	27.VI.678	10.I.681	
80	León II	... I.681, 17.VIII.682	3.VII.683	
81	Benedicto II	26.VI.684	8.V.685	
82	Juan V	23.VII.685	2.VIII.686	
83	Conón	23.X.686	21.IX.687	
84	Sergio I	15.XII.687	7.IX.701	
85	Juan VI	30.X.701	11.I.705	
86	Juan VII	1.III.705	18.X.707	
87	Sisinio	15.I.708	4.II.708	
88	Constantino	25.III.708	9.IV.715	
89	Gregorio II	19.V.715	11.II.731	
90	Gregorio III	18.III.731	28.XI.741	
91	Zacarías	3.XII.741	15.III.752	
92	Esteban II	26.III.752	26.IV.757	
93	Paulo I	... IV, 29.V.757	28.VI.767	
94	Esteban III	1,7.VIII.768	24.I.772	
95	Adriano I	1,9.II.772	25.XII.795	
96	León III	26,27.XII.795	12.VI.816	
97	Esteban IV	22.VI.816	24.I.817	
98	Pascual I	25.I.817	... II-V.824	
99	Eugenio II	... II-V.824	...VIII.827	

	NOMBRE	INICIO DEL PONTIFICADO	FIN DEL PONTIFICADO	NOMBRE SECULAR
100	Valentín	... VIII.827	...IX.827	
101	Gregorio IV	... IX.827, 29.III.828	25.I.844	
102	Sergio II	25.I.844	27.I.847	
103	León IV	...I,10.V.847	17.VII.855	
104	Benedicto III	...VII, 29.IX.855	17.IV.858	
105	Nicolás	24.IV.858	13.XI.867	
106	Adriano II	14.XII.867	...XI o XII.872	
107	Juan VIII	14.XII.872	16.XII.882	
108	Marino I	... XII.882	15.V.884	
109	Adriano III	17.V.884	...VIII o IX.885	
110	Esteban V	...IX.885	14.IX.891	
111	Formoso	6.X.891	4.IV.896	
112	Bonifacio VI	11.IV.896	26.IV.896	
113	Esteban VI	...V o VI.896	...VII o VIII.897	
114	Romano	...VII o VIII.897	...XI.897	
115	Teodoro II	...XII.897	...XII.897 o I.898	
116	Juan IX	..XII.897 o I.898	...I-V.900	
117	Benedicto IV	...I-V.900	...VII.903	
118	León V	... VII.903	... IX.903	
119	Sergio III	29.I.904	14.IV.911	
120	Anastasio III	... VI o IX.911	... VI o VIII o X.913	

	NOMBRE	INICIO DEL PONTIFICADO	FIN DEL PONTIFICADO	NOMBRE SECULAR
121	Landón	... VII o XI.913	... III.914	
122	Juan X	... III o IV.914	... V o VI.928	
123	León VI	... V o VI.928	... XII.928 o I.929	
124	Esteban VII	...I.929	...II.931	
125	Juan XI	...III.931	...I.936	
126	León VII	...I.936	13.VII.939	
127	Esteban VIII	14.VII.939	... X.942	
128	Marino II	30.X,...XI.942	...V.946	
129	Agapito II	10.V.946	...XII.955	
130	Juan XII	16.XII.955	14.V.964	Ottaviano
131	León VIII	4,6.XII.963	...III.965	
132	Benedicto V	...V.964	4.VII.964 o 965	
133	Juan XIII	1.X.965	6.IX.972	
134	Benedicto VI	...XII.972, 19.I.973	...VII.974	
135	Benedicto VII	...X.974	10.VII.983	
136	Juan XIV	...XI o XII.983	20.VIII.984	Pietro
137	Juan XV	...VIII.985	...III.996	
138	Gregorio V	3.V.996	...II o III.999	Brunone dei duchi di Carinzia
139	Silvestre II	2.IV.999	12.V.1003	Gelberto
140	Juan XVII	16.V.1003	6.XI.1003	Siccone
141	Juan XVIII	25.XII.1003	...VI o VII.1009	Fasano

	NOMBRE	INICIO DEL PONTIFICADO	FIN DEL PONTIFICADO	NOMBRE SECULAR
142	Sergio IV	31.VII.1009	12.V.1012	Pietro
143	Benedicto VIII	18.V.1012	9.IV.1024	Teofilatto dei conti di Tus-colo
144	Juan XIX	19.IV.1024	...1032	Romano dei conti di Tus-colo
145	Benedicto IX	...VIII o IX.1032	...IX.1044	Teofilatto dei conti di Tus-colo
146	Silvestre III	13 o 20.I.1045	...III.1045	Giovanni
147	Benedicto IX	10.III.1045	1.V.1045	Teofilatto dei conti di Tus-colo
148	Gregorio VI	1.V.1045	20.XII.1046	Giovanni Gra-ziano
149	Clemente II	24.XII.1046	9.X.1047	Suitgero dei signori di Morsleben von Horneburg
150	Benedicto IX	...X.1047	... VIII.1048	Teofilatto dei conti di Tus-colo
151	Dámaso II	17.VII.1048	9.VIII.1048	Poppone
152	León IX	2,12.II.1049	19.IV.1054	Brunone dei conti di Egisheim
153	Víctor II	13.IV.1055	28.VII.1057	Gebeardo dei conti di Dolln-stein-Hirsch-berg
154	Esteban IX	2,3.VIII.1057	29.III.1058	Federico dei duchi di Lo-rena
155	Nicolás II	...XII.1058, 24.I.1059	27.VII.1061	Gerardo
156	Alejandro II	30.IX, 1.X.1061	21.IV.1073	Anselmo
157	Gregorio VII	22.IV,30.VI.1073	25.V.1085	Ildebrando

	NOMBRE	INICIO DEL PONTIFICADO	FIN DEL PONTIFICADO	NOMBRE SECULAR
158	Víctor III	24.V.1086, 9.V.1087	16.IX.1087	Dauferio (Desiderio)
159	Urbano II	12.III.1088	29.VII.1099	Oddone di Lagery
160	Pascual II	13,14.VIII.1099	21.I.1118	Raniero
161	Gelasio II	24.I,10.III.1118	28.I.1119	Giovanni Caetani
162	Calixto II	2,9.II.1119	13 o 14.XII.1124	Guido di Borgogna
163	Honorio II	15,21.XII.1124	13 o 14.II.1130	Lamberto Scannabecchi
164	Inocencio II	14,23.II.1130	24.IX.1143	Gregorio Papareschi
165	Celestino II	26.IX,3.X.1143	8.III.1144	Guido
166	Lucio II	12.III.1144	15.II.1145	Gerardo
167	Eugenio III	15,18.II.1145	8.VII.1153	Bernardo
168	Anastasio IV	12.VII.1153	3.XII.1154	Corrado
169	Adriano IV	4,5.XII.1154	1.IX.1159	Nicola Breakspear
170	Alejandro III	7,20.IX.1159	30.VIII.1181	Rolando Bandinelli
171	Lucio III	1. 6.IX.1181	25.IX.1185	Ubaldo Allucingoli
172	Urbano III	25.XI,1. XII.1185	20.X.1187	Umberto Crivelli
173	Gregorio VIII	21.25.X.1187	17.XII.1187	Alberto di Morra
174	Clemente III	19,20.XII.1187	...III.1191	Paolo Scolari
175	Celestino III	10,14.IV.1191	8.I.1198	Giacinto Bobone
176	Inocencio III	8.I,22.II.1198	16.VII.1216	Lotario dei conti di Segni
177	Honorio III	18,24.VII.1216	18.III.1227	Cencio

	NOMBRE	INICIO DEL PONTIFICADO	FIN DEL PONTIFICADO	NOMBRE SECULAR
178	Gregorio IX	19,21.III.1227	22.VIII.1241	Ugolino dei conti di Segni
179	Celestino IV	25,28.X.1241	10.XI.1241	Goffredo da Castiglione
180	Inocencio IV	25,28.VI.1243	7.XII.1254	Sinibaldo Fieschi
181	Alejandro IV	12,20.XII.1254	25.V.1261	Rinaldo dei signori di Ienne
182	Urbano IV	29.VIII,4. IX.1261	2.X.1264	Giacomo Pantaléon
183	Clemente IV	5,22.II.1265	29.XI.1268	Guido Foulques
184	Gregorio X	1.IX.1271,27. III.1272	10.I.1276	Tebaldo Visconti
185	Inocencio V	21.I,22.II.1276	22.VI.1276	Pietro di Tarentaise
186	Adriano V	11.VII.1276	18.VIII.1276	Ottobono Fieschi
187	Juan XXI	16,20.IX.1276	20.V.1277	Pietro di Giuliano o Pietro Ispano
188	Nicolás III	25.XI, 26.XII.1277	22.VIII.1280	Giovanni Gaetano Orsini
189	Martino IV	22.II,23.III.1281	29.III.1285	Simone de Brie o di Brion o di Mainpincien
190	Honorio IV	2.IV, 20.V.1285	3.IV.1287	Giacomo Savelli
191	Nicolás IV	22.II.1288	4.IV.1292	Girolamo
192	Celestino V	5.VII, 29.VIII.1294	13.XII.1294	Pietro del Morrone
193	Bonifacio VIII	24.XII.1294, 23.I.1295	11.X.1303	Benedetto Caetani
194	Benedicto XI	22,27.X.1303	7.VII.1304	Niccolò di Boccasio

	NOMBRE	INICIO DEL PONTIFICADO	FIN DEL PONTIFICADO	NOMBRE SECULAR
195	Clemente V	5.VI, 14.XI.1305	20.IV.1314	Bertrando de Got
196	Juan XXII	7.VIII,5.IX.1316	4.XII.1334	Giacomo Duèse
197	Benedicto XII	20.XII.1334, 8.I.1335	25.IV.1342	Giacomo Fournier
198	Clemente VI	7,19.V.1342	6.XII.1352	Pietro Roger
199	Inocencio VI	18,30.XII.1352	12.IX.1362	Stefano Aubert
200	Urbano V	28.IX,6.XI.1362	19.XII.1370	Guglielmo Grimoard
201	Gregorio XI	30.XII.1370, 3.I.1371	26.III.1378	Pietro Roger de Beaufort
202	Urbano VI	8,18.IV.1378	15.X.1389	Bartolomeo Prignano
203	Bonifacio IX	2,9.XI.1389	1.X.1404	Pietro Tomacelli
204	Inocencio VII	17.X,11.XI.1404	6.XI.1406	Cosma Migliorati
205	Gregorio XII	30.XI,19. XII.1406	4.VII.1415	Angelo Correr
206	Martín V	11,21.XI.1417	20.II.1431	Oddone Colonna
207	Eugenio IV	3,11.III.1431	23.II.1447	Gabriele Condulmer
208	Nicolás V	6,19.III.1447	24.III.1455	Tommaso Parentucelli
209	Calixto III	8,20.IV.1455	6.VIII.1458	Alonso Borja
210	Pío II	19.VIII, 3.IX.1458	14.VIII.1464	Enea Silvio Piccolomini
211	Paulo II	30.VIII, 16.IX.1464	26.VII.1471	Pietro Barbo
212	Sixto IV	1,9,25.VIII.1471	12.VIII.1484	Francesco della Rovere
213	Inocencio VIII	29.VIII, 12.IX.1484	25.VII.1492	Giovanni Battista Cibo

	NOMBRE	INICIO DEL PONTIFICADO	FIN DEL PONTIFICADO	NOMBRE SECULAR
214	Alejandro VI	11,26.VIII.1492	18.VIII.1503	Rodrigo de Borja
215	Pío III	22.IX, 1,8.X.1503	18.X.1503	Francesco Todeschini-Piccolomini
216	Julio II	1,26.XI.1503	21.II.1513	Giuliano della Rovere
217	León X	11,19.III.1513	1.XII.1521	Giovanni de" Medici
218	Adriano VI	9.I,31.VIII.1522	14.IX.1523	Adriano Florensz
219	Clemente VII	19,26.XI.1523	25.IX.1534	Giulio de" Medici
220	Paulo III	13.X, 3.XI.1534	10.XI.1549	Alessandro Farnese
221	Julio III	7,22.II.1550	23.III.1555	Giovanni Maria Ciocchi del Monte
222	Marcelo II	9,10.IV.1555	1.V.1555	Marcello Cervini
223	Paulo IV	23,26.V.1555	18.VIII.1559	Gian Pietro Carafa
224	Pío IV	26.XII.1559, 6.I.1560	9.XII.1565	Giovan Angelo Medici
225	Pío V	7,17.I.1566	1.V.1572	Antonio (Michele) Ghisleri
226	Gregorio XIII	13,25.V.1572	10.IV.1585	Ugo Boncompagni
227	Sixto V	24.IV, 1.V.1585	27.VIII.1590	Felice Peretti
228	Urbano VII	15.IX.1590	27.IX.1590	Giambattista Castagna
229	Gregorio XIV	5,8.XII.1590	16.X.1591	Niccolò Sfondrati
230	Inocencio IX	29.X,3.XI.1591	30.XII.1591	Giovan Antonio Facchinetti
231	Clemente VIII	30.I,9.II.1592	3.III.1605	Ippolito Aldobrandini

	NOMBRE	INICIO DEL PONTIFICADO	FIN DEL PONTIFICADO	NOMBRE SECULAR
232	León XI	1,10.IV.1605	27.IV.1605	Alessandro de" Medici
233	Paulo V	16,29.V.1605	28.I.1621	Camillo Borghese
234	Gregorio XV	9,14.II.1621	8.VII.1623	Alessandro Ludovisi
235	Urbano VIII	6.VIII, 29.IX.1623	29.VII.1644	Maffeo Barberini
236	Inocencio X	15.IX,4.X.1644	7.I.1655	Giovanni Battista Pamphilj
237	Alejandro VII	7,18.IV.1655	22.V.1667	Fabio Chigi
238	Clemente IX	20,26.VI.1667	9.XII.1669	Giulio Rospigliosi
239	Clemente X	29.IV,11.V.1670	22.VII.1676	Emilio Altieri
240	Inocencio XI	21.IX, 4.X.1676	12.VIII.1689	Benedetto Odescalchi
241	Alejandro VIII	6,16.X.1689	1.II.1691	Pietro Ottoboni
242	Inocencio XII	12,15.VII.1691	27.IX.1700	Antonio Pignatelli
243	Clemente XI	23,30.XI, 8.XII.1700	19.III.1721	Giovanni Francesco Albani
244	Inocencio XIII	8,18.V.1721	7.III.1724	Michelangelo Conti
245	Benedicto XIII	29.V, 4.VI.1724	21.II.1730	Pietro Francesco (Vincenzo Maria) Orsini
246	Clemente XII	12,16.VII.1730	6.II.1740	Lorenzo Corsini
247	Benedicto XIV	17,22.VIII.1740	3.V.1758	Prospero Lambertini
248	Clemente XIII	6,16.VII.1758	2.II.1769	Carlo Rezzonico

	NOMBRE	INICIO DEL PONTIFICADO	FIN DEL PONTIFICADO	NOMBRE SECULAR
249	Clemente XIV	19,28.V, 4.VI.1769	22.IX.1774	Giovanni Vincenzo Antonio (Lorenzo) Ganganelli
250	Pío VI	15,22.II.1775	29.VIII.1799	Giannangelo Braschi
251	Pío VII	14,21.III.1800	20.VIII.1823	Barnaba (Gregorio) Chiaramonti
252	León XII	28.IX, 5.X.1823	10.II.1829	Annibale della Genga
253	Pío VIII	31.III, 5.IV.1829	30.XI.1830	Francesco Saverio Castiglioni
254	Gregorio XVI	2,6.II.1831	1.VI.1846	Bartolomeo Alberto (Mauro) Cappellari
255	Pío IX	16,21.VI.1846	7.II.1878	Giovanni Maria Mastai Ferretti
256	León XIII	20.II, 3.III.1878	20.VII.1903	Vincenzo Gioacchino Pecci
257	Pío X	4,9.VIII.1903	20.VIII.1914	Giuseppe Melchiorre Sarto
258	Benedicto XV	3,6.IX.1914	22.I.1922	Giacomo della Chiesa
259	Pío XI	6,12.II.1922	10.II.1939	Achille Ratti
260	Pío XII	2,12.III.1939	9.X.1958	Eugenio Pacelli
261	Juan XXIII	28.X, 4.XI.1958	3.VI.1963	Angelo Giuseppe Roncalli
262	Pablo VI	21,30.VI.1963	6.VIII.1978	Giovanni Battista Montini

	NOMBRE	INICIO DEL PONTIFICADO	FIN DEL PONTIFICADO	NOMBRE SECULAR
263	Juan Pablo I	26.VIII, 3.IX.1978	28.IX.1978	Albino Luciani
264	Juan Pablo II	16,22.X.1978	2.IV.2005	Karol Wojtyła
265	Benedicto XVI	19,24.IV.2005	28.II.2013	Joseph Ratzinger
266	Francisco	13,19.III.2013	21.IV.2025	Jorge Mario Bergoglio

Bibliografía

Aguilar, J. (2013). *La Sede Vacante.* Diana México.

Allen, J. (2002). *Conclave: The politics, personalities and process of the next papal election.* Image.

Apeles, J. (1997). *El Papa ha muerto, ¡Viva el Papa!* Plaza&Janés.

Brown, D. (2017). *Ángeles y demonios.* Planeta.

Baumgartner, F. (2003). *Behind locked doors, a history of the Papal elections.* Palgrave Macmillan.

Benedicto XVI (2010). *Luz del mundo.* Herder.

Buranelli, F. (ed.) (2006). *Habemus Papam. Le elezioni pontificie da S. Pietro a Benedetto XVI.* De Luca Editori d'Arte.

Chiron, Y. (2024). *Les dix conclaves qui marqué l´historie.* Perrin.

Fernández, C.(2025). *La oposición orquestada contra el papa Francisco. Entre la estrategia y el esperpento.* La Milagrosa.

Fernández, E. (2019). *El papa de la ternura.* Planeta.

Francisco (2020). *Soñemos Juntos.* Plaza&Janés.

Francisco (2024). *Vida. Mi historia a través de la Historia.* HarperCollins.

Francisco (2025). *Esperanza. La autobiografía.* Plaza&Janés.

Franco, M. (2022). *Il monastero. Benedetto XVI, nove anni di papato-ombra.* Solferino.

Gómez Borrero, P. (2013). *De Benedicto a Francisco: el cónclave del cambio.* Planeta.

Harris, R. (2017). *Cónclave.* Grijalbo.

Jiménez Alcaide, L. (2014). *Los papas que marcaron la historia.* Almuzara.

Laboa, J. M. (2023). *Historia de los papas: entre el reino de Dios y las pasiones terrenales.* PPC.

Martínez-Brocal, J. (2024). *Papa Francisco. El sucesor, mis recuerdos de Benedicto XVI.* Planeta.

Martínez-Pinna, J. (2024). *Eso no estaba en mi libro de historia de la Iglesia católica.* Almuzara.

McCarten, A. (2019). *Los dos papas: Francisco, Benedicto y la decisión que estremeció al mundo*. Roca Editorial.

Melloni, A. (2002). *El cónclave: historia de una institución*. Herder.

Melloni, A. (2024). *Il Conclave e l'elezione del papa. Una storia dal I al XXI secolo*. Marietti 1820.

Perugi, F. (2022). *Storia di una sconfitta. Carlo Maria Martini e la Chiesa in Europa (1986-1993)*. Carocci editore.

Piqué, E. (2014). *Francisco, vida y revolución*. La esfera de los libros.

Rubin, S. y Ambrogetti, F. (2010). *El jesuita*. Ediciones B Argentina.

Semeraro, M. (2017). *La reforma de la Curia Romana*. Libreria Editrice Vaticana.

Senèze, N. (2020). *Cómo EE.UU. quiere cambiar de papa*. San Pablo.

Sola, D. (2022). *Historia de los papas*. Fragmenta.

Tobin, G. (2003). *Selecting the Pope, uncovering the Mysteries of Papal Elections*. Sterling / Barnes & Noble.

Urdaci, A. ([2]2005). *El cónclave*. Planeta.

West, M. (1963). *Las sandalias del pescador*. Emegé.

Entrega de las llaves a San Pedro (Capilla Sixtina, 1481-82). Pietro Perugino.

El presente libro, por encomienda de la editorial Almuzara, se terminó de imprimir el 6 de junio. Tal día la Iglesia católica celebra a San Marcelino Champagnat, fundador de los Hermanos Maristas, así como a otros santos y beatos como San Norberto y San Jarlato.